이집트역사
다이제스트100

2
이집트역사
다이제스트100

초판 1쇄 펴낸 날 | 2023년 4월 28일

지은이 | 손주영, 송경근
펴낸이 | 홍정우
펴낸곳 | 도서출판 가람기획

책임편집 | 김다니엘
편집진행 | 차종문, 박혜림
디자인 | 이예슬
마케팅 | 방경희

주소 | (04035) 서울시 마포구 양화로7안길 31(서교동, 1층)
전화 | (02)3275-2915~7
팩스 | (02)3275-2918
이메일 | garam815@chol.com

등록 | 2007년 3월 17일(제17-241호)

2
이집트역사
다이제스트100

EGYPT

손주영·송경근 지음

가람
기획

머리말

　나일강이 흐르고 피라미드와 스핑크스가 있는 신비의 나라 이집트는 아마 우리들뿐 아니라 지구촌에 살고 있는 세계인 누구나 언젠가는 꼭 한번쯤 가보고 싶은 동경의 나라일 것이다. 이집트인들은 자기 나라를 '움므둔야(세상의 어머니, Mother of Land)'라고 자랑스럽게 부른다. 인류 최초의 삶과 문명이 이곳에서 시작되었고, 세계역사의 중심무대가 바로 이집트라고 생각하기 때문이다.

　사실상 인류 역사의 수많은 주역들이 이 땅을 밟았고, 그들 중 많은 영웅들이 이곳을 점령하고는 위대한 제국을 세웠다. 이 땅의 주인이었던 파라오들이 세운 고대 이집트 파라오 제국은 물론이거니와 외부에서 침입해 들어온 알렉산더가 그리스 대제국을 세웠고, 뒤를 이은 로마 제국, 비잔틴 제국, 이슬람 제국, 오스만 제국 모두가 그러했다. 그러니까 헬레니즘-로마-비잔틴-이슬람 문명 모두가 나일 문명의 토대 위에서 그들 문명의 꽃을 활짝 피웠던 것이다. 서구인들이 서양 문화의 뿌리를 그리스-로마 문명에 두고 정체성을 분리하려 하지만, 그 원류가 나일 문명에 있음은 숨길 수 없는 사실이다.

　이 책은 이러한 이집트의 장구한 7천 년 역사를 흥미 있게 간추려 살펴보기 위해 꾸며졌다.

　피라미드의 건설, 투트모세 3세의 위업, 모세의 출애굽, 클레오파트라의 사랑, 나폴레옹의 침입과 같은 고대와 근대의 이집트 역사와 문화적 사건들을 한눈에 보고, 이같은 지난 인류 역사의 일면들을 돌이켜보면서 인간 삶의 과거와 현재가 크게 다르지 않다는 사실을 새삼 깨닫고, 21세기를 맞고 있는 지금의 우리가 어떻게 미래를 살아가야 할 것인가 하는 혜안과 지혜를 얻고자 한다.

　오늘날 이집트(국가 공식명칭은 이집트 아랍 공화국, Arab Republic of Egypt)의 인구는 약 6,200만 명이고, 국토의 면적은 1,002,000km²이다. 우리 남한 땅의 10배가 넘지만, 경작할 수 있고 사람이 사는 곳은 약 4만km² 정도밖에 안된다. 그러니까 길게 남북으로 흐르고 있는 나일강변 양쪽과 파윰Faiyum의 침하 지역, 서부 사막의 오아시스지역, 그리고 북쪽 나일강 하류의 부채꼴 모양의 삼각주 땅을 빼고 나면 나머지 모두가 사막(전 국토의 97%)이다. 동쪽은 이스라엘과 홍해, 서쪽은 리비아, 북쪽은 지중해, 남쪽은 수단과 접경한다. 통화는 이집트 파운드화를 쓰고, 1인당 GNP는 미화 1021달러이다. 국민의 90%가 무슬림으로, 대다수가 다수파 또는 정통파라고 불리는 순니들이다. 기독교 인구는 공식적으로 7%인 것으로 발표되고 있는데, 실제로는 조금 더 많을 것으로 추정된다. 그중 절반 이상이 그리스도교 단성론파 콥트교도들이다.

　이집트는 북아프리카의 사하라 사막에서 서아시아로 뻗어 있는 건조지대의 중앙에 위치하므로, 지중해 연안지역에서만 겨울에 150~200mm의 비가 내릴 뿐, 국토의 대부분이 비가 내리지 않는 사막기후이다. 따라서 나일강과 오아시스의 용천 같은 수원이 삶에 필수적이다. 기온상으로는 온대에서 아열대에 속하며, 2월부터 5월 사이에 캄신Khamsin이라고 불리는 모래바람이 계절풍으로 불어온다. 겨울철(12월~2월)을 제외하면 언제나 덥고 건조하다. 지중해 연안의 여름 기온은 31도인데, 북에서 아래로 내려갈수록 더워져 남단의 아스완은 50도에 달하는 폭염의 날씨가 계속되기도 한다. 낮과 밤의 기온차가 심하고, 겨울밤의 수은주는 늘상 더운 남쪽 끝 지역에서 조차도 8도까지 떨어진다.

이집트는 고대부터 두 지역으로 나뉘어 발전했다. 북부 나일강 하류와 삼각주 일대는 '하이집트'라고 부르고, 나일강 계곡의 나머지 남부 지역은 '상이집트'라고 일컬어진다. 이 두 지역이 하나로 통일되어 강력한 왕조가 세워지고 번영된 문명시대를 열곤 했다. 상이집트는 비교적 경작지가 적은 편이지만, 하이집트는 나일강이 여러 지류로 갈라져 침적토를 계속 쏟아내 옥토가 되었고, 또 지중해안을 따라 200km가 모두 비옥한 땅들이어서 이곳은 총 1만 5,000㎢의 부채꼴 모양의 삼각주 곡창지대를 형성하고 있어, 오늘날까지 이집트 농업의 심장지대이자 모든 생산품의 주산물지역을 이루고 있다.

고대 이집트인들이 어떤 인종이었을까 하는 논의는 아직도 끝나지 않은 주제이다. 지리적으로 볼 때 그들이 북동 아프리카인임에는 틀림없지만, 일부의 주장처럼 그들이 흑인이었다고 말하기에는 무리가 있다. 사실 '흑인'이라는 정의를 어떻게 내려야 할지도 논의가 많다.

일반적으로 서부아프리카 사람들이 가진 신체상의 유형을 흑인종의 대표적인 경우로 말하고 있는데, 그런 관점에서라면 이집트 원주민의 모습은 너무 동떨어져있다. 지금까지 델타지역과 남부 이집트 양쪽에서 발견되는 유골들로 판단해볼 때, 상이집트인들은 대개 신체가 작으면서 튼튼한 뼈와 길고 좁은 두개골형, 곱슬머리인 데 비해, 북부의 하이집트인들은 키가 크고 골격이 크며, 두개골형도 더 넓적하다.

문명화 초기부터 델타의 고대 이집트인들은 남서아시아인들과 자주 교통하며 혼인을 해 그들의 외관을 바꾸어 갔을 것이다. 그리고 수세기가 지나면서 서부로부터 리비아인들이, 남부로부터는 누비아인들이 다시 섞였다. 그 뒤 서아시아인들이 침략해 들어오고 페르시아인들의 지배를 받으면서 또다시 인종적 혼합이 이루어졌으며, 그 뒤 그리스인, 로마인들에 의해서도 마찬가지로 혼혈이 더해졌다. 또 중세 이후에는 본격적인 아랍인화가 시작되었고, 또한 튀르크적 요소들도 많이 가미되었다. 한마디로 오늘날 이집트인은 셈족과 햄족의 혼혈이다.

그리고 나일델타 지역주민들이 보수적인 상이집트 주민들보다 혼혈이 더 심하다. 현존하는 소수민족 집단으로는 이집트 남부 국경 가까이의 누비아인, 동부 사막 남부의 햄족계통의 베자인, 서부사막의 아랍인과 베르베르 혼혈족 등이 있다. 카이로와 알렉산드리아 같은 대도시에 주로 거주하는 유럽 혈통의 사람들은 얼마되지 않는다. 이집트인은 붙임성 있고 인정이 많으며, 온화하면서도 다혈질이고, 항상 쾌활하며 융통성이 많다. 그러면서도 타민족에 비해 자존심이 강하고 이기적이며 고집센 면도 갖고 있다. 오늘날 이집트인들은 아랍인이라고 자인한다. 이집트 아랍인으로서 다른 나라의 아랍인들과 언어·문화·종교를 공유하고 민족의식을 함께한다. 이집트인들은 13세기 동안 아랍어를 모어로 사용해왔다. 고대 이집트인들이 쓰던 언어는 언어학자들에 의해 아프리카 아시아어족(Afro-Asiatic 또는 Hamito-Semitic)으로 분류되는데, 이것 또한 고대 이집트인의 인종적 뿌리처럼 논쟁의 주제로 남아 있다. 어떻든 고대 이집트어는 사라졌고, 아랍인이 639년 이집트에 침입해 오기 이전까지 사용되던 콥트어도 점차 사라져 셈어인 아랍어로 완전히 대체되었다. 콥트어는 단지 콥트 교회에서의 전례典禮용 언어로만 존속하고 있다.

사막과 바다로 조화롭게 둘러싸여 있어서 밖으로부터 쉽게 공격받을 수 있는 지리적 환경은 아니었지만, 비옥하고 찬란한 이 문명의 땅은 항시 동서양을 불문하고 강력해지고 개화된 세력들이 제1순위로 탐내는 침략의 대상 지역이었다. 외부의 침입과 영향은 비옥한 초생달 지역(오늘날 이라크에서 시리아를 거쳐 이집트로 이어지는 아크형 활모양의 땅)으로부터 가장 많이 받았는데, 때론 그것이 동과 서의 사막을 넘거나 지중해를 건너 델타의 길을 따라 들어올 수도 있었다. 다른 문화로부터 영향을 받아 국력과 삶의 질을 높인 경우도 있지만, 거꾸로 외부에 영향을 주고 새로운 문화 창달에 큰 기여를 한 경우도 허다하다.

고대 이집트인들은 다른 문명세계의 사람들과는 비교할 수 없을 정도로 죽음과 내세에 지대한 관심을 쏟았다. 그들은 나일강 유역의 식수가 있는 곳이면 어느 곳이든 진흙벽돌 같은 사멸하기 쉬운 자제를 써서 집을 짓고 살았지만, 죽은 몸은 석재같이 영구한 것으로 무덤을 만들어 그 곳에 묻혔다. 사후세계에 대한 믿음과, 안전한 무덤이 있어야만 사후에 영생할 수 있다는 생각은, 고대 이집트인들로 하여금 일종의 독특한 문화적 신앙을 갖게 했다. 따라서 그들은 소유하고 있는 재원과 능력의 많은 것들을 오직 매장과 장례의 실행에 바치려 했다.

고대 이집트인들의 무덤이라는 단어는 '영원한 집'을 의미한다. 그들은 묘지를 주거지역이나 경작지 주변에 두지 않았다. 멀리 나일 계곡 끄트머리나 가장자리너머 불모의 마른 땅이나 사막에다가 터를 잡았다. 항시 건조한 대기가 무덤들과 매장된 내용물들의 보존에 도움을 주었다. 무엇보다 비바람이 거의 없다는 것은 고대 유적들이 원형을 그대로 유지하게 하는데 크게 한 몫 했다. 그것은 또한 오늘날까지 고대 유적지, 신전 및 사원들, 유물들에 관련된 이집트 고고학 연구가 여타 다른 문명의 연구보다 활발하고 또 값진 결과물들을 내놓게 했다.

한편 고대벽화나 파피루스에 그려져 있는 고대 이집트인들이 살던 삶의 모습들은 지금 우리의 것들과 너무나 흡사해서 보는 이로 하여금 경악을 금치 못하게 한다. 밭을 갈고, 빵을 굽고 포도주를 만들며 낚시를 하고 소를 잡는 모습들과, 악기를 연주하고 춤을 추며 성대한 파티를 열어 즐기고 있는 광경들은 정말 현대와 조금도 다르지 않다. 여인의 화장, 의상과 목걸이, 팔찌, 반지 같은 장신구 등 모두가 오늘날 우리들의 것과 대동소이하다는 데에서 우리는 7000년이란 긴 세월 속의 인생살이들이 바로 어제의 일들 같이 하나로 꿰어져 있는 느낌을 갖게 된다. 이 책에서 그러한 이집트인들의 역사와 문화를 살펴보면서 우리는 고대에서 현대까지의 장구한 시간 속을 넘나들면서 인간 삶의 과거와 현재를 동시에 호흡해 볼 수 있을 것이다.

이 책은 이집트 역사를 고대 이집트 시대(BC3000년~BC341년), 그리스-로마 시대(BC341년~AD641년), 이슬람 시대(641년~1798년), 현대(1798년~현재) 등 4장으로 구분하여 서술했다. 제1장 〈고대 이집트 시대〉는 종말까지 매우 오랜 기간이므로 기존의 역사가들과 마찬가지로 고왕국시대, 중왕국시대, 신왕국시대로 대분했고, 왕조들 사이에서 국가가 쇠약해져 발전의 틈이 생긴 오랜 외부 침략의 시련기를 제1중간기, 제2중간기로 두어 주요 사건들을 다루었다.

제2장 〈그리스-로마 시대〉는 알렉산더가 이집트를 정복한 뒤 열린 마케도니아 왕들 시대(BC332년~BC305년), 프톨레마이오스 조(BC305~BC30년)와 그후 로마 제국 통치기(BC30년~AD395년)와 비잔틴 통치기(395년~641년)를 다루었다.

제3장 〈이슬람 시대〉에서는 아랍 이슬람군이 이집트를 정복하여 이집트가 이슬람 제국의 속주가 되었던 642년~868년과, 그 뒤 독립왕조를 형성한 툴룬 조(868~905년), 이크 쉬드 조(936~969년), 파티마 조(969~1171년), 아이유브 조(1171~1250년), 맘루크국(1250~1517년) 시대와, 뒤를 이어 침입하여 다시 이집트를 점령한 오스만 제국의 통치기 중 일부(1517~1798년)를 한데 묶어 다루었다.

제4장 〈현대 이집트〉는 나폴레옹의 침입부터 시작된다. 원래 이슬람 시대는 7세기 이래 현재까지이지만, 아랍 및 이집트 역사가들이 그들의 현대사를 나폴레옹의 침입을 기점으로 삼고 있기 때문에 이 책에서도 이슬람 시대와 오스만 통치기를 둘로 나누어 서술하게 되었다. 따라서 이 장에서는 오스만 제국 치하의 이집트에 대한 나폴레옹의 점령기(1798~1801년), 오스만 제국 종주권하에 세워진 무함마드 알리 가계의 통치기(1805~1822년), 그후 영국의 점령과 보호통치기(1822~1922년), 독립을 선언한 후의 무함마드 알리 조(1922~1952년)와 1952년 자유장교단의 혁명에 의해 세워진 오늘날의 이집트 아랍 공화국(1953년~현재)의 역사와 문화적사건들을 담고있다.

오늘날 이집트는 스스로 아랍의 리더국임을 자임한다. 사다트가 맺은 이스라엘과의 평화 협정으로 팔레스타인 문제의 일선에서 한발짝 물러나 있지만, 아직도 인구, 군사력에서 중동의 강대국이고 아랍 연맹의 주도국임에 틀림없다. 특히 이집트는 현대 아랍 문화 창달의 주인공이다. 이집트에서 만들어지는 TV, 신문, 방송 등 언론매체의 소식과 기획물들뿐 아니라 연극, 영화, 음악, 체육 등 문화와 예술분야의 각종 프로그램들이 아랍 및 중동세계에 그대로 전달되어 영향을 미치고 있기 때문이다.

이집트는 파라오 시대 이래 경험해온 다양한 종교, 언어, 정부 형태의 변화에도 불구하고 오늘날까지 나름대로의 문화적 영속성을 독특하게 지켜오고 있다. 아마도 그것은 격변하는 시대변화 속에서도 어떤 다른 나라의 정치·종교·사회적 삶과 구별되는 파라오 시대, 그리스-로마 시대, 이슬람 시대의 문화유산들이 이집트인의 생활 속에서 서서히 융화되어 이어져왔기 때문일 것이다. 파라오들이 남긴 비범한 유산들 중에는 아직까지 신비의 베일에 감추어져 있는 것들이 많다. 그러면서도 우리는 런던 대영 박물관에서도, 파리 루브르 박물관에서도 이집트 문화유산들을 쉽게 볼 수 있다. 이러한 이집트 고대 문화유산들은 세계 어느 곳에서나 현대인들에게 문화적 영감을 일으키게 한다. 이 책에서 여러분은 고대에서 현대까지 살아숨쉬고 있는 건축·문학·예술의 보고寶庫 이집트를 한층 더 가깝게 느낄 수 있을 것이다.

손주영·송경근

차례

제4장. 현대 이집트(1798년 ~ 현재)

제1장
고대 이집트 시대
(BC3000년~BC341년)

EGYPT

이집트 나일 문명의 태동:
(BC5000~3300년)

모든 동물은 생존하기 위해 먹으며, 또 생존을 위해서 먹을 것이 풍부한 곳을 찾아다닌다. 인간도 그런 조건에서 예외일 수는 없었다. 구석기 시대의 이집트인들도 다른 아프리카 사람들처럼 아주 간단한 도구를 가지고 유목생활을 하면서 먹을 것이 풍부한 곳을 찾아다녔다. 그러다 지구의 빙하기가 끝나고, 북아프리카의 건조화가 시작되면서 대부분 지역이 사막화되어 가자 사람들은 나일 계곡으로 몰려들었다. 나일 계곡은 물이 풍부하고 무엇보다 먹을 것이 많았던 것이다.

나일 계곡은 오늘날처럼 인간이 거주하기에 썩 좋은 곳이 아니었다. 그러나 다른 곳과는 달리 강이 있어, 사람들은 강가로 몰려드는 새와 물고기, 파충류 등을 잡아서 식량으로 삼았으며, 사자와 표범을 비롯하여 초원에 사는 짐승을 사냥하기도 했다. 사람들은 식량을 확보하기 위해 서로 싸우는 한편 새로운 생활양식을 개척해나갔다. 정착 기간이 길어지면서 나일강의 범람으로 생긴 습지를 이용해 곡물을 재배하는 방법을 알아냈던 것이다.

나일강의 홍수는 시리우스Sirius별이 솟아오르는 7월의 새벽녘에 시작 되었으며, 9월이 되면 어김없이 물이 빠졌다. 이때 물 속에 잠겼던 나일강변으

나일강의 모습

로는 비옥한 개흙의 침전물이 남게 되고, 거기에 겨울과 봄철의 따사로 운 햇볕을 받으며 농작물이 무성하게 자랐다.게다가 나일강의 범람은 정기적이었으며 물의 움직임도 완만했다.

처음에 그들은 아직 물이 들어차고 빠지는 자연적인 현상만 이용했을 뿐 농경지를 만들 줄은 몰랐다. 홍수의 양을 측정하거나 정지整地작업과 관개灌漑를 사용하지 않았던 것이다. 그러나 북아프리카의 건조화가 계속되면서 이주민이 늘고, 또 자연적으로 나일 계곡의 인구가 급격히 증가하면서, 그들은 강의 범람을 방치하지 않고 적극적으로 이용하는 길을 모색했다. 그러나 사람의 힘으로 조종하기에는 너무 많은 물과 코앞에 넓게 뻗어 있는 사막 사이에서 인간이 개간하고 이용할 경작지를 만들어낸다는 것은 쉬운 일이 아니었다. 그런데도 사람들은 힘을 합쳐, 치수사업을 계속 추진하여 광대한 경작지를 일구어냈다.

이것은 인간이 자연을 이겨내고 문명생활의 첫걸음을 내딛는 위대한 인류역사의 한 장면이었다. 이렇게 해서 다른 지역의 사람들이 하루 24시간 중 16시간을 소모해야만 생존할 수 있었던 데 비해 이집트인들은 비교적 여유 있는 생활을 할 수 있었다. 그중에서도 치수사업을 지휘하던 자들은 기하학, 천문, 역법曆法등과 같은 지식을 갖게 됨으로써, 식량을 생산하기 위해 땀흘려 일해야 하는 노동에서 해방되었을 뿐만 아니라 잉여생산물까지 취할 수 있는 특수계급층을 형성했다.

이집트인들은 생활필수품 이외에도 장식품을 만들었으며, 그때까지 이해

고대 이집트인의 농사

되지 않았던 자연현상에 대해 의문을 품고서 죽음과 질병, 사후의 세계, 행복과 즐거움 등에 대해 생각함으로써 끊임없이 문명적인 요소를 창출해 냈다. 이런 과정에서 이집트인들은(구성원이 강제로든 반 강제로든 간에)서로가 협력해서 움직여나가는 조직사회로 발전해나갔다.

이집트 문명을 태동한 나일강은 생활물자를 실어나르는 주요한 운송로 이자 사람들의 식수를 공급해주는 식수원의 역할을 해왔다. 강은 남에서 북으로 흐르는데, 바람은 북에서 남으로 불어 물의 흐름은 완만했다. 이런 나일강은 이집트인들로 하여금 공동체를 형성하여 부유하고 안정된 삶을 영위토록 했으며, 평화로운 성격의 고대 이집트 문명을 꽃피웠다.

이집트인들은 나일강을 삶의 터전으로 삼아 일찍부터 배를 만들어 강 위에 띄웠고, 점차 정교한 배를 개발해냈다. 이집트는 거의 숲이 없는 나라였다. 자라는 나무래야 야자수뿐이었고, 야자수는 항해를 견딜 만한 배를 건조하는 데 부적합했다. 그래서 처음에 그들은 나일 강가에 흔하게 자라는 파피루스papirus(갈대 비슷한 풀)를 엮어 엉성한 배를 만들었다. 그러다 세월이 지나면서 시나이 반도에서 목재를 가져와 배를 만들었고, 나중에는 페니키아에서 수입해온 레바논 삼목으로 크고 고급스런 배를 만들었다.

배를 만드는 기술이 점점 발전하면서 사각 돛으로 힘을 받아 노를 저어 운항하는 배로 바뀌었으며, 속력의 증가를 위해 선체가 유선형으로 만들어 지면서 이물과 고물은 위로 치켜 올라갔다. 그리고 나일강을 항해하는 범선은 한쪽 방향으로만 바람을 받으면 되었기 때문에 거의가 중앙보다는 앞 부분에 돛대를 두었다. 대신 중앙에는 선실이 마련되었고 커다란 배에는 각 지방의 깃발이 휘날렸다.

고대 이집트인의 시간과 달력:
(BC3500~2500년)

　밤과 낮을 12시간씩 나눈 것은 아마 고대 이집트인들이 최초일 것이다. 그들은 일출부터 일몰까지의 낮을 12등분하고, 일몰부터 다음날 아침 일출까지의 밤을 똑같이 12등분했다. 그러나 일출과 일몰의 시간이 계절에 따라 다르기 때문에 계절마다 1시간의 길이는 자꾸 바뀌었다. 낮의 1시간과 밤의 1시간은 춘분과 추분을 제외하면 늘 다를 수밖에 없었던 것이다. 그럼에도 불구하고 고대 이집트인들은 무엇 때문에 밤과 낮을 각각 12등분 했을까?

　고대 이집트인들은 계절에 따라 변하는 별의 움직임을 기준으로, 1년 동안 태양이 움직이는 코스를 따라 그 남쪽에 있는 별들을 36개의 그룹으로 나누었다. 이것은 이미 고대 이집트 초에 1년을 대략 360일로 계산하고, 10일마다 모습이 달라지는 별들을 하나의 그룹으로 묶었던 데 연유했다. 그들은 이런 별들의 그룹을 데칸이라고 했다. 그런데 낮과 밤의 길이가 거의 같은 봄과 가을에는 일몰부터 일출까지의 밤 사이에 36개 데칸의 절반인 18개의 데칸이 보여야 한다는 계산이 나온다. 그러나 일몰 직후와 일출 직전에는 하늘의 밝음 현상 탓에 별이 잘 보이지 않아 실제로는 약 15개의 데칸 정도밖에 볼 수 없었다.

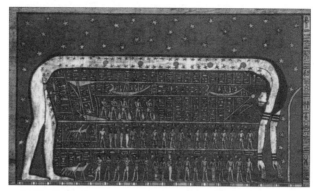
고대 이집트인의 농사

　고대 이집트인들이 천체 관측에서 가장 중요시했던 것은 7월 무렵, 일출 직전 동쪽 하늘에 나타나는 여신 소티스Sothis, 즉 시리우스별이었다. 왜냐하면 이 별의 출현과 함께 나일강의 홍수를 예측할 수 있었던 것이다. 그런데 여름에는 일몰이 늦어지고 일출이 빨라지기 때문에 밤이 짧았다. 따라서 일몰에서 다음날 일출까지의 밤은 약 10시간이었지만, 실제로 별을 관측할 수 있는 시간은 약 8시간 정도에 지나지 않아, 36개의 데칸 중에 1/3 인 12개의 데칸밖에 볼 수가 없었다. 밤을 12시간으로 나누게 된 까닭은 바로 그 때문이었다.

　이집트인들은 이와 같은 방법으로 시간을 구분하면서 낮도 12시간으로 나누었다. 한편 이집트는 비가 내리거나 흐린 날이 거의 없이 맑은 날씨가 계속되는 지역이었기 때문에 고대 이집트인들은 태양의 그림자를 이용해 시간을 측정하는 해시계를 많이 이용했다.

　다른 많은 원시부족이나 고대국가와 마찬가지로 이집트인들도 한 해 동안 농사를 짓는 데 곡식이 성장하고, 또 열매를 맺고 휴경하는 시기가 달의 주기적인 현상에 따라 결정되는 것임을 깨닫고 있었다. 그리고 인류 최초로 이런 태음력을 사용한 것도 이집트인으로 알려져 있다.

　그들은 일찍이 4개의 태음월이 아크헤트Akhet는 범람의 절기를 이루고, 또 다른 4개월은 페레트Peret라는 파종과 성장의 절기를, 그 다음 4개월은 쉠무

Shemmu라는 수확과 함께 수위가 낮아지는 절기를 이룬다는 사실을 깨달았다. 그런데 12개의 태음월을 모두 합해야 354일밖에 되지 않았다. 그래서 그들은 3년마다 또는 흔하지 않았지만 2년마다 29일이나 30일이 있는, 한 달을 더해 절기를 맞추어나갔다.

여신 소티스, 즉 시리우스별이 태양과 같이 뜨는 시점을 기준으로 한 이집트의 태음력은 농부들이 사용하기에는 아주 적합했다. 그러나 고도로 조직화된 국가로 발전하면서부터 절기에 따라 날짜가 달라지는 달력은 아무래도 불편했다. 그즈음 이름이 알려지지 않은 어떤 한 천재가 시리우스별이 뜨는 시점을 첫날로 시작하여, 1년을 365일로 구성한 도식적인 태음력을 고안해냈다. 오늘날 학자들이 시민력이라 일컫는 이 달력은 1년을 30일 씩 12개월로 구성하되, 나머지 5일은 뒤에 오시리스 주기에 맞춘 신들의 생일로 남겨두었다. 그리고 한 달 30일을 10일씩 3주로 나누고, 하루는 24시간이 되도록 했다.

이렇게 만들어진 달력은 오늘날 이 분야의 전문가들로부터 '인류 역사에 존재했던 달력 중 유일하게 가장 지성적인 달력'이라는 찬사를 듣고 있다. 그런데도 당시의 이집트인들은 시민력이 태양력에 비해 날짜가 뒤쳐지고 있음을 곧 깨닫고 날짜를 조절했다. 그들은 4년마다 윤일을 하루씩 끼워넣는 오늘날과 같은 방식으로 이러한 불일치를 보정하지 않고, 대신 365.25×1,460=360×1,461이 되는 것을 이용해 1,460년마다 시민년(civil year)을 적용하는 방식을 취했다. 여기서 1,460년의 주기를 소틱sothic 주기라고 했다.

이러한 시민년은 기원전 1317년 람세스 시대 초기에 처음 적용되었다. 그러니까 이집트인들은 기원전 2500년경에 윤년제도를 도입한 제2의 태음력을 고안해냈던 것이다.

고대 이집트인의 물시계와 천상도(오른쪽)

따라서 파라오가 다스리던 시대의 이집트에서는 세 가지 종류의 달력을 갖고 있었는데, 관리와 재정 목적인 시민력과 그와 쌍을 이루는 제2의 태음력, 그리고 종교적인 축제와 신전의 예배일자 확정을 위한 최초의 태음력이 그 것이었다.

시리우스별이 나타나는 것과 동시에 지평선에 떠오르는 태양을 관측해 홍수의 계절을 예견함으로써 이집트인들은 농사를 짓는데 별 지장이 없었다. 나머지 2개의 달력들도 역과 계절이 크게 틀리지 않았기 때문에 그런 대로 사용할 수 있었다. 그러나 이런 달력들은 시간이 지나고 사회가 더욱 복잡해짐에 따라 점점 불편했다. 때문에 프톨레마이오스 조(BC305~30년)에는 시민력으로 4년에 한 번씩 윤일을 연말에 두려는 시도가 있었다. 하지만 윤일이 최초로 연말에 넣어진 것은 로마 제국의 아우구스투스 황제 때인 율리우스력으로 기원전 22년 8월 29일이었다.

고대 이집트인의 죽음과 저승세계:
(BC3300~2700년)

고대 이집트인들은 홍수와 가뭄, 천둥, 별 등과 같은 수많은 자연계 현상은 물론 인간의 죽음과 질병, 행복과 즐거움 등에 대해 깊은 의문을 품었다. 그리고 몇몇 사람들은 그런 의문에 대해 나름대로의 해답을 찾아 내놓았는데, 이집트인들은 그들을 성직자(사제司祭)라고 불렀다. 그들은 또 문서를 기록하고 보존하는 성스러운 임무를 부여받은 지식인이기도 했다.

성직자들은 영혼의 수호자로서 사람들의 존경을 받았다. 그들은 인간이 현실세계에 집착하는 것은 어리석은 일이라면서, 서쪽 산맥 너머에 있는 오시리스Osiris의 세계, 곧 사후에 영혼이 머무른다는 저승을 중요시했다. 그리고 성직자들에게는 인간의 행위를 판단하는 삶과 죽음의 신 오시리스에게 죽은 자가 생전에 어떤 행동을 했는지를 고할 수 있는 권한이 주어졌다. 그러나 성직자들이 이시스Isis와 오시리스가 관장하고 있는 사후의 세계만을 강조하다 보니 이집트인들은 일찍부터 삶이란 단지 사후의 세계를 준비 하는 짧은 순간이라 여겼고, 나일강 계곡은 죽음에 바쳐질 땅으로만 생각하게 되었다.

사막에 매장된 시체가 천연적으로 미라Mirra가 되는 현상은 이집트인들에

고대 이집트의 사후세계

게 내세에 대한 강한 신앙심을 심어주었다. 동시에 인간의 영혼은 세상에 살았을 때의 육체와 함께 있지 않으면 저승인 오시리스의 세계에 들어갈 수 없다고 믿게 만들었다. 그리하여 사람들은 죽은 자의 시신을 인위적으로 썩지 않도록 처리해 미라로 만들었다. 이집트인들은 시신을 몇 주 동안에 걸쳐 소금과 소다의 혼합물인 천연 탄산소다수에 담가놓았다가 다시 송진을 그 위에 발랐다. 그리고 수 척의 아마포로 시신을 감은 뒤에 무덤으로 옮겨질 특수한 관에 안치했다.

이집트인의 무덤은 그야말로 사자死者의 집이라고 말할 수 있을 정도로 하나의 완벽한 생활 공간이었다. 무덤 안에는 죽은 자를 위해 시중을 들 요리사와 빵 굽는 사람, 이발사 등의 동상이 있었고, 사자가 지루한 시간을 보내는데 쓸만한 온갖 기구와 악기들도 갖추어놓았던 것이다. 죽은 자가 부자일수록 값이 나가는 보석들이 함께 묻혔으며, 심지어 사자를 위해 화장실까지 마련한 경우도 있었다.

원래 이집트인들에게 나일강 동쪽은 사람들이 사는 이승세계로 삶이 존재하는 곳이고, 강 서쪽은 사자들이 사는 저승세계로 죽음이 존재하는 곳이라는 관념이 일찍부터 형성되었던 터라 무덤은 언제나 서쪽에 두었다. 처음에는 서부 산맥 암석 안쪽에 무덤을 만들었다. 그러다 나일 삼각주 쪽으로 점차 인구가 늘어나면서 주거지역이 북쪽으로 넓어지자 막막한 사막에다 무

미라의 신 '아누비스'가 미라를 린넨 천으로 싸고 있는 장면

덤을 만들었다. 그러나 사막은 주변에 무덤을 보호해줄 만한 것이 없는 탓에 야생동물과 도둑들이 자꾸 미라를 훼손시키고 보석을 훔쳐가는 일이 다반사였다. 그러자 이집트인들은 무덤 위에 석탑을 쌓기 시작했다. 부유할수록 석탑은 더 높았으며 세월이 갈수록 탑의 규모는 점점 커졌다.

처음에 이집트인들은 사후에 인간의 영혼이 오시리스 신 곁으로 갈 수 있는 자는 죽어서 신이 될 수 있는 자뿐이라고 생각했다. 그리고 그런 특권은 왕인 파라오만이 누릴 수 있는 것으로 여겼다. 그러나 점차 귀족들에게도 그 특권이 허락되었으며 나중에는 모든 이집트인들에게 주어졌다. 즉, 모든 이집트인들은 죽어서 신으로 취급되었던 것이다.

세월은 사고를 바꾸고 발전은 변화를 유도해갔다. 신의 육체를 보호하는 기술은 다양하게 발전했고, 죽은 자를 위한 장례와 제사의식도 복잡하게 변해갔다.

고대 이집트 문자, 히에로글리프:
(BC3200년)

고대 이집트 문자로는 히에로글리프hierogrlyph(神聖文字), 히에라틱 hieratic(神官文字), 데모틱demotic(民衆文字) 등 세 가지가 있다. 히에로글리프는 수메르 문자와 같이 세계에서 가장 오래된 문자로서 선사시대 말기(BC3200년경)부터 고안되어 왕의 이름과 업적 등을 기록하는 데에 사용되었다. 히에로글리프는 돌이나 나무 등에 새겨졌다고 해서 성각聖刻문자라고도 하는데, 때론 벽이나 파피루스에도 기록되어 있다. 또 이 문자는 상형문자, 회화문자라고 일컬어지듯 대단히 구상적인 문자로도 유명하다. 문자의 소재가 인체와 인체의 각 부분과 사람의 동작, 동물과 식물, 지형, 천체, 갖가지 모양의 물건 등 모든 분야에 걸쳐 형성되었기 때문이다.

기본적인 문자의 수는 700여 개로, 각 문자는 본래의 소재 자체를 나타내는 표의문자表意文字였으나, 일찍부터 음의 전용에 의해서 표음문자의 구실도 하게 되었으며, 두음頭音의 활용에 의해서 24개의 알파벳이 정해졌다. 이것이 오늘날 세계에서 널리 쓰이고 있는 각종 알파벳의 가장 먼 선조이다.

표음문자가 첨부됨으로써 문자로서의 히에로글리프의 구실은 더욱 확대 되었다. 또한 한글이나 한자와 마찬가지로 상하로든 좌우로든 자유자재

왼쪽 위부터 히에라틱(신관문자), 데모틱(민중문자), 콥틱 문자, 오른쪽은 목조 관에 쓰인 히에로글리프

로 방향을 다르게 해서 쓸 수 있었다. 그러나 표음문자가 첨부됨으로써 피할 수 없는 결함도 생겨났는데 그것은 동음이의어의 경우였다. 이집트인들은 이 결함을 해소하고 말의 뜻을 정확하게 전하기 위해서 한정사限定詞(determinative)를 사용했다.

히에로글리프는 셈 · 햄 계통의 대부분의 문자가 그러하듯이 자음만을 나타내기 때문에 일찍이 그리스어 같은 외국어로 옮겨진 신명神名 · 왕명 · 지명을 통해서든지, 혹은 고대 이집트 문자의 바로 뒤를 이어 사용된 콥트어 같은 언어를 통해 유추되는 히에로글리프의 모음부가에 관한 연구가 계속 진행되고는 있으나, 아직 이 문자로 기록된 말의 발음을 완전히 복원하기는 불가능하다.

이집트인들은 히에로글리프를 발명하고 나서 이내 히에라틱을 사용하기 시작했으며, 훨씬 후인 기원전 8세기경에는 데모틱도 사용했다. 그러나 그들은 히에로글리프를 신의 말씀으로 소중하게 여겼기 때문에 4세기까지 3,000년 동안 사용했다. 그러나 이 신성한 문자는 '진보'가 없었다. 다만 세월이 더해지면서 처음 700여 개였던 기본문자의 수가 프톨레마이오스 조(BC305~30년)에 이르면서는 수천 개에 달했다. 그러나 언어의 근본 법칙만큼은 달라지지 않았기 때문에 프톨레마이오스 조 때의 사제司祭가 무려 3,000년 전의 석판에 새겨진 〈피라미드 문서〉를 해독하여 에드푸 신전의 비

고대 이집트 문자

문을 새길 수 있었다. 언어란 몇백 년만 흘러도 특별한 지식이 없이는 이해가 되지 않을 정도로 변화한다는 사실을 고려한다면 이것은 정말 놀라운 현상이 아닐 수 없다.

히에로글리프의 끈질긴 생명력은 이 문자가 바로 신의 말씀이었다는 사실에 기인한다. 이 문자는 인간이 신을 찾아 헤맬 때 의지해야 하는 유일한 열쇠인 것이다. 히에로글리프로 쓰인 고대 이집트어는 추상적이면서도 구체적이고, 지극히 미묘한 뉘앙스를 풍기는 생각뿐만 아니라 지극히 물질적인 현실 세계도 잘 묘사하고 있다.

1세기에 기독교가 이집트에 전파되면서 그리스 문자에 7개의 문자가 추가되어, 기독교가 이집트 말로 표현되기 시작했다. 그 뒤 5세기경에는 이집트 각지에서 대부분의 문헌이, 그중에서도 특히 기독교문헌이 이 문자체계에 맞추어 기록되었는데, 이렇게 해서 나타난 이집트 문자가 콥트 문자이다. 이것을 고대 이집트어가 발전하는 마지막 단계로 본다.

그러나 콥트 문자체계는 순수한 이집트 문자체계와는 다소 거리가 있다. 그것은 그리스 문자를 차용해서 표시했기 때문이며, 이 문자에 의해 표기된 콥트어에는 고대 이집트어에서 자음의 발음이 일부 변화·탈락하는 현상이 일어났고, 또한 방언으로 변화가 많았던 것이다. 어쨌든 콥트 문자는 계속 사용되었으나 아랍어가 확산되면서 8세기부터 점차 사라지게 되었고, 아랍어가 이집트인들의 언어로 자리잡으면서 15~16세기부터는 그리스도 정교의

한 분파인 콥트교의 종교용어로만 쓰이게 되었다.

한편 그리스 계의 프톨레마이오스 조가 이집트에서 멸망(BC30년)한 뒤로 히에로글리프는 차츰 잊히기 시작했고, 기독교가 로마 제국의 국교가 되면서 이교도와 우상숭배자에 대한 억압으로 전수조차 어려워졌으며, 더욱이 비잔틴 제국의 유스티니아누스 황제(527~565년 재위)가 신전 폐쇄령을 내리면서 히에로글리프를 알던 사제들마저 사라짐으로써 이 세상에서 완전히 망각되어버렸다.

이렇듯 철저하게 망각 속으로 사라진 히에로글리프는 이집트를 침입했던 프랑스군이 1799년 로제타에서 비석을 발견함으로써 세상에 다시 알려졌고, 프랑스인 쟝 프랑소와 샹폴리옹이 읽는 법을 알아내면서 비로소 신비의 베일을 벗었다.

메네스, 최초로 통일 이집트 왕국을 건설:
(BC3150년)

 나일 강변에서의 생활이 안정되고 인구가 차츰 불어나자 곳곳에 씨족 중심의 촌락이 생겨났다. 그러다 관개농업으로 발전하였고, 토목공사의 규모가 날로 커짐에 따라 자연적으로 여러 촌락을 합친 큰 부락이 형성되었다. 넓은 토지와 풍족해진 수확물을 지키기 위해서는 더 큰 규모의 공동체가 필요하게 되었으며 이와 함께 단결과 통제도 필요하게 되었다.

 그리하여 기원전 3500년경 유력한 부족을 중심으로 원초적 국가 형태라고 할 수 있는 연합체가 만들어진다. 이 원초적 국가에서는 외적 침략을 막기 위해 군대와 군비를 갖추었으며, 국가를 대표하는 자는 지도자로서의 책무가 커짐에 따라 권력을 갖게 되었고, 왕에 해당되는 권위도 가지게 되었다.

 이러한 부족연합체는 결국 작은 왕국이 되었으며, 이런 여러 소왕국은 저마다 수호신을 내세웠다. 그런데 이 소왕국들은 메소포타미아 지역과는 달리 도시중심국가가 아니라 전원적田園的인 국가였다. 소왕국은 이집트에 통일왕국이 탄생되기 이전의 마지막 단계에서 형성되었으며, 이들은 기후와 관습 등이 유사한 북부의 하下이집트 연합과 남부의 상上이집트 연합, 크게 2개로 나뉘었다.

백색왕관을 쓴 메네스(나르메르) 왕이 철퇴로
하이집트의 적의 머리를 치고 있다.

상이집트는 좁고 긴 나일 계곡에 위치 했으며, 기온은 높고 습도는 낮았다. 그곳은 비를 전혀 기대할 수 없는 대륙성 기후지역이었다. 교통은 오로지 남북을 관류하는 나일강에만 의존해야 했다. 외부와의 접촉이 쉽지 않았던 이들은 농경을 생업으로 삼았으며 그만큼 보수적인 기운이 강했다.

하이집트는 남북의 최대 거리가 약 200km, 동서로는 220km나 되는 광대한 평지를 차지하고 있었다. 그리고 온난다습한 지중해성 기후지대로, 지중해와 홍해 같은 바다가 붙어 있거나 가까운 곳에서는 약간의 비도 내렸다. 그뿐만 아니라 운하와 수로가 종횡으로 뻗어 있는, 나일 삼각주를 중심으로 넓게 펼쳐진 초원에는 정원과 농지, 포도원이 있었으며, 양과 염소 등이 방목되었다. 따라서 하이집트는 상이집트에 비해 물자가 풍부했고 외부와의 접촉이 수월했던만큼 보다 국제적이었다.

고대 이집트 역사에서 상이집트의 지배권은 중심지인 테베와 그 주변 지역에 몰려 사는 테베인들이 쥐고 있었다. 그러나 하이집트에서는 권력의 중심이 한 도시에서 다른 도시로 자꾸 옮겨졌는데, 타니스, 부바스티스, 사이스, 멘데스, 세벤니토스, 알렉산드리아 등이 주요도시였다. 이것은 농경 중심의 상이집트가 통합이 잘 되고 안정된 사회였던 데 반해, 하이집트의 도시 중심의 지배우위권은 쉽게 깨지고 변했다는 것을 의미한다. 이런 정치적 배경과 자연환경은 이집트가 최초로 통일왕국을 이룰 때에도 영향을 미쳤다. 남부 지역에서 야망을 가진 한 왕자가 상이집트 전역을 그의 지배하에 통합시키고, 뒤이어 북부 지방의 통치자들을 점차 굴복시켜 어느 경쟁 세력보다 월등한 무력을 확보한 뒤에 마침내 통일국가를 세웠던 것이다.

이집트를 통일한 최초의 왕은 메네스이다. 그가 호루스 왕 나르메르였는

(왼쪽에서 오른쪽으로) 백색왕관(상이집트 왕관), 적색왕관(하이집트 왕관), 이중왕관(통일왕국의 왕관)

지는 아직 논란의 여지가 있지만 대다수가 동일 인물로 말하고 있으며, 많은 학자들은 그를 스콜피온과 나르메르가 혼합된 완전히 전설적인 인물로 간주하고 있다. 나르메르는 통일 제1왕조와 제2왕조의 왕들의 묘지 안에 최초로 기념묘를 세운 통치자로 알려져 있다. 즉, 그가 왕위에 있을 때 이집트에서는 하나의 통일 왕조가 성립된 듯하며, 스콜피온은 나르메르 이전에 통일의 대업을 완성 단계까지 끌고 간 인물로 추측된다.

메네스 왕이 누구였든지 간에 두 영토의 통합은 창조주가 우주를 만든 것과 맞먹을 정도로 이집트 역사상 가장 중요한 사건, 즉 '최초의 시간'으로 여겨지고 있었다. 이런 사실에 대한 증거는 얼마든지 많다. 그는 상이집트와 하이집트의 국경을 이루며, 전략적 요충지였던 델타의 하단에 수도를 정하고 이름을 멤피스라고 명명했다. 멤피스는 '백색의 벽'이라는 뜻으로, 그곳은 죽음과 소생의 비밀을 관장하는 오시리스 신이 묻힌 곳이었다.

그 지역은 멤피스인들에게 풍부한 식량을 영원히 제공해줄 수 있는 비옥한 땅이었다. 사람들은 의학과 결혼, 농업의 여신인 이시스 여신이 오시리스 신을 위해 울 때, 그 눈물이 나일 강물 속으로 떨어져 수위가 최초로 높아진다고 믿었는데, 강수량의 증가로 강변에는 양질의 진흙이 충적되었고, 그 덕분에 나일강 주변의 농촌과 농지를 나라 전체의 곳간으로 만들어주었다. 따라서 통일왕국의 최초의 수도였던 멤피스는 언제나 풍요와 이익을 가져다주는 곳이었다.

메네스는 상이집트의 백색왕관과 하이집트의 적색왕관을 합친 이중왕관을 사용했으며, 파라오라고 불렸다. 메네스의 아들이 멤피스에 궁전 하나를 세우면서 '위대한 거처'라는 뜻의 페르아라는 이름을 붙였는데, 파라오는 이 '페르아'라는 궁전의 이름에서 파생되었다고 한다.

파라오와 그의 대신들은 벽돌로 된 궁전에서 일하고 생활했다. 파라오의 궁전에는 기거할 방들과 공식적인 접견실, 중앙행정부의 집무실, 도살장과 주방들이 있었다. 그곳에는 일군一群의 술을 따르는 사람들, 왕의 의류 관리인들, 주방장들, 하인들이 일하고 서기관들이 관리와 감독을 맡았다. 파라오는 왕궁에서 '왕의 지인知人들'인 '현인賢人위원회'에 자문을 구하곤 했다. 파라오의 명령은 궁전에서 이집트 정부의 각 부서로 하달되었으며, 그 부서들을 재집결시키는 몇몇 기관들이 있었다. 그중 가장 중요한 기관이 재무성인 '이중의 백관白館'이었다. 국왕의 문서보관소 또한 그에 못지 않게 중요했으며, 이곳에서는 서기관들이 국왕의 칙령을 기록하고 연대기를 작성하는 등 국가의 공식 자료들을 분류 정리했다.

메네스는 위대한 행정가였다. 그는 나라를 '노메스'라 불리는 여러 지방들로 나누었다. 노메스는 지리와 경제, 종교적인 행정단위이다. 노메스의 책임자를 노마르크라 부르는데, 그들은 담당하는 지방에서 숭배하는 신을 모시는 고위사제를 겸했다. 메네스는 또한 군사의 최고지휘자이자 위대한 재판관이었다. 구전되는 법전에 따라 법을 집행했을 뿐만 아니라 강력한 중앙권력을 만들어 국가적인 사업을 추진했다. 노마르크들 역시 왕인 파라오를 보필하고, 대기술자들이 설계한 프로젝트를 각 지역에서 실행했다.

메네스는 이집트 전역에 제방을 세우고 운하를 팠다. 패어진 곳을 메우고 충적토로 쌓인 언덕은 평지로 만들었으며, 강에 산재한 섬들을 경작했다. 메네스가 죽은 후 첫 두 왕조는 그의 작업을 계속 추진했고, 제2왕조 말엽 이집트는 완전히 체계가 잡힌 부유한 통일 왕국이 되었다.

조세르, 계단식 피라미드를 세우다:
(BC2650년)

고대 이집트에서 통일 왕국의 성립은 파라오 왕권의 급속한 확대를 유발시켰다. 그에 따라 당시 파라오의 권위를 나타내는 왕묘 건설에도 현저한 변화가 일어났다. 직육면체 형태의 마스타바라고 불리는 왕묘가 생겨난 것이다. 그것은 대개 석벽돌로 만들어졌으며, 규모는 큰 것의 경우 가로 7.8m, 세로는 5.4m에 이른다. 그런데 제3왕조에 들어서면서 이집트는 국가의 틀과 제도가 재정비되고 고왕국 시대(BC2700~2270년)를 열게 되는데, 이 고왕국 시대는 제6왕조까지 약 500년간 지속된다. 역사가들은 이 고왕국 이전 시대를 상고 시대(BC3200~2700년)라고 부른다.

이 고왕국 시대 초기부터 중앙정권이 크게 안정되어 어떤 지방 세력도 파라오의 권위에 절대 복종하게 되었

계단식 피라미드의 원조가 된 마스타바와 그 단면도

사카라에 있는 조세르 왕의 계단식 피라미드와 그 신전

다. 파라오의 권위가 높아진만큼 왕묘의 건설에도 획기적인 변화를 가져와, 이전의 파라오 묘와는 비교가 안될 정도로 대규모의 석재 피라미드 무덤이 생겨났다. 전왕前王들의 묘에 비해 새 묘역의 규모는 무려 60배에 달할 정도였다.

피라미드식 무덤은 조세르 왕 때 시작되었다. 계단식 피라미드라고 불리는 조세르의 피라미드는 수도인 멤피스 교외 사카라에 위치해 있으며, 전왕들의 묘 형식인 마스타바를 여섯 단에 걸쳐서 차례로 쌓은 것과 같은 형상을 하고 있다. 그러나 멀리서 쳐다보면 네모뿔로 된 피라미드 형상을 하고 있어 계단식 피라미드라고 불렸던 것이다.

이 계단식 피라미드의 규모는 동서로 121m, 남북으로 109m, 높이가 60m나 되는데, 지금까지 4,650년 동안 같은 자리에서 거대한 위용을 자랑하고 있다. 최초의 피라미드라는 점 때문에 오늘날까지 고대 이집트인들이 남긴 문화유산들 중에서도 가장 소중한 가치를 지닌 것으로 꼽히고 있다.

그러나 이 계단식 피라미드 건설의 주역은 묘의 주인인 파라오 조세르가 아니라 그의 신하이며 재상이었던 임호테프였다. 위대한 건축가로서의 임호테프의 경력은 돌항아리를 다듬는 법을 배운 장인에서부터 시작되었다. 재능이 뛰어났던 그는 궁전의 행정가로 변신했고, 승진을 거듭하여 막중한 국사를 다루는 최고위직에까지 오른다. 파라오의 대법관과 국새상서國璽尚書, 헬리오폴리스의 태양신 라의 대사제를 거쳐 재상이 되었던 것이다. 한편으로는 당시까지 이집트가 낳은 최고의 건축가였으며, 위대한 예언자요, 의사였고, 천문학자였으며 주술사이기도 했다.

그는 고매한 지식과 인격을 바탕으로 지혜로운 책들을 많이 썼고 모든 과학과 기술을 몸소 실천했다. 고대 이집트 문화의 선구자로서 당대에 이미 그의 이름과 지위는 왕의 반열로 예우되었고, 죽어서는 왕이 아님에도 불구하고 유일하게 신의 대접을 받았다. 그는 후일 수많은 전설과 신화의 주인공이 되었는데, 전설에는 멤피스의 신 프타의 아들로 되어 있고, 신화에 따르면 그는 건축의 신이자 서기들을 지켜주는 지혜의 신이었다. 또 그는 의술의 신이기도 했는데, 후일 그리스인들은 그를 그들의 의신醫神 아스클레피오스와 동일시했다.

조세르는 50세 때에 이상한 꿈을 꾸었는데, 그 꿈속에서의 체험을 무척 경이롭게 여겼다.

> "나는 신이 파라오에게 주는 제2의 영원한 생명을 얻고자 높은 산꼭대기에 올라 혼자 기도하고 있었다. 그러자 하늘에서 눈부시게 빛나는 긴 계단이 내려왔다. 나는 단숨에 그 계단을 뛰어 올라가려고 했다."

그는 이 꿈을 계기로 그의 영혼이 돌아와서 영원히 쉴, 그의 육체가 안장될 주거 공간을 계단식 피라미드 형태로 건축할 것을 재상 임호테프에게 명했다고 한다.

임호테프가 이룩한 계단식 피라미드와 묘역의 형태는 이전의 사고를 완전히 뛰어넘는 걸작품이었다. 그는 수도 멤피스에 있는 묘와 남쪽에 있던 기념묘를 합쳐 사카라에 복합묘지를 만들었고, 그 둘레에는 400년 전 메네스가 왕궁 근처에 건립했던 백색의 벽을 본떠 건축한 벽으로 둘러쌓았다. 그것은 완전히 죽은 자를 위한 도시였다. 이 죽은 자를 위한 도시 사카라는 파라오가 내세에 위대한 신으로 부활한다는, 한 편의 기적적인 연극을 상연하기 위한 하나의 거대한 무대 세트 같았다.

과거에 진흙벽돌로 건축하던 방식을 버리고 석회암을 석재로 이용해 묘와 신전을 지었으며, 묘실 건축에는 멀리 아스완에서 배로 실어온 분홍색의 화강암을 썼다. 지하묘소에는 4만 점에 가까운 도자기와 술잔, 석기접시들이 가득 들어갔다. 영원히 닳지 않는 재료, 돌로 만들어진 주술용 식기류는 당시에는 아주 귀한 것이었다.

이것들을 만드는 데에는 설화석고雪花石膏, 혈암頁巖, 섬록암閃錄巖, 화강암花崗岩, 석영石英등이 사용되었다. 그리고 물건마다 만든 사람의 이름, 중책을 수행한 인물들의 직함과 직위, 조세르의 전임자였던 파라오의 이름과 함께 소생한 회식자會食者들이 접시와 술잔과 사발들을 어떻게 사용하며, 그들의 소생의 제전은 어떻게 진행되는가에 관해 새겨져 있다.

기자 피라미드 시대의 개막:
(BC2550 ~ 2450년)

조세르의 뒤를 이은 파라오들은 계속해서 피라미드를 건설했다. 그러나 임호테프와 같이 뛰어난 건축가가 없어서인지 그중에 많은 것이 미완성으로 그쳤거나 또는 공사가 조잡해 세월의 흐름과 함께 단순한 돌무지로 변해 버렸다. 그러다가 제3왕조의 마지막 왕인 후니(BC2575년경)가 계단식 피라미드를 완성한 후에, 그 계단을 메워 나가는 방식을 사용함으로써 오늘날 우리에게 알려진 형태의 피라미드를 처음으로 만들게 된다.

뒤를 이은 제4왕조의 첫 왕인 스노페루는, 다슈르에 반쯤 완성되다 말았지만, 큰 피라미드 위에 작은 피라미드를 얹은 모습의 과도기 형태의 벤트 피라미드Bent Pyramid를 건립했다. 그러다가 다슈르에서 북쪽으로 약 1.5km 떨어진 곳에 자신이 묻힐 피라미드를 세웠는데, 그래도 이러한 피라미드들은 피라미드 건설의 서막에 지나지 않았고, 그의 아들 쿠푸 왕의 등극과 함께 드디어 피라미드 시대는 본격적으로 궤도에 오르게 된다.

쿠푸는 현재 카이로 교외에 있는 기자에 대ᄎ피라미드를 세운 주인공이다. 오늘날 우리가 인류 문화유산의 최대의 불가사의로 꼽는 바로 그 피라미드이다. 이것은 폭이 233m나 되며 면적은 12.5에이커에 이른다. 또한 높이는

기자에 있는 쿠푸, 카프라, 멘카우레의 피라미드

144m에다 총 201층의 거대한 바위벽돌을 쌓아 만들었는데, 제일 아래층의 벽돌 1개의 높이가 1.5m로 가장 높고, 점점 올라갈수록 작아져서 제일 꼭대기에 쌓인 벽돌의 높이는 53cm이다.

이 피라미드를 세우는데 총 260만 개의 돌이 사용되었고, 그 무게는 700만 톤에 이른다. 이 바위벽돌들은 주위의 돌산에서 잘라, 피라미드가 세워질 장소로 옮긴 뒤에 차곡차곡 쌓였다.

그렇다면 고대 이집트인들은 이와 같이 거대한 돌을 어떻게 쌓아 올렸을까?

당시는 아직 철기 또는 청동기가 본격적으로 발명되지 않은 때였다. 그러나 제2왕조 때부터 석재 건축일을 해온 고대 이집트 석공들은 가히 최고의 경지라고 할 만한 석재기술을 갖추고 있었다. 그들은 돌로 만든 망치와 돌보다 부드러운 구리로 만든 정과 톱을 사용하였다. 그들은 먼저 사용할 돌의 눈을 유심히 주목한 다음에 돌망치로 돌 눈의 방향에 구멍을 깊게 팠다. 구멍이 파이면 그곳에 단단한 나무로 쐐기를 박았다. 그런 다음 위에서 가만히 물을 부으면 나무가 팽창하면서 그 힘에 의해 돌 눈이 쪼개져 나왔다.

석재는 풍부했다. 대부분의 석재는 기자 부근에서 구했고, 피라미드의 겉을 장식할 아름다운 석회암은 나일 강가에서 구해 배로 실어왔다. 또 현실玄室에 쓰일 화강암은 남쪽의 아스완에서 배로 실어왔다. 실어온 돌을 아름답게 깎고 다듬는 데는 구리톱이 사용되었다. 구리톱으로 돌을 자르면 톱날은 쉽게 못 쓰게 되고 만다. 그래서 그들은 자르는 부분에 수정가루와 특수한 모래를 바르고 물을 뿌려가면서 잘랐다.

이렇게 가공된 돌을 사막 위에 그냥 쌓아 올리면 무너지기 때문에, 사막보다 높은 암석지대를 평평하게 만들어 피라미드를 건설할 수 있는 기반을 마련했다. 가로 세로가 각각 230m 이상이나 되는 암석지대를 평평하게 만드는 것은 결코 쉬운 일이 아니었다. 만약 밑바닥이 평평하지 않으면 돌을 쌓아 올려도 무너져버릴 것이 뻔했기 때문이다.

암석지대를 평평 하게 만들기 위해 석공들은 피라미드를 4각으로 에워싼 입 구(口)자 모양의 수로를 어망의 눈처럼 가로와 세로로 파 이곳에 물을 부었다. 수면을 기준으로 암석을 평평하게 깎는 것이다. 현대의 기술로 이 수평면을 측량해보면 남동쪽의 모퉁이와 북서쪽 모퉁이의 오차는 불과 20cm이며, 방위의 오차는 2~5도에 지나지 않는다고 한다.

그리스의 역사가 헤로도토스는 피라미드를 건설하는 데 10만 명의 노예들과 40년의 세월이 필요했다고 썼다. 그러나 그것은 사실이 아니다. 현대의 고고학자들은 피라미드의 건설에 동원된 노동자 수는 약 4,000명 정도이며, 그들의 신분도 노예가 아니라 공공사업에 징발된 자유인으로 추정하고 있다.

고고학자들은 피라미드가 다음과 같은 방법으로 쌓였다고 주장한다. 먼저 피라미드 위쪽에 돌을 쌓아올리기 위해 피라미드의 네 변을 따라 벽돌과 돌로 비탈길을 닦았다. 비탈길은 모두 피라미드 네 변에서 시작해 각각 꼭대기까지 이어져 있었다. 그중에 3개의 비탈길은 돌을 운반하는 데 사용되었으며 나머지 하나는 일을 마친 사람들이 내려가는 길이었다. 노동자들은 20명씩 한 조를 이루어 무거운 돌을 끌어올렸다. 그러나 수 톤이나 되는 돌도, 통나무 2개를 나란히 깔고 삼나무 열매기름을 부어가며 수레에 실어 끌면 많은 힘이 들지 않았다. 이것은 지금도 정원석을 옮길 때 곧잘 쓰이는 방법이다.

노동은 고되었지만 파라오를 위한 노동에 오히려 즐거움을 찾는 충성스런 노동자들이 많았다. 이집트에서 발견된 파피루스 문서 가운데는 '기분 좋게 집으로 돌아가 신을 위해 드리는 근사한 제사 때처럼 빵을 배부르도록 먹고 맥주를 마셨다'라는 기록이 있다.

피라미드 건설은 이집트의 왕 파라오가 전력을 기울인 대사업이었다. 쿠푸 왕의 뒤를 이은 제4왕조의 제드흐라 · 카프라 · 멘카우레 · 세프세스카프 왕들도 연이어서 제각기 피라미드를 건설했다. 그중에서 쿠푸의 피라미드는 가장 규모가 크고, 외관상의 아름다움은 물론 복잡한 내부구조도 가장 뛰어나다. 그리고 그 뒤에 조금씩 크기가 작은 카프라와 멘카우레의 피라미드들이 이어져 있는데, 이 세 피라미드들이 바로 대표적인 기자의 대 피라미드들로 가장 유명하다.

이집트인들은 나일강만으로 살아갈 수 없었기 때문에 외적으로부터 그들을 보호하고 이끌어줄 지도자로서의 파라오가 필요했다. 이집트 전역은 '파라오의 토지'였고 이집트 농민은 '파라오의 백성'이었다. '나일강의 선물'이라고 일컬어지는 기름진 토지도 저수지와 관개용수가 없으면 많은 수확량을 기대할 수 없었다. 해마다 사막의 모래에 묻힌 저수지와 운하를 수리해 새 운하를 만드는 일은 파라오 휘하에 직속된 토지관리부서의 일이었다.

또한 이집트는 사막으로 둘러싸여 있기 때문에 생활에 필요한 금, 은, 동, 나무, 보석 등을 외국에서 수입할 수밖에 없었다. 무역로의 안전을 위해 대상과 상선들은 군대의 보호를 받아야 했다. 군대는 파라오가 임명한 장군이 지휘했다. 이집트가 시나이 반도에 매장된 구리광산을 독점할 수 있었던 것도 파라오의 군대 덕분이었다. 한마디로 말해 파라오는 이집트 번영의 근간이자 기초였다.

현재 이집트에 남아 있는 피라미드의 수는 약 80개 정도다. 이것은 고대 이집트 왕국 5천 년 역사에 기록된 파라오들의 숫자에 비해 결코 적은 숫자가 아니다. 왜냐하면 피라미드가 한창 만들어진 시대는 500년간의 고왕국 시대에 불과하기 때문이다. 피라미드 건설은 대 역사였다. 가장 규모가 큰 쿠푸 왕의 피라미드가 만들어지고 나서 60년 후에 즉위한 파라오조차 피라미드 건설을 단념하고 옛날의 마스터바 식(式)의 무덤으로 만족해야 했다. 피라미드 건설과 유지가 국가 경제에 너무나 큰 부담이 되었기 때문이다.

신비의 스핑크스:
(BC2500년)

스핑크스는 고대 이집트의 전설적인 동물로, 종종 태양의 신과 같은 존재로 군림하던 파라오를 상징하는데 이용되었다. 이 동물은 인간이나 양, 또는 매의 머리를 한 사자가 움츠리고 앉아 있는 형상으로 조각되어 오늘날까지 다양한 형태로 전해지고 있다. 스핑크스가 사자의 모습을 하고 있는 것은 힘을 상징하는 것이며, 머리가 사람의 모습으로 조각된 것은 인간의 지혜를 상징한다고 말해지고 있다.

수천 개의 스핑크스가 이집트에 세워졌지만 기자에 남아 있는 것이 가장 크고 유명하다. 그러니까 이 스핑크스는 스핑크스 중의 스핑크스인 셈이다. 이 스핑크스는 그 크기가 너무나 엄청나서 놀라지 않을 수 없는데, 또 하나 더 놀라운 사실은 이것이 하나의 바위를 조각해서 만들어졌다는 점이다. 그것도 다른 데서 돌을 옮겨온 것이 아니라, 바로 그 자리에 있던 하나의 거대한 석회암 바위를 깎아 만든 것이다. 단, 발톱 부분만은 벽돌로 만들어졌다. 또 이 스핑크스는 오늘날 남아 있는 스핑크스 기념석상 중에 가장 오래된 것으로 간주된다. 전장이 약 70m, 높이가 약 20m되는 거상으로 기자에서 두 번째로 큰 카프라 왕의 피라미드와 연결되어 세워져 있다.

스핑크스

　기다란 돌로 된 길이 카프라의 피라미드에서부터 이 스핑크스가 있는, 근처 나일강 계곡의 한 사원에까지 연결되어 있는데, 스핑크스는 그 나일강과 태양을 바라보고 서있다. 이 스핑크스의 얼굴은 카프라 생전의 얼굴로 추측되고 있다.

　스핑크스가 위치한 곳은 지역이 낮아 모래가 와서 쌓이는 지형이었다. 따라서 역사적으로 많은 사람들이 모래 속에 파묻힌 스핑크스의 모래를 제거한 뒤 찾아내곤 했다. 그러나 대개 머리만 땅 위로 노출되었고, 몸체는 모래 속에 묻힌 채 있는 경우가 많았다. 이 때문에 연약한 석회암으로 만들어 진 스핑크스는 오랜 세월이 지나면서 얼굴 부분이 많이 상했으나 몸체는 온전하게 보존될 수 있었다.

　근세에 스핑크스를 발굴하는 작업은 1816년 칼비글리아의 지휘 아래 시행되었는데, 일시 중단되었다가 1853년 오거스트 마이에테에 의해 다시 시작되었다. 가스톤 마스페론과 에밀 부르그쉬가 카프라 왕 무덤의 수호자인 스핑크스의 움츠린 사자의 모습을 완전히 빼낸 것은 1886년의 일이다.

　모래 속에서 발굴될 당시 양호한 상태였던 스핑크스의 몸체 부분 중에 사자의 앞발 부분과 뒤꼬리 부분 등은 이제 거의 형체를 알아볼 수 없을 정도로 파손되어 있으며, 근래에 스핑크스의 보수공사 도중 어깨 부분에서 300kg이나 되는 두 덩어리의 큰 돌이 떨어지기도 했다. 더욱이 원래부터 노출되어 있던 스핑크스의 머리는 지금에 와서 완전히 없어진 부분이 많다. 원래 머리에는 왕관이 쓰여져 있었다는데 지금은 볼 수가 없고, 앞이마에는 왕권을 상징하는 코브라가 조각돼 있었는데 그것 역시 겨우 꼬리 부분만 남아 있는 정도이다. 얼굴에는 턱수염이 붙어 있었는데 그것도 지금은 떼어지고 없다.

스핑크스의 얼굴은 원래 붉은색으로 칠해져, 마치 혈색이 좋은 살아 있는 사람의 얼굴처럼 보이

땅에 파묻힌 스핑크스, 데이비드 로버츠 그림, 1846~1850

고, 입 언저리는 미소를 머금고 있게끔 조각되었다고 전해진다. 지금도 스핑크스의 얼굴을 보고 있노라면 붉은 혈색의 흔적이 보이는 것 같고, 입가에는 미소 띤 모습이 확연하다. 그런데 스핑크스의 입을 자세히 보면 그 입이 상당히 크고, 입술도 매우 두껍다는 것을 발견할 수 있다. 이것으로 당시 이집트인들은 인종적으로 오늘날보다 남방의 흑인계 요소가 더 강했던 것으로 추측할 수 있다.

귀도 굉장히 크고 코도 매우 높았던 것으로 추정되지만 지금은 파손되어 코는 구멍만 남아 있다. 그것은 먼 후대에 튀르크 노예용병 출신인 이집트의 맘루크들이었는지 오스만 제국군이었는지 몰라도, 누군가가 얼굴 부분을 놓고 사격연습용 표적으로 사용했기 때문에 그렇게 되었다고 전해지는데 확실한 증거는 없다.

1735년 메이렛은 스핑크스를 보고 '사자의 몸에 여자의 얼굴을 접목시킨 것이다'라는 경탄과 함께 '처녀자리와 사자자리를 합친 것인지도 모른다'라고 말하였다. 어떻든 볼수록 신비한 스핑크스는 여러 가지 전설을 가지고 있다. 그중에서도 멤피스와 같이 고대 이집트 수도 중의 하나였던 테베의 암산 부근에 살면서 지나가는 사람에게 '아침에는 네 다리로, 낮에는 두 다리로, 밤에는 세 다리로 걷는 짐승이 무엇이냐?'라며, 이른바 '스핑크스의 수수께끼'를 내어 그 수수께끼를 풀지 못한 사람을 잡아먹었다는 전설이 유명한데,

오이디푸스가 '그것은 사람이다'라고 대답을 하자 분을 참지 못해 몸을 던져 죽었다고 한다. 그러나 스핑크스는 원래 동물의 왕인 '사자'에 대한 주물呪物 숭배에서 비롯된 것으로 시대에 따라 그 모습이나 성격이 달리 해석되었다.

스핑크스의 양 발 사이에는 화강암으로 된 돌비석 하나가 있는데, 그것은 투트모세 4세(BC1392~1382년)가 만들어 세운 것이다. 투트모세 4세는 아멘호텝 2세(BC1427~1392년)의 아들이었다. 그는 어릴 때부터 사냥과 무술을 좋아했고 파라오가 되고자 하는 야망도 품고 있었으나 그럴 처지가 못 되었다. 파라오 자리는 장자만이 계승할 수 있는데, 그에게는 웨 벤세누라는 형이 있었던 것이다.

그런데 어느 날 투트모세 4세가 피라미드 근처에서 사냥을 하다가 잠시 휴식을 취하면서 낮잠을 자는데 태양의 신 라가 갑자기 꿈속에 나타나더니, 모래 속에 파묻힌 자신의 모습을 다시 세상 빛에 노출시켜 누구나 그의 모습을 볼 수 있도록 해주면 그에게 왕관을 씌워줄 것이라고 말했다.

잠에서 깬 투트모세 4세는 급히 말을 몰아 멤피스로 향했다. 그리고는 곧장 인부들을 데리고 자기가 잠들었던 곳으로 다시 돌아왔다. 그는 인부들에게 자기가 누웠던 자리를 파보라고 했다. 그러자 바로 그 자리에 과연 스핑크스가 잠자고 있었다. 태양의 신 라의 지시대로 스핑크스를 발굴해낸 투트모세는 그 근처에 흙벽돌로 담을 치고, 스핑크스의 전면(지금의 위치)에 돌비석을 세운 것이다. 그 뒤 투트모세는 태양의 신 라의 말대로 파라오의 자리에 올랐다.

이 이야기와 관련하여 혹자들은 투트모세 4세의 아버지 아멘호텝 2세 때에 이스라엘 백성들의 출애굽이 일어났고, 아멘호텝 2세의 장자 웨벤세누는 부왕보다 먼저 죽었는데, 그것은 이스라엘의 신 야훼가 이집트에 내렸던 열 가지 재앙 가운데 이집트의 모든 생명체 중 첫 번째 소생은 죽도록 만들었기 때문이라고 말한다. 아무튼 장자 웨벤세누가 일찍 죽음으로써 투트모세 4세는 왕위를 계승하여 파라오의 자리에 앉을 수 있었다.

헬리오폴리스의 신전과 태양신 라의 숭배:
(BC2500년)

제3왕조 조세르 왕의 장엄한 신전을 세운 임호테프는 앞에서도 말했듯이 헬리오폴리스 신전의 제사장이었다. 그가 헬리오폴리스 신전의 제사장이 된 후로 고대 이집트 문명을 지배하게 될 태양신 라의 숭배사상은 한층 더 폭넓은 영향력을 갖기 시작했다.

헬리오폴리스의 태양신 라의 사제들은 지식인 계층으로 구성되어 여러 역할을 담당했다. 그들은 신이 주인으로 있는 하늘에 관해 다각적인 연구를 했다. 천체의 움직임, 별이 뜨고 지는 시각과 시차, 각의 기하학, 공간의 측정 등을 학문으로 발전시켰다.

이러한 과학은 그들의 종교를 더욱 신비화시키면서, 한 명인으로부터 다른 명인에게로 쓰기, 읽기, 수학 또는 기타 다른 기술처럼 비밀리에 전해졌다. 그리하여 지식인으로서 사제들은 늘 힘을 가질 수 있었고, 이집트의 학문 및 기술 발달에 그들의 역할은 지대한 것이었다. 그리고 이런 사제들의 지식은 파라오의 정치에도 큰 영향을 미쳤다. 제2왕조의 레넵 왕은 자기 이름에 태양신의 이름을 결합시켰다. 처음에 파라오는 태양신과 동일시되었었다. 그러나 왕인 파라오가 라의 아들로서 그가 죽으면 그를 낳았던 신에게 흡수

태양신 라는 그의 배로
하늘을 가로지르는 여행
을 한다. 하늘을 가로지
르는 라의 하루 여행은
12시간이 걸린다.

되며, 그 장소는 지평선으로, 죽은 파라오가 그곳으로 여행을 떠난다는 이야
기가 제4왕조에 와서 확립되면서 파라오는 태양신의 아들로 받들어졌다.

제4왕조의 많은 파라오들은 그들의 이름에다 '라'를 합성시켰으며, 제5왕
조 때에 와서는 왕인 파라오가 신들과 결혼하여 태어났다는 새로운 사상이
생겨났고, 이 왕조의 처음 세 아들은 헬리오폴리스 신전의 제사장 부인의 소
생들이었다. 그중 큰아들은 파라오인 동시에 신전의 대제사장을 겸했다.

제4왕조 때에 융성하던 피라미드의 건립 사업은 제5왕조에 들어와서 규모
나 수준이 크게 떨어졌다. 덮개
용 돌들이 없어진 후부터 피라미
드들은 잡석의 둔덕으로 변해버
릴 정도였다. 이 때문에 제5왕조
의 파라오들은 기자의 대피라미
드와 비교되지 않도록 그들의 피
라미드를 아부시르로 옮겼다. 그
러나 사제 계층의 권력이 강화되
면서부터 태양신 라를 위한 신전
은 더욱 화려하고 복잡하게 만들
어졌으며, 그 정도가 과해질수록

태양신 라(왼쪽)

국고는 바닥을 드러냈다. 이렇게 절정에 달했던 태양신 숭배와 헬리오폴리스 신전의 제사장 그리고 사제들의 지위는 고왕국시대가 끝나는 제6왕조 때까지 계속되었다.

고왕국 시대 농부들의 생활:
(BC2500년)

선사 시대의 이집트인들은 지중해 민족에 속했다. 지중해인들은 길쭉한 두상과 달걀형의 섬세한 얼굴을 가진 호리호리한 민족이었다. 머리카락은 검고 물결 모양으로 굽이쳤지만 몸에는 별로 털이 나지 않았다. 이들은 일찍이 팔레스타인 지역에서 아나톨리아와 셈의 혈통이 섞인 후예들이 이주해오면서 넓적한 두상을 가진 종족으로 바뀌어 역사시대 이집트인의 형상을 창출하였다. 즉, 털이 없이 미끈하고, 중간 정도의 키에 큼직한 두개골, 강한 뼈에 손목과 발목이 특히 굵은 특징을 가지게 된 것이다.

이런 체형의 이집트인들은 대부분 농사를 짓고 사는 농부들이었다. 동시에 그들은 토지에 애착을 갖고 사는 자유민이었으며, 항시 나일 계곡을 떠나서는 불행해진다고 생각했다. 그들은 이집트만이 갖고 있는 독특한 환경에 알맞은 영농법을 터득했고, 토지를 경작한다기보다 마치 자식처럼 돌보고 키우며 살아갔다.

당시의 이집트 농부는 어려서부터 경작에 관련된 지식을 관찰과 경험, 조상들의 가르침을 통해 배웠고, 그렇게 터득한 경작법을 다시 그들의 자손들에게 전했다. 그들은 동시대의 다른 지역의 어떤 농부보다 토지를 잘 이용

했다. 토지의 질과 수확
능력을 잘 파악하였으
며, 관개 방법과 씨를 뿌
리고 수확하는 시기가
정확했고, 추수와 관련
된 아주 유용한 비밀을
잘 알고 있었다. 토지를
마치 몸의 일부분처럼
여기고서 생활했던 것
이다.

그들은 나일강의 범람
기인 7월부터 10월까지
는 농사를 짓지 못하고,
11월 부터 농사를 준비
해 6월까지 수확을 거두
었다. 수확물은 감독관
에 의해 일일이 검사를
받은 다음에 서기가 그

이집트 농부의 생활

내용을 모두 기록했고, 문서로 인정된 것만이 매매될 수 있었다. 따라서 모
든 수확물은 농부가 허가 없이, 불법적으로 처리하지 못하도록 엄격하게 감
시되었다. 그리고 7월부터 10월까지의 농한기에는 여러 가지 국가적 역사에
농부들이 동원되었다. 비록 그 노동이 의식주를 보장하고, 노예에게 부과되
는 것 같은 강제 노역은 아니었지만, 그들에게 한여름의 노역은 쉽지 않았을
것이다.

그래도 고대 이집트 농부들은 동시대의 다른 문명세계의 사람들보다 풍족
하고 건강한 생활을 누렸다. 파라오의 강력한 통솔로 인해 외적의 침입이 없
었고, 주요 도시에는 장이 들어섬으로써 필요한 물품들은 물물교환을 통해
구할 수가 있었다. 그들은 또한 노예와 같이 사고 팔리거나 저당 잡히는 일

이 없었으며, 법의 기준을 벗어나 무조건 복종을 강요받는 등의 비인격적인 대우를 받는 경우도 드물었다.

그러나 그들은 오늘날의 기준으로 볼 때 류머티즘이나 수인성 질병에 쉽게 노출되었으며, 페스트와 같은 전염병에는 속수무책이었다. 그리고 납세액이 부족할 때는 세금징수관에게 호된 체벌을 받았고, 질병과 해충에 의해 수확물을 허무하게 망치거나 악독한 탐관오리에게 착취당하는 경우가 많았다. 이와 같은 손실을 막기 위해 농부들은 무한정의 노력을 기울여야 했으며, 만일 몸이 아프거나 술에 취해 일을 하지 못하면 그 동안은 처자식들이 고생을 감수하기 마련이었다. 그들의 평균 수명은 30세를 넘지 못했으며, 당시 농부가 대다수였던 이집트의 인구는 100만 명을 훨씬 밑돈 것으로 추정되고 있다.

국가의 엘리트, 서기와 귀족들:
(BC2500년)

이집트는 중앙집권적인 국가를 유지하기 위해 관료계급이 필요했으며, 그 중에서 서기의 역할이 매우 중요했다. 고대 이집트에는 서기를 양성하기 위한 학교가 관청이나 신전에 많이 세워졌는데, 거기에서는 귀족의 자제들이 모여 문자를 읽고 쓰는 것을 배웠다. 그러나 여자나 가난한 집의 아이들은 학교에 가기 어려웠다. 아이들은 열 살 무렵에 학교에 들어갔으나 대부분은 고작 몇 년을 배우는 것이 전부였다. 그러나 재능이 있는 학생들은 성인이 될 때까지 학업을 계속할 수 있었다.

이집트의 상형문자는 중요 문자가 700자 정도였으며, 보다 세분화되면서 약 3,000여 자에 이르렀는데, 이것을 일일이 기억하고 능숙하게 조합하여 읽고 쓸 수 있기까지는 상당한 교육과 훈련이 필요했다. 여기다가 학교에서는 산수나 측량술, 부기 등 전문적인 분야도 익히고 배워야 했으며, 신화나 이야기, 교훈 같은 것도 되풀이해서 읽고 외웠다.

학교의 교육방식은 읽기와 쓰기를 통한 암기 위주였다. 따라서 학생들은 많은 시간을 투자해 소리내어 글을 읽었다. 그리고 받아쓰기와 필사를 반복했는데, 처음에는 필기체인 신관문자(히에라틱hieratic)로 쓰다가 나중에는 정자인 상형문자(히에로글리프hierogrlyph)로 썼다. 학생이 게으름을 피우면 선생은 가차없이 회초리를 들고 엄하게 체벌을 가했으며, 아주 둔하거나 게으른 아이는 감금되기도 했다.

"남자아이의 귀는 등에 있다. 등을 때리지 않으면 듣지 않는다!"

라는 말을 선생은 수없이 되풀이했다. 또한 학생들은 유혹에 빠지거나 게으름을 피우지 않기 위해 도덕적으로 늘 엄한 자세를 요구받았다. 이와 같이 엄격한 교육 체제를 통해 학생들은 문예의 대가가 되고 지성인으로 자라 났다.

배움의 길은 험하고 어려웠지만 일단 서기가 된 자들에게는 사회적으로 특별한 대우가 기다리고 있었다. 노동은 물론 세금을 낼 필요가 없었으며, 많은 사람들이 우러러보고 두려워할 만큼 강력한 권위를 지닌 사회계층을 형성했던 것이다. 일단 서기가 되면 그들은 관청의 각 부서에 배치되어 공무를 담당하였고, 자신의 능력을 길러 후일 고급 관리나 신관이 될 수도 있었다.

또한 글을 읽고 쓸 줄 아는 능력 하나만 가지고 왕족 못지 않은 위세를 부릴 수도 있었다. 특히 자신을 신神이라고 생각하는 파라오가 읽기와 쓰기, 산수 등을 배우려 하지 않을 때에는 이들 계급의 위력이 더욱 대단해졌다. 그것은 당시 학교의 선생이 학생들에게 서기가 될 것을 권하면서 했던 다음과 같은 말 속에 잘 나타나 있다.

"생각해보아라. 서기는 사람들의 재산을 파악해 세금을 매기고, 세금을 정하는 것도 걷는 것도 다 서기의 일이다. 그뿐만 아니라 모든 중요한 일은 서기의 뜻대로 하게 되니 그 직업이 얼마나 좋으냐! 항상 배불리 먹고 만족스럽게 산다. 서기가 되거라. 그러면 너희의 손은 부드러워지고 좋은 옷을 입을 수 있으며 사람들의 칭송을 받게 된다. 또 궁정 사람들도 너희에게 청탁을 하러 올 것이다. 왜 공부하느냐, 바로 서기가 되기 위해서이다!"

그런가 하면 파피루스 문서 중에, 두아케티라고 하는 사람이 자신의 아들 페피를 관리의 자제들이 다니는 학교에 입학시키려고, 도시로 가는 도중에 아들에게 다음과 같이 충고하는 장면이 있다.

고대 이집트 서기

"노예로 끌려간 자들을 보아라. 나는 채찍으로 두들겨 맞는 사람들을 수없이 본 적이 있다. 이제부터 너는 마음을 책에 쏟아야 한다. 이 세상에 책보다 더 나은 것은 없다. 나는 네가 어머니보다 책을 더 좋아하고 그 귀중함을 눈 앞에 떠오르게 만들 것이다. 서기는 어떤 직업보다 위대하다. 서기 외에 주인이 되는 직업이 없다. 이렇게 말하는 것은 서기가 곧 주인이기 때문이다!"

이렇듯 고대 이집트 사회에서 서기가 된다는 것은 장래가 보장되고 엘리트 중의 엘리트가 되는 길이었기 때문에, 본인뿐만 아니라 주위의 가족들도 서기가 되기를 간절히 바랐다.

정치적으로 안정되고 경제적으로도 풍요로웠던 고왕국 시대의 이집트는 대체로 활력 있고 자신감이 넘치는 문화를 창출해내고 향유했다. 지금 전해지고 있는 문화 유산들을 보면 당시 이집트 국가사회의 여러 면모와 기풍을 얼마든지 엿볼 수 있다. 조각품이나 그림 속에 있는 귀족층의 차분한 얼굴 모습에서 의구심은 찾아볼 수 없고 매사에 자신감이 차 있다. 많은 기록을 보더라도 지배계층은 통치와 생활 양면에서 양호하고, 그들의 신념에 결코 흔들림이 없었다고 말하고 있다.

무엇보다 귀족들은 겸손하고 정직하며, 깊이 생각하고 인내하는 데에 가

세금을 기록하고 있는 서기. 그들의 잉크병이 땅바닥에 놓여있다.

치관을 두었다. 그들은 사람을 사귀는 데 신중하고 욕심을 내지 않았으며, 시기하지 아니하며, 난폭하지 않고, 연장자나 연소자에게나 똑같이 존경하는 마음을 가져야 했다. 또한 그들은 엄격하면서도 공명정대해야 했고, 모든 일에 자비로움을 잃지 말아야 했다.

이러한 공인으로서의 자세와 윤리관은 고왕국 시대 귀족들에게 이상적인 상이었다. 파라오를 보필하는 궁정의 사람들, 또는 제한적이긴 해도 신성한 지배권을 부여받은 고위 관리들은 모두 다 교육받은 지식인 계층이었으며, 이들이 곧 국가조직을 움직였다. 이들은 특권을 누리면서도 결코 사치스럽고 방종한 귀족계급으로 남아 있지 않고, 건축가나 기술자, 작가, 신학자, 행정가를 비롯해 모두 당대의 지적 활동과 문화 창달의 주역으로 활동했다.

기울어지는 파라오의 권세:
(BC2300년)

고왕국 제5왕조에 들어서면서 파라오의 권위는 서서히 약해지기 시작했다. 파라오 왕실은 헬리오폴리스의 사제단의 권위를 무시할 수 없었다. 이때부터 피라미드의 규모는 대폭 축소되었지만 태양신전은 갈수록 규모가 커졌다.

이렇게 된 데에는 아주 오래 전부터 까닭이 있었다. 이집트가 중앙집권적 통치 조직을 유지하기 위해서는 고관대작들의 노력과 봉사가 절대적으로 필요했다. 그런데 시대가 흐름에 따라 고관대작들은 자신들의 권한과 영역을 점점 확대해나갔고, 나중에는 그들의 지위를 자식에게 물려주기 시작했다. 지방의 총독이나 지사도 마찬가지였다. 그 결과 이집트 전지역에는 고관대작이나 주지사가 임의로 지배하는 사유지가 자꾸 늘어났다. 그들은 자신의 토지를 운영하기 위해 경작농민 이외에 목동, 어부, 목수, 정원사, 가구공, 염직공, 금은 세공인, 도공, 석공, 조각가, 빵 제조인, 맥주 제조인, 서기, 경비원 등을 둘 정도가 되었다.

한편 왕들은 즉위할 때마다 비경제적인 피라미드와 신전을 건설했으며, 그 시설을 유지하기 위해 많은 막대한 재정과 인원을 소모해야만 했다. 더

(위 왼쪽) 권위의 상징을 지닌 채로 신전을 향해 뛰는 파라오
(위 오른쪽) 누비아에서 온 난쟁이의 알현을 받고 있는 파라오
(아래) 그의 신적 능력을 시위하고 있는 사제

욱이 파라오는 관례에 따라 정기적으로 신전에 토지를 기진寄進해야 했는데, 이 때문에 세원이 자꾸 감소되었다.

이런 상황은 개선되지 않고 시간이 흐를수록 더욱 악화되어 제6왕조에 들어와서는 소생할 수 없을 정도로 쇠약해졌다. 중앙정부는 극도의 재정난에 허덕이게 되었고, 파라오 자신의 지위조차 불안정해지면서 끊임없는 음모 속에서 생명까지 위협받았다. 파라오는 추락한 위신을 회복하고 국가재정을 확보하기 위해 여러 차례 원정을 시도하고, 또 유력한 제후와 혼인함으로써 대세를 돌리려고 노력했으나 별 효과가 없었다.

고왕국 시대의 종말:
(BC2150년)

제6왕조의 마지막 왕 페피 2세는 기원전 2246년부터 기원전 2152년까지 약 90여 년 동안 이집트를 지배했다. 페피 2세의 재위기간은 이처럼 길었으나 그의 죽음과 함께 고왕국은 제6왕조를 마지막으로 종말을 고하게 된다.

많은 이집트 학자들은 파라오가 가졌던 절대권력이 제5왕조 때부터 뚜렷하게 쇠약해지면서, 아울러 세습계급의 대두로 왕국의 분열과 함께 고왕국이 멸망한 것으로 생각했다. 그러나 최근의 연구에 의하면 고왕국이 그토록 갑작스럽게 붕괴한 것은 그보다 당시 아프리카와 근동지방을 휩쓸었던 기후의 변화가 결정적인 원인이었다고 한다. 기상의 변화로 아비시니아

기근 속에 고통받는 사람

고원에 내린 몬순 강우가 저지대인 나일 지역을 급습하여 이집트의 관개농업을 엉망으로 만들어버렸던 것이다.

오늘날 봄철에 2~3일씩 불어대는 모래바람 캄신과 같은 바람이 남쪽에서 이집트로 몰아치면서, 태양은 그 모래바람에 가리어 빛을 잃었고, 경작지는 모래로 뒤덮여 쓸모 없게 되어버렸다. 그러다 결국 나일강이 메마르게 되고, 사람들이 걸어서 강을 건널 수 있는 상황이 되자 강의 수량을 조정한다고 믿었던 파라오의 권위는 땅에 떨어지고 말았다. 이로써 파라오 체제가 무너지고 이집트는 수많은 봉건국가로 쪼개지면서 서로가 살기 위해 쟁투를 벌였다. 기근에 의해 시작된 정치적 혼란은 거의 70년 정도 계속되었는데, 다음의 기록을 보면 당시의 혼란상을 얼마든지 미루어 짐작할 수 있다.

"보아라, 이전에 없던 일이 벌어지고 있다. 파라오는 악한 무리들에게 축출당하고, 악한 무리들은 묻힌 파라오를 관에서 꺼내 내팽개치고 있다. 그들은 숨겨진 재산을 파헤치고 있다. 보아라, 정치를 알지 못하는무리들이 나라를 빼앗았다. 그들은 이집트의 평화를 지키는 왕의 권위를 거역하고 있다. 도시는 순식간에 쓸모없는 산으로 변해버렸다."

"지난 날의 복을 가졌던 자가 지금은 넝마를 걸치고, 의복을 가지지 않았던 자가 고급스런 아마포亞麻布를 입었다. 가난한 자는 부자가 되고 부자는 무일푼이 되었다. 빵을 갖지 않았던 자가 이제는 곡창을 갖고, 창고 안에는 남들의 재산이 들어차있다."

"어떤 이는 그의 아들을 적으로 본다…. 여기저기에서 이방인이 이집트인이 된다…. 아, 여자들은 말라비틀어져 아이를 낳을만한 사람이 한 사람도 없다…. 아, 실로 수많은 사자死者들이 나일강에 수장되었다…. 아, 실로 피의 강이로다!"

"사막은 전국토로 확대되고 주州는 파괴되었으며, 외적이 쳐들어왔다. 어느곳에도 이집트인은 없다. 마음있는 이는 나라 안에 일어난 일을 슬퍼한다. 이민족이

이집트인 행세를 하며 판을 친다. 델타의 초원은 머지않은 시일내에 사라져 버릴
것이다."

    이상 기후와 봉건 제후의 출현, 민중의 반란으로 엉망이 되어버린 이집트
는 쉽게 정치적 안정을 되찾지 못했다. 7~10왕조시대에는 명목상 왕조가 있
었지만, 실질적으로는 각지의 봉건제후들이 요새화한 도시에 자리잡고서 서
로가 쟁투를 일삼았다. 이런 혼란 속에서 한때 중부 이집트의 헤라클레오폴
리스를 다스리던 제후가 두각을 나타냈다. 그러나 상이집트의 테베를 지배
하던 제후가 헤라클레오폴리스를 누르고 마침내 이집트를 다시 통일하게 된
다.

제1중간기의 거친 세상에서
움트는 자유와 평등사상:
(BC2150 ~ 2080년)

메투호테프 2세의 동상

고왕국이 쓰러지고 기원전 2080년에 중왕국의 제 11왕조가 시작되기 전까지의 혼란기를 제1중간기라고 한다. 이 혼란기에 기존의 관습이나 사상은 여지없이 흔들렸다. 신적인 존재였던 파라오가 비판의 대상이 될 수 있었으며, 평민들은 인간의 존엄성을 발견하고 이를 표현하고자 했다. 현대 용어로 말하자면 인간성의 자각이라든지, 민주주의, 자유, 평등의 사상 같은 것이 움트기 시작한 것이다. 이러한 사상은 중왕국 시대의 문학작품 속에 잘 나타나 있다. 카이로 박물관에 소장된, 한 관에 기록된 '만인은 평등하게 창조되다'라는 제목의 글은 다음과 같이 언급하고 있다.

"만물의 주主는 말했다. 나는 네 가지의 선행을 지평선의 문안에서(새벽에) 행했다."

전투 대형을 짜고 행진하는 이집트 병사들. 제1중간기, 아시우트의 무덤에서 발견된 병사들의 모형

"사람 각자가 살아 있는 동안, 동류의 인간처럼 그것을 호흡할 수 있도록, 나는 네 가지의 바람을 만들었다. 내가 대홍수를 일으킨 것은 가난한 자가 고귀한 자와 같이 갖가지 권리를 누릴 수 있도록 하기 위해서다. 나는 사람을 각자 동등하도록 만들었다. 나는 그들이 사악한 일을 행하도록 명령하지 않았다."

관에 쓰인 이 글의 목적은 사후 세계에서의 행복한 생활을 염원하는데 있었다. 고대 이집트인들은 전체적으로 이승의 삶보다는 오히려 저승의 삶을 안락하게 맞는 일을 두고 고심했지만, 고왕국 시대에는 파라오만이 사후의 세계를 보장받았다. 때문에 피라미드 내부에는 파라오의 사후의 안태를 기원하는 주문을 기재했다. 이것을 '피라미드 텍스트'라고 부르는데, 파라오 이외의 사람들에게는 누구도 허용되지 않았다. 그런데 중왕국으로 넘어오면서는 평민들의 관에도 그러한 문구를 기재할 수 있게 되었다. 제11왕조가 일어나면서 파라오들에 의해 다시 중앙집권체제가 이루어졌지만 '파라오는 신이다'라는 종래의 고정관념은 여지없이 흔들렸으며, 지위의 고하는 있을지언정 모든 인간은 동등하다는 새로운 자각이 일어나게 된 것이다.

이렇게 파라오는 곧 신이라는 관념이 무너지면서부터 파라오의 권위는 봉건 제후 세력에 의해 계속 위협받았고, 혼란기 내내 파라오의 자리는 불안할 수밖에 없었다. 제1중간기 동안 파라오의 권위는 말 그대로 땅에 떨어졌던 것이다. 고대 문화유산에 표현된 고왕국의 파라오들은 신적인 위치에서 절대 왕권을 행사했기에 얼굴이 근엄하면서도 안정적이고 평온한 모습이지만, 혼란기나 중왕국 초기의 파라오들은 엄격하고도 한없이 고독한 모습을 보이고 있다.

제12왕조의 첫 번째 파라오인 아메넴하트 1세는 그의 큰아들 세누스레트 1세에게 다음과 같은 교훈을 남기고 있다:

"모든 부하에 대해서 네자신의 몸을 지켜라.
한사람의 형제에게도 마음을 허락하지 말라.
한사람의 벗과도 깊이 사귀지말라.
친근한 이를 만들지 말라.
네가 잠들 때에도 네 스스로 자신의 심장을 지켜라.
재액災厄이 닥치는 날 너를 아껴 도와줄 사람은 없느니라."

혼란기에 태동한 염세적 세속문학:
(BC2150 ~ 1750년)

한 시대가 마감되고 새로운 시대가 도래할 때는 그에 맞추어 질곡과 고통 속에서 전혀 새로운 목소리가 출현하기 마련이다. 고왕국 시대가 가고 중왕국 시대가 시작되는 역사의 혼란기, 제1중간기 동안 이집트의 문인들은 종래의 문학과는 완전히 다른, 새로운 장르의 세속적인 작품을 저술하기 시작했다.

그것은 수세기 전부터 줄곧 고왕국 시대의 영광을 노래하고 파라오의 권세와 사회체제를 찬양하던 관변적 경향과는 판이하게 달랐다. 사람들은 파라오의 권위로 내려진, 이른바 신성한 처벌을 더 이상 묵묵히 받아들이지 않았다. 변화무쌍한 사회내부에서는 예술행위를 통해 감정을 호소하였고, 시적이며 우아한 형태의 염세적 문학이 고통과 질곡 속에서 활짝 꽃을 피웠다.

헤라클레오폴리스의 파라오도 인간의 사고와 행동에 영향을 주는, 글쓰는 능력과 말하는 능력을 다른 무엇보다 중시하고, 자신의 왕자에게 '권력은 혀에 있고 말은 전투보다 강하다'고 가르치면서 언어의 달인이 되기를 권면했다. 어떻든 당대의 암울하고 비관적인 정서와 사회상은 염세적 저술이란 장르를 만들어내 중왕국 시대의 전성기 때까지 유행했다. 이때의 대표적 작품으로 〈삶에 지친 자와 영혼과의 대화〉, 〈농부의 불평〉 등을 들 수 있다. 이중 전자의 내용을 일부 인용하면 다음과 같다.

> 죽음이 오늘 내 앞에 있다. 병든 자의 회복처럼
> 유폐幽閉 뒤의 외출처럼
> (그것은 근사하다) 죽음이 오늘 내 앞에 있다. 몰약의 향기처럼
> 미풍이 부는 날 응달의 휴식처럼
> (그것은 근사하다)
>
> 죽음이 오늘 내 앞에 있다 연꽃 향기처럼
> 향연의 자리에서 시중 드는 것처럼
> (그것은 근사하다)

이러한 작품들의 내용은 대개 이집트인 특유의 과장이 존재하고 있으나 문체나 표현은 걸작 중의 하나가 아닐 수 없다. 이런 작품들 속에는 고왕국 시대의 현자들에 의해 언급된, 물질적인 풍요나 사회적인 성공을 위한 비결 같은 것들과는 전혀 다른 사상들이 나타나 있다. 예를 들어 범죄에 대한 고백, 과거에 저질렀던 악행에 대한 후회 같은 것이 들어 있고, 파라오일지라도 지상에서 저지른 행위로 인하여 최후의 심판의 날에 응보가 닥칠 것이라는 경고도 들어 있었다. 이것은 한 번 죽은 파라오는 어떤 법정에서도 재판을 받지 않는다는, 고왕국 시대의 주장과는 명백히 다른, 하나의 변혁이었다. 대신에 파라오의 신성한 특권은 지방의 수많은 소군주들에게 넘어갔다. 시대가 어지럽고 국가와 사회생활이 궁핍하여 과거와 같은 사치스런 단장과 장식은 없어졌으나, 소군주들은 스스로 파라오의 권위를 대신 과시하려고 했다.

또한 파라오만이 누리던 신적 특권이 일반 백성들한테까지 확대되면서 피라미드에나 새겨지던 기도문도 백성들이 쓰기에 적합하도록 바뀌었다. 그리하여 저승의 위험과 두려움으로부터 그들도 보호받고 그들에게 특별한 영향력과 능력이 부여되기를 기원했다.

중왕국 세누스레트 왕들의 시대:
(BC1917 ~ 1817년)

제1중간기를 극복한 중왕국은 제12왕조 때에 번영의 극점에 이른다. 부친 아메넴하트 1세(BC1937~1908년)의 불안정한 정권을 보조하기 위해 공동섭정 자로 나섰던 세누스레트 1세(BC1917~1872년)가 이집트를 지배하기 시작하면 서, 중왕국은 모든 혼란을 떨쳐버리고 통일 왕국을 다시 이룩해 주변의 민족 들을 지배하며 강국으로 군림한다.

그의 부친은 왕위에 오를 때도 지방 호족들과 타협을 해야 했다. 호족들의 군대 양성을 용인하고, 그들을 위한 기념 석주가 세워지는 것도 막지 못 했 었다. 그뿐만 아니라 몇 차례의 암살 기도에 시달리다가 결국은 그의 시종에 게 살해되고 말았다. 그러나 세누스레트 1세는 부친과 달리 정치적으로 크게 어려움을 겪지 않으면서 영광되고 화려한 생애를 보낼 수 있었다. 부친의 시 련이 그에게는 여러모로 교훈이 되었으며, 번영의 새 시대를 여는 데 도움이 되었던 것이다.

그는 셈나까지 이르는 전 지역에 성곽도시를 줄지어 건설해나갔다. 원래 성곽도시 건설 계획은 부친의 구상이었는데, 그가 즉위하면서 적극 추진한 것이다. 이리하여 후대 이집트가 나일강 제3폭포 근처의 교역지점이었던 케

세누스레트 왕들의 시대에 이집트 남쪽 국경에 세워졌던 요새

르마까지 지배하면서 상누비아와 수단을 그들의 영향권 아래에 확고히 묶어두는 기초를 놓은 것이었다. 한편 세누스레트 1세는 국경 북쪽에도 '왕자의 벽'이라는 성벽을 세워 서아시아인의 침입을 저지했으며, 델타 서부 접경지대를 침입한 리비아인도 크게 물리쳤다. 이 전쟁에서 승리함으로써 이집트인들은 파윰 지역에 다시 정착하여 개발을 시도하고, 이를 통해 서부 오아시스 지역까지 영토를 확장시킬 수 있었다.

또한 팔레스타인과 시리아와의 교역이 증대되어, 오늘날에도 가자, 비블로스, 라스 샴라(우가리트), 메기도 등지에서는 당시 파라오들의 이름이 새겨진 유물들이 출토되고 있다. 시리아를 통해 에게의 생산품이 이집트로 들어오고, 이집트의 생산품이 에게의 각지로 흘러들어 갔다. 그리고 시나이 광산에서 캔 구리광석과 튀르크 옥, 수단 지역에서 들어오는 금은 이집트의 번영을 촉진시켰다. 그의 손자 세누스레트 2세(BC842~1836년)는 멀리 동아프리카의 푼트(현재의 이디오피아 해안과 지부 티 해안) 지역과 교역을 하기 위해 홍해에 사우 항을 건설할 정도였다.

파윰 근처에 위치한 제12왕조의 수도 리슈트와 그 주변지역은 세누스레트 1세에 의해 집중적으로 개발되면서 이집트에서 가장 비옥한 땅으로 변모해 갔다. 특히 세누스레트 2세가 파윰에 있는 대호수 카룬에 언제나 물이 공급될 수 있도록 흙으로 제방을 만들고 수로와 댐을 건설했는데, 이것은 그 지역의 지력地力을 보존하는 데에 매우 중요하게 작용했다.

세누스레트 1세는 대단히 정력적인 건축광이었다. 헬리오폴리스에 거대한 신전을 세우고 그곳에 그의 희년을 기념하는 오벨리스크들을 건립했던 것이다. 그중의 한 개가 아직도 남아 있어, 그의 시대의 번영과 영광을 알 수 있게한 그는 이렇게 하이집트 쪽 건축사업에 열중하면서도 왕족들이 거주하고 있던 테베 지역의 발전에도 결코 소홀하지 않았으며, 특히 테베 지방의 신 아몬은 태양의 신 라와 동일시되기에 이른다. 이때 세워진 테베 지역의 수많은 건축물들은 후대 파라오들에 의해 다른 건축물의 자재로 활용되었는데, 세누스레트 1세가 멤피스에 희년 축제 기념물로 세웠던 백색 석회암 정자는 훗날 카르나크 신전의 제3탑 문의 기초로 재건되었다.

세누스레트 1세의 건축열은 그의 계승자들에게 다양한 형태로 전달되었다. 그중에서도 아멤네하트 3세 때에 세워진 거대한 규모의 건축물들과 조각품들은 전적으로 그의 영향을 받은 것들이었다. 한편 세누스레트 1세는 봉건 귀족들을 철저히 억압한 결과 그의 증손자가 되는 세누스레트 3세 (BC1836~1817년) 때에 이르러서는 그들 세력이 종말을 고하게 된다.

세누스레트 3세는 선조 세누스레트 1세의 영광과 번영을 계승하여 더욱 발전시켜나갔다. 사실상 그는 제12왕조뿐만 아니라 중왕국 시대를 통틀어 최고의 번영을 구가한 군주였다. 그는 남쪽으로 국경을 더 확장했고, 세누스레트 1세의 계획에 의해 세워나가던 요새들을 완성 지었다. 또한 세누스레트 1세가 북쪽 국경에 세운 '왕자의 벽'을 더욱 견고하게 구축하여 국경의 수비를 더욱 강화했다. 그리하여 어떤 사람도 허가를 받지 않고는 이집트 땅을 밟을 수 없었으며, 외교관이나 무역 사절단조차도 이집트 출입국 관리의 통제를 받아야 했다. 요새에서는 이집트 군사들이 누비아를 침범하여 약탈을 자행하려는 수단의 여러 부족들을 향해 감시의 눈을 늦추지 않았 다. 이렇게해서 이루어진 평화를 바탕으로

세누스레트 3세의 상

하여 페니키아, 크레타 등과 활발하게 무역관계가 이루어진다.

세누스레트 3세는 행정체제를 대대적으로 개혁하여 중앙권력이 약화되기만을 고대하며 기다리던 지방영주들의 꿈을 여지없이 깨버렸다. 영주들은 결국 국왕의 지방관료로 떨어졌으며, 베니 하산과 데어 엘 베르샤에 대규모로 줄줄이 서 있던 영주들의 무덤들도 서서히 사라져갔다. 아시유와 메어에 있던 무덤들은 이미 그 전 세대에 끝장난 상태였다.

세누스레트 3세는 엄격하고 진지한 사람이었다. 그런 탓인지 조각에 나타난 그의 얼굴은 우울하고 염세적인 표정이 역력하다. 그것은 아마도 그를 짓누르고 있던 무거운 책임감 때문이었을 것이다. 한마디로 그는 명군이었다. 어느 파라오보다 사고가 깊었으며, 남의 마음을 꿰뚫어볼 줄 알았다. 그는 남의 비위를 맞추거나 환심을 사려는 가장된 행위를 매우 혐오했다. 그는 원숙하고 당당한 위풍으로 역사에 남는 위대한 군주가 되기를 바랐으며, 사카라 피라미드의 창건자 조세르와 같이 되기를 원했다. 따라서 그는 피라미드를 세워 죽은 후에 영원한 거처로 삼았다. 후대 사람들은 그와 더불어 위대했던 두 사람의 군주, 곧 세누스레트 1세에서 3세의 통치기간을 가리켜 세누스레트 왕들의 시대라고 부른다.

힉소스족의 침입과 이집트 지배:
(BC1750 ~ 1528년)

이집트의 역사가 마네토의 역사기록에 따르면, 힉소스족이 이집트에 출현한 것은 기원전 18세기였다. 그의 기록에는 힉소스족은 방화와 파괴를 자행하면서 이집트에 쳐들어온 정복 유목민으로 되어 있다. 그러나 이에 대한 마네토의 기록은 당시 비슷한 시기에 일어났던, 아시리아와 페르시아의 침입에 대한 그의 기억이 윤색되어진 것으로 추정된다.

제1중간기 초기 팔레스타인 출신의 서부 셈족들은 계속되는 기근에 못 이겨, 자신들의 초원을 버리고 피난처를 찾아 델타 지역으로 들어왔다. 이집트인들은 이들의 족장들을 히카우 카슈트Hikaw khasut, 즉 '외국 땅의 왕자들'이라고 했는데, 마네토가 어원을 잘못 찾아 '목자의 우두머리들'이라는 뜻의 힉소스로 오역하면서, 그 이후 힉소스는 그들을

긴 옷을 입은 시리아의 족장들이 파라오에게 예물을 바치고 있다.

서아시아에서 이집트로 들어온 유목민의 모습(BC1900년 경). 이들은 힘이 강해지고는 하이집트와 중이집트를 지배하게 된다. 여인들 앞에서 창을 든 젊은이가 이끌고 있는데, 이 창은 당시 아시아의 일반적인 무기이다.

이끌던 통치자들보다는 전체 민족을 일컫는 용어로 고착되었다.

　제13왕조 때에 이집트로 흘러들어온 셈족의 수가 무시할 수 없을 정도로 많아지면서 심지어 상이집트에까지 퍼져나갔다. 그들은 요리사, 양조업자, 침모, 포도원지기를 비롯해 갖가지 직업에 종사했다. 그러나 수가 늘어 나면서 셈족은 이집트인들이 눈치채지 못하는 사이에 파라오의 통치제도와 기능에까지 조금씩 잠식해 들어갔다. 셈족의 족장들 중에는 뛰어난 재사들이 많았고, 또 수많은 용병대장들이 있었다. 특히 용병대장들은 제12왕조가 쓰러지면서(BC1759년) 시작된 제2중간기의 정치적 혼란을 틈타, 이집트인들이 잘 모르는 말·전차·강궁強弓등을 사용하여 하이집트를 점진적으로 정복했다.

　이들의 지도자는 아바리스에 강력한 요새를 구축하고, 델타 동쪽 모퉁이를 따라 멤피스를 향해 영역을 넓혀나갔다. 그들은 파라샤, 텔 엘 샤하바(와디 투미라트의 입구), 부바스티스, 인샤스, 텔 엘 야후디야(헬리오폴리스에서 북쪽으로 20km쯤 떨어진 곳)에 요새를 세운 뒤, 그 요새를 근거지로 삼아 마침내 하이집트, 시나이 반도, 팔레스타인 지역을 지배하게 된다.

　한편 엘레판틴부터 아시유트의 북쪽 쿠새까지의 상이집트는 힉소스 군주에게 조공을 바치면서 겨우 나라를 유지했다. 그렇지만 누비아와 수단 지역에 해당하는 쿠시는 왕국으로 독립하여 하이집트를 지배하던 힉소스 왕과 동맹관계를 유지했다. 마네토의 기록에 의하면 힉소스 왕조의 최초의 군주는 제15왕조의 첫 군주인 살리티스였다고 한다. 그는 누비아 왕국이 테베 왕국에 대항하여 힉소스 왕국과 동맹을 맺었을 때, 누비아에서는 쉐쉬로 기록되고 멤피스에서는 샤레크로 기록되어 있다.

　힉소스 군주들은 150여 년 동안 이집트를 통치하면서 이집트 식의 칭호와 복장 및 전통을 그대로 이어받았고, 야곱 엘, 아나트 허, 키얀과 같은 이국풍의 이름을 상형문자로 기록하면서 이집트 왕명을 사용했다. 그들은 이집트의 신 세트를 팔레스타인의 바알 신과 동일시했고, 헬리오폴리스의 태양신라도 성실하게 숭배할 정도로 이집트 문화를 존중했다. 그들의 이런 태도는 토착민의 저항을 무마시킬 수 있었으며, 그만큼 손쉽게 이집트를 지배했다. 힉소스족의 성공적인 지배방식은 이후 다른 이민족들이 이집트를 지배할 때 통용되는 통치술로 남게 되었다.

　마네토는 힉소스족의 침입을 이집트에 대한 재앙으로 묘사했으나, 실상은 고통 속에서 침체해가던 고대 이집트 문명에 새로운 활기를 불어넣어 준 면이 더 강하다. 힉소스 지배기에 이집트는 완전히 청동기시대에 들어가 동부 지중해 지역의 청동기문화 발달에 큰 역할을 하게 된다. 또한 제2중간기 말기에 힉소스와 테베 사이에 일어난 해방전쟁의 막바지에 각종 신형 무기들이 서아시아에서 도입되었는데, 이것은 후일 이집트가 군사강국이 되는 데에 일조했다. 또 힉소스족이 그들 자신을 지키기 위해 요새를 구축하던 축성술도 이집트에 그대로 전수되었다.

　그러나 이보다 더 중요한 것은 인류문명사에 영원히 남을 평화의 발명품들이다. 수직 베틀을 이용한 방적 및 직조술, 그리고 주금, 목이 긴 주토(기타와 비슷하게 생겼음), 오보에, 탬버린 등의 새로운 악기들이 속속 발명되었다. 뿐만 아니라 아시아로부터 등이 굽은 황소가 들어와 사육되었으며, 올리브와 석류나무가 재배되었다. 그리고 고왕국 시대 때는 파라오가 죽으면 오시리스에 동화된다고 했지만, 이때부터는 파라오도 오시리스가 지시하는 강제노역을 대신할 장례용 소조상 샤왑티Shawabti를 만들어 함께 묻히게 되었다.

힉소스 지배에 대한 테베의 저항:
(BC1641 ~ 1539년)

힉소스의 주 근거지는 델타 지역이었다. 이때문에 반독립상태에 있던 상이집트는 힉소스의 영향력이 약할 수밖에 없었다. 상이집트의 중심지인 테베는 자연히 반 힉소스 운동의 중심지가 되었다. 특히 기원전 1600년 이후 테베의 반 힉소스 활동은 눈에 띄게 두드러졌으며, 타아 2세 또는 세켄엔레가 테베의 제후가 되면서부터는 더욱 노골화되어 힉소스의 군주가 위험을 느낄 정도였다. 그러자 힉소스의 군주 아포피는 다음과 같은 서신을 세켄엔레에게 보낸다.

"테베의 하마가 시끄러워 아바리스 왕궁에서는 잠을 잘 수가 없구나!"

테베에는 하마가 서식하는 못이 있었는데, 이 못은 힉소스의 왕궁과는 무려 600km나 떨어져 있었다. 그러니까 하마의 소리가 시끄럽다는 것은 테베의 반 힉소스 운동이 거세어 잠을 이룰 수 없다는 말이었다. 이에 대해서 테베의 제후 세켄엔레는 다음과 같이 답신을 보내 전적으로 순종할 뜻을 표했다.

"공물을 바치고 있으며, 특히 전쟁할 준비는 안하고 있습니다. 결코 다른 의사가 없습니다."

처참하게 부서진 세켄엔레의 두개골

그러나 용기를 뜻하는, '켄'이라는 별명처럼 투쟁적이었던 세켄엔레는 힉소스 군주에게 결코 순종하지 않았다. 그는 채 싸울 준비가 안된 상태에서 힉소스와 한바탕 전쟁을 일으켰다가 전투에서 심한 상처를 입고 그만 죽고 말았다.

세켄엔레의 미라를 조사해보면 당시의 혈투가 얼마나 격렬했던가를 연상할 수 있다. 그의 주검에 남아 있는 상흔이 너무 처참하기 때문이다. 단검이 귀 뒤에서 머리를 뚫고 들어갔으며, 갈고리 철퇴가 빰과 눈, 코를 짓이겨버렸고, 전투용 도끼가 이마에 커다란 구멍을 내놓았다. 그뿐만 아니라 턱뼈는 부서지고, 비틀어진 입은 죽는 순간 고통이 얼마나 컸던가를 말해주고 있다.

일부 사가들은 그가 암살단에 의해 사망했을 것이라고 주장한다. 그러나 미라의 처참한 상흔은 그가 전투 중에 죽었음을 여실히 입증하고 있다. 특히 전투용 도끼로 두개골이 패인 흔적은 당시 팔레스타인에서 흔히 사용되던 힉소스인의 철제무기가 사용되었다는 것을 짐작케 한다.

그의 미라는 테베 네크로폴리스의 디라 아부 알 나가에 있는 조그만 피라미드에 안장되었다가, 제21왕조 때 데이르 알 바하리에 있는 왕가의 계곡으로 이전되었으며, 1881년에 발굴되어 카이로 박물관에 보존되어 있다. 발굴 당시 미라의 보존 상태는 그리 좋지 않았으나 고통스러웠던 죽음의 순간만큼은 확연히 보여주고 있었다.

세켄엔레의 전사로 말미암아 테베는 절대절명의 위기에 직면했다. 그러나 놀랍게도 세켄엔레의 부인인 아흐호트페가 테베를 살려낸다. 비상시기에 통치권을 임시 위임받았던 그녀는 우선 국가를 적으로부터 보호하기 위해, 뿔뿔이 흩어진 병사들을 다시 불러모으는 한편 반역자들과 그들의 음모를 제

적을 향해 전차를 몰고 가는 힉소스 전사들

거했던 것이다.

그런 뒤에 카모세가 세켄엔레의 계승자가 되어 정권을 잡게 된다. 카모세는 세켄엔레의 장자로, 성격이 세켄엔레와 같이 전투적이었다. 대신들이 당분간은 힉소스에 종속되어 평화로운 관계를 유지해야 한다고 주장했으나, 그는 힉소스가 머지않아 남부의 누비아 왕국, 쿠시와 연합하여 테베를 공격해올 것이라고 말하면서 해방전을 준비한다.

그는 쿠시 왕국의 영토를 놓고 힉소스 왕과 다투기 시작하더니, 재위 3년째에 접어들면서 마침내 쿠시 왕국의 부헨까지 침입하여 북부의 와와트 지역을 취하였다. 또 힉소스의 남부 국경 도시 네푸루시를 공격하여 초토화시킨 후, 북부로 진격하여 파윰 입구까지 영토를 확장시켰다. 그리고 군대를 바하리야 오아시스로 진군시켜, 남부의 쿠시 왕국과 연락을 취하려던 힉소스 왕 아포피의 사신을 붙잡아 밀서를 압수한다. 밀서를 통해 힉소스가 실제보다 무력하다는 것을 간파한 카모세는 자신이 직접 전투선단을 이끌고 힉소스의 수도 아바리스를 공격해 들어갔다.

그러나 아바리스는 워낙 견고한 요새라 쉽사리 함락할 수가 없었다. 대신에 카모세는 주변의 힉소스 왕의 경작지를 파괴하고, 힉소스가 자랑하던 무적의 전차단을 급습했으며, 전투용 청동 도끼와 기름, 향료, 그리고 팔레스타인에서 들여온 목재와 보석, 금속류를 약탈하여 테베로 귀환했다. 카모세의 아바리스 급습은 성공적이었으나 끝내 이집트의 옛 영토를 회복하지 못한 채, 아바리스 정복이라는 과업은 그의 동생이자 다음 후계자인 아흐모세에게 넘어간다.

힉소스족을 물리친
아흐모세 1세의 위업:
(BC1539년)

세켄엔레의 작은아들 아흐모세는 어린 나이에 테베의 지배자가 되어 선조들이 추진했던 이집트 통일왕국의 회복이라는 과업을 시작해야 했다. 그는 이전의 파라오들과는 달리 호전적인 기질을 갖고 있지 않은 반면, 상황을 냉철하게 분석하고 빈틈없이 일을 추진하는 인물이었다.

그가 즉위했을 때 이집트의 절반은 이미 해방되어 있었지만, 나일 삼각주 지역의 하이집트는 여전히 힉소스족의 지배를 받고 있었다. 그러나 힉소스족의 군대는 수적으로나 무기로나 아흐모세군보다 우위에 있었기 때문에 전면 공격에 나선다는 것은 무모한 짓이었다. 그리하여 아흐모세는 재위에 올라 처음 10년 동안은 오로지 해방전쟁을 준비하는데 보냈다. 군대를 강화하고, 힉소스인들이 사용하는 것과 같은 우수한 품질의 전차와 많은 병사들을 한꺼번에 수송할 수 있는 함대를 만들었다. 이런 전쟁 준비는 백성들에게 견디기 힘든 어려움을 안겨주었다. 그럼에도 불구하고 과감하게 전쟁 준비를 할 수 있었던 것은, 백성들이 아흐모세의 계획과 정책을 지지하고 따랐기 때문이었다. 그는 선조들이 못다 이룬 해방전쟁을 꼭 완수해내야 했다.

사실 아흐모세는 직업 군인 출신이었다. 그는 어린 나이에 보병대의 최하위 계급으로 입대하여 차례차례 진급해왔기 때문에 병영의 생리와 병사들의 고충을 깊이 이해했으며, 사기를 어떻게 진작시킬 것인가, 군을 어떻게 이끌 것인가에 대해 달관해 있었다. 재위 15년째부터 22년까지 아흐모세는 공세를 취했다. 그러나 결코 서두르지 않고 냉정한 계산과 전략 아래 공격의 수위를 조절해나갔다. 아흐모세가 북쪽으로 진격하자 헬리오폴리스와 멤피스는 오래 버티지 못했다. 북쪽의 이집트인들은 남에서 진격해오는 아흐모세군을 편들었다.

그러나 힉소스족의 수도 아바리스는 철저하게 요새화된 도시였다. 힉소스인들은 도성 안에 마지막 병력을 모아놓고, 아흐모세의 공세를 막아내며 여러 해 동안 버티었다. 아흐모세는 육로와 해로를 통해 아바리스를 포위한 채, 오랜 공격 끝에 마침내 힉소스의 아성을 접수했다. 이때가 기원전 1539년이었다.

아흐모세는 거기서 멈추지 않고 서아시아인들이 다시는 이집트를 넘보지 못하도록 팔레스타인으로 치고 들어갔다. 그는 팔레스타인의 국경도시 샤루헨을 파괴하고 주민들까지 몰살시켜버렸다. 팔레스타인에서 승리를 거둔 아흐모세는 테베의 신전에 쓰기 위해, 황금과 은으로 된 봉헌 제단, 귀금속으로

만든 악기, 황금 왕관, 도자기 등 호화찬란한 보물들을 전리품으로 가지고 돌아왔다. 아흐모세는 위대한 파라오로서, 이집트의 해방자로서, 테베 백성들의 열렬한 환영을 받았다. 아흐모세의 팔레스타인 침입은 그 후 이집트 세력이 본토에만 머무르지 않고 아시아 지역으로 뻗칠 수 있는 계기가 되었으며, 그의 치세 말기에는 팔레스타인을 아예 이집트의 영토로 편입시켜버렸다.

이집트 해방의 영웅 아흐모세 1세

샤루헨을 점령한 아흐모세는 이번에는 남쪽으로 군사를 돌렸다. 그는 제 2폭포 북쪽 끝 지점에 있는 부헨에 성채를 재건하고, 쿠시 왕족이 차지하고 있던 지위에 그가 직접 지명한 사람을 앉혔다. 그리고는 새로 정복한 영토에서 반란을 일으킨 호족 아타와 테티안을 처형함으로써 누구도 다시는 반기를 들지 못하도록 왕국 전체를 평정했으며, 남북으로 넓어진 광활한 영토 안에서 과거와 같은 파라오의 절대권력을 다시 확립했다.

아흐모세의 이런 업적이 이루어지기까지 이집트는 관료제도에 근거를 둔 확고한 중앙집권국가 체제로 재정비되어야 했고, 효율적인 통신과 정보, 군대조직을 가진 군사국가로 변환되어야 했다. 새로운 전투에 맞는 무기와 갑옷과 투구 등이 지급되고, 파라오는 전문적인 군사지도자들의 수장으로서 바알이나 세트 혹은 멘투와 같은 '전사의 화신'으로 받들어졌다. 전문적인 군사지도자란 전술과 전략뿐만 아니라, 전차를 이용한 기동력 있는 전투 기술까지 소유한 자를 말했다. 한편 봉건적인 지방호족세력은 철저히 억제되었으며, 따라서 전국이 파라오의 영지가 되었다.

외세의 침입자를 몰아내고 제18왕조를 세운, 이 위대한 파라오 아흐모세의 무덤이 어디에 있는지는 아직까지 확실하게 알려져 있지 않다. 그러나 그의 시신은 데이르 알 바흐리에 있는 왕가의 계곡에서 발굴되었다. 그리고 세누스레트 3세의 경우와 같이 남부 아비도스에 그의 기념비가 세워져 있는데, 주변의 사막 안에 절벽사원이 있으며, 그의 가묘와 피라미드 그리고 사원이 경작지 곁에 세워져 있다.

그의 피라미드는 이집트 본토에서 가장 나중에 세워진 것으로 알려져 있으며 그 크기는 70㎡이다. 1993년에 발굴이 시작되었는데, 피라미드 사원 내에는 이집트인들이 최초로 사용했던 말들의 그림을 포함해서 아흐모세가 힉소스족을 쫓아내는 장면의 전투도가 그려져 있다.

투트모세 1세,
왕가의 계곡을 건설하다:
(BC1493 ~ 1481년)

　이집트에서의 도굴의 역사는 파라오의 역사와 거의 같을 정도로 오래되었다. 파라오들은 대대로 내세가 있음을 믿었고, 내세에 영생하기 위해 자신의 유해를 지키는 일에 엄청난 시간과 재화를 투자했다. 피라미드의 내부 구조는 매우 복잡해지고 미로迷路와 함정, 가짜 문들이 만들어졌으며, 묘실의 두터운 돌문도 굳게 봉인되었다. 도굴 혐의로 붙잡힌 자는 발바닥과 손 등의 피부가 찢어져 피가 철철 흐를 정도로 고문을 당했으며, 대부분 자신의 죄를 자백한 뒤에 사형에 처해졌다.

　그러나 도굴꾼에게는 그러한 방범조처를 뛰어넘는 대담함과 지혜가 있었다. 그래서 조세르 왕의 계단식 피라미드의 묘실 밑바닥에는 시신의 한쪽 발만 남아 있었을 뿐이고, 쿠푸 왕의 미라는 흔적마저 남아 있지 않아 언제 도굴되었는지조차 감을 잡지 못하고 있다. 어쨌든 피라미드는 웅장하고 튼튼했지만 도굴꾼에게는 확실하게 노출된 표적이었다. 거기다가 규모가 크고 훌륭할수록 보물의 산으로서 도적들의 도전의욕을 더욱 유발시켰다. 때문에 제12왕조 무렵부터는 피라미드 건설을 거의 기피하게 되었는데, 그래서 파라오들은 지상에 무덤을 세우는 대신 골짜기나 절벽에 암반을 뚫고 내려가 비밀의 분묘를 만들었다.

이것을 처음으로 실행에 옮긴 이는 제18왕조의 투트모세 1세(BC1493~481년)이다. 이러한 비밀 분묘는 근세에 발견되어 오늘날 왕가의 계

람세스 6세(BC1143~1136년)와 투탕카멘의 무덤 입구

곡으로 알려지게 되었다. 그러면 투트모세 1세는 어떻게 왕가의 계곡을 조성했을까?

고대 이집트의 고왕국과 중왕국 시대의 파라오들은 하나의 장례 기념물 안에 왕의 무덤과 예배실을 마련하고, 그 예배실에서 후대 사람들이 고인의 불멸성을 기도하고 예배를 드리게 했으며, 그렇게 만드는 것을 당연하게 여겼다. 그러나 왕의 무덤이 예배실과 함께 있음으로 인해 후대 사람들 중 누구라도 무덤의 위치와 모습을 잘 알 수 있었으며, 그것은 왕조의 힘이 약해졌을 때에 여지없이 도굴꾼의 표적이 되었다. 그래서 아멘호텝 1세(BC1514~1493년)는 일대 혁신을 가했다. 한 곳에다는 순수한 의미의 무덤을 만들고, 예배실 혹은 장례 신전은 다른 곳에 짓도록 한 것이다. 이것은 신왕국 시대의 새로운 건축술로 과거의 것과 근본적으로 구별되는 독창적인 한 단면이었다.

그런데 투트모세 1세는 여기에다가 구체적 형태와 활력을 부여하고 싶었다. 그는 자신의 무덤 위에 피라미드를 세우지 않았을 뿐만 아니라 장례신전과 매장묘소를 서로 떼어놓았고, 영면을 취할 장소도 아주 혁신적인 곳을 택했다. 투트모세 1세는 건축가 이네니에게 죽은 파라오들이 영면할 수 있는 비밀스런 장소를 찾아낼 것을 명했다. 이네니는 왕명에 따라 나일강 서부 해안의 카르낙 맞은편 데이르 알 바흐리에 있는 황량한 사막으로, 장마철 이외에는 물이 없는 계곡을 선택했다. 그리고 신왕국 시대의 파라오들이 그곳에 묻히면서부터 이른바 '왕가의 계곡'이 탄생되었다.

왕가의 계곡

'왕가의 계곡'은 산꼭대기가 피라미드 모양을 하고 있는 '정상'이 굽어보고 있는 산의 원곡圓谷한가운데 있다. 고대 이집트인은 이곳을 그 어느 곳보다도 신성하게 여겨, 이곳을 침범하는 자는 '침묵의 여신'이 벌을 내린다고 믿고 있었다. 그곳은 소란스러운 인간 세상과는 동떨어져, 그야말로 내세의 평온만이 지배하는 곳이었다. 태양이 위압적으로 작렬하는 가운데 풀 한 포기도 자라지 않는, 바깥 세상의 메아리란 전혀 들을 수 없는 적막한 곳이었다. 그리고 위대한 자들의 영혼만이 교감하는, 저승 세계의 기운이 감도는 신비의 장소였다.

그곳은 왕의 특명을 받아, 무덤 파는 일을 맡은 장인들만이 들어갈 수 있었다. 물론 무덤 건설에 관련된 비밀은 철저하게 지켜져야 했다. 왕은 건축가에게 엘리트 장인들로만 구성된 소수의 작업자를 가지고 일을 하되, 아무도 그들을 보아서는 안되며 그들의 소리를 들어서도 안된다고 명령했다. 이 장인들은 데이르 알 마디나에 끼리끼리 모여서 살았으며, 파라오와 대신과 건축가, 이렇게 세 사람과 직접 연결되어 있었다. 그들의 생활은 오직 파라오의 무덤을 만들고 정비하는 데 있었다. 파라오는 경제적 이유로 공사가 중단되거나, 혹은 비밀이 새어나가거나, 자그마한 분실 사건이라도 일어나는 것을 막기 위해 장인들의 의식주를 충분히 보장해주었다. 그들은 파라오의 곡식 창고에서 나오는 식량을 배급받았다.

파라오는 건축가와 함께 무덤이 제대로 조성되는지를 조사하고 또 지시하곤 했다. 따라서 장인들은 빈틈없이 작업을 진행해야 했으며, 철저하게 일치단결된 상태를 유지했다. 그들은 오전에 대략 네 시간 정도 작업을 하고, 정오쯤에 식사를 하기 위해 휴식을 취한 다음, 오후에 다시 네 시간 동안 작업을 했다. 캄캄한 지하 묘소에서 작업을 하려면 불빛이 필요했다. 그러나 벽면

나일강 서쪽 왕가의 계곡에 있는 람세스 6세 무덤 안의 천장 그림

과 천장에 연기의 그을음이 조금이라도 묻어서는 안되었다. 이것을 막기 위해 고대 이집트인들은 염전의 해수에 램프 심지를 적셨다가 말려서, 그 심지에 불을 붙여서 쓰는 방법을 이용했다. 그렇게 하면 연기가 나지 않았던 것이다. 작업은 가능한 빨리 진행되었다. 파라오의 무덤을 파고 장식하는 일은 그 당시로서는 최고의 장인들에 의해 최고의 수준으로 이루어지는 것이 당연했다.

이런 식으로 마련된 영면의 장소에 투트모세 1세는 사후에, 헬리오폴리스에 있는 라 신전의 대신관처럼 '가장 위대한 예언자 가운데 한 사람'이 되어 안치되었다. 그의 무덤은 '왕가의 계곡'의 시작이었으며, 그 뒤로 신 왕조의 유명한 파라오들은 은밀한 이곳에 묻혔다.

도굴꾼으로부터 자신을 보호하고자 했던 파라오들의 노력은 어느 정도 성공을 거두는 듯했다. 그러나 세월과 함께 파라오의 권력은 쇠약해져갔고, 어느 때는 왕으로서 예우조차 제대로 받지 못하는 신세로 전락하기도 했다. 이에 반해 도굴꾼의 기술은 갈수록 발전하고, 도굴의 규모도 커졌다. 나중에는 국가 권력자가 파라오의 무덤을 도굴하는데 나설 정도였다. 그러다 보니 도굴로 대대로 먹고사는 마을과 가문이 수백 년, 수천 년씩 이어져내려오기도 했다. 이런 환경 속에서 고대 이집트의 귀중한 문화 유산은 파괴되고 방치될 수밖에 없었다.

여기서 1870년대에서 80년대 사이에, 왕가의 계곡을 공식적으로 찾고 보존하게 된 실제의 사건을 되돌아보자. 고대 이집트 물품들을 전문으로 팔고 사는 암시장에 언제부터인가 보기 드문 귀중한 보물들이 눈에 띄기 시작했다. 그것은 골동품으로서의 가치뿐만 아니라 학술적으로도 대단히 중요한 의미를 갖는 귀한 것들이었다. 당시 이집트는 정치적으로 영국의 강력한 영향하에 있었는데, 출처불명의 이런 보물들을 구한 유럽인들은 크게 좋아했다. 그러나 양식이 있는 여러 지식인들과 학자들은 아직 발견되지 않은 고대 이집트 파라오들의 무덤이 도굴꾼들에 의해 이렇게 황폐화되어가는 것을 안타까워한 나머지, 그러한 유물들이 나돌게 된 출처를 찾기 위해 행동에 나섰다. 이들의 부단한 노력에 의해 마침내 한 아랍인이 잡혔다. 그의 이름은 무함마드 아흐마드 압둘 라술이었다. 그는 자신이 살고 있는 마을 쿠루나에서 매우 존경받는 집안 출신이었다. 그런데 조사가 진행되면서 놀라운 실상이 밝혀지기 시작했다. 마을 주민들 전부가 도굴꾼이었으며, 그의 집안은 도굴꾼 가문 중에도 명문가로 손꼽혔던 것이다. 그의 집안은 기원전 13세기부터 도굴을 생업으로 삼고 살아왔던 터였다.

테베의 공동 묘지 중앙에 있는 쿠르나는 아주 오래된 마을로, 고대에는 미라 기술자나 묘지를 지키는 사람들이 살던 곳이었다. 쿠르나 주민들은 마을의 오랜 역사와 조상들의 직업에 긍지를 가지고 있었다. 그들은 이슬람 교도였지만 고대 종교를 기꺼이 받아들이고 또한 즐기며 살고 있었다. 그들에게 이슬람교라는 것은 단지 겉모양에 불과했다. 그리고 한때 기독교도들이 들어왔던 적이 있었지만 아무런 영향도 흔적도 남기지 못했다. 쿠르나 마을 사람들은 고대부터 내려오는 종교와 관습을 여전히 존중하고 계승하고 유지해 가고 있었던 것이다.

압둘 라술은 이집트 관헌에게 도굴에 대한 모든 사실을 고백했다. 곧 그의 두 형제 아흐마드와 후세인이 검거되었다. 하지만 그의 가문과 마을의 전통에 위배되는 이러한 적나라한 폭로의 대가로 그는 영화英貨 500파운드를 포상금으로 받았고, 이집트 정부의 고대 유물 보존국에 근무하게 되었다. 이집트 정부는 압둘 라술을 통해 문화재의 불법유통 고리를 끊고, 도굴 행위를 근절시킬 수 있으리라고 판단했던 것이다.

그래서 그의 형제들도 석방했다. 그의 형제들이 조상 대대로 전수받은 특수한 기능을 그대로 썩히는 것이 너무 아깝다고 생각했기 때문에 오히려 정부에 협조할 것을 종용했던 것이다. 그러자 압둘 라술은 개심하여, 이집트 정부의 위촉을 받아 왕묘의 발굴과 조사를 맡고 있던 에밀 브르크슈에게 도굴꾼 일족들이 이미 발견해놓았던 '왕가의 계곡'을 안내하게 된다. 에밀 브르크슈는 그곳에서 그저 이름이나 알고 있는 정도에 그쳤던 신왕국 시대의 수많은 파라오들의 미라를 발견했다. 그것은 숨이 막힐 정도로 놀라운 발견이었으며, 수천 년간 비밀 속에 감추어져 있던 '왕가의 계곡'이 그 모습을 세상에 드러내는 역사적인 순간이었다.

수염을 달고 이집트를 지배한 남장 여왕 하트셉수트:
(BC1473 ~ 1458년)

메소포타미아의 고대왕국 역사에는 왕비가 거의 모습을 나타내지 않는다. 이와는 대조적으로 이집트의 왕비는 고왕국 시대부터 왕과 나란히 군중 앞에 그 모습을 보이고 있다. 또한 이집트의 유명한 석상이나 파피루스의 다정한 부부상에서 볼 수 있듯이 이집트의 가정에서 여성의 위치는 상당히 보장되어 있었다.

투트모세 1세는 정비正妃와의 사이에 딸 하트셉수트를 유일하게 두었다. 하트셉수트는 여자이기 때문에 왕위 계승권이 없는지라 부득이 후궁 소생의 이복 동생 투트모세 2세와 결혼했다. 그러나 병약한 투트모세 2세는 후궁에게서 난 아들 투트모세 3세를 남기고 병사해버린다. 투트모세 3세가 왕위를 계승하지만 아직 왕의 역할을 할 수 없는 어린 나이였다. 그러자 카리스마적이며 왕위계승에 절대적 영향력을 지닌 하트셉수트가 섭정자이자 투트모세 3세와 공동 파라오가 되어 여자의 몸으로 이집트를 다스린다. 일반적으로 알려진 것과는 달리 그녀가 여성 파라오로서 최초이거나 또 유일무이한 존재는 아니었다. 다만 하트셉수트의 명성이 앞서 섭정을 했던 다른 여인들이나 여성 파라오들을 압도했던 것은, 그녀가 장기간 나라를 다스렸으며 또 그녀와 관련된 고고학 자료가 상대적으로 풍부하기 때문이다.

연구 자료에 따르면 하트셉수트의 얼굴은 여성이지만 이상적인 파라오의 모습을 하고 있는 것으로 알려져 있다. 사실 파라오는 영원히 젊음을 유지하는 신적인 인물이므로 성스럽게 조각된 얼굴에서 원래의 모습을 찾는다는 것은 무의미하다. 어떻든 조각가들은 성스러운 미와 영원한 젊음을 지닌 하트셉수트의 상징적인 모습을 창조해 냈고, 그것은 자연스러운 일이었을 것이다. 그런 가운데서도 후대 연구자들은 하트셉수트의 얼굴 특징을 찾아냈다. 살구씨처럼 찢어진 눈, 길고 좁게 오똑 솟

고대 이집트의 역대 파라오 중 가장 긴 기간인 20여 년을 통치했던 여성 파라오 하트셉수트

은 코, 납작한 뺨, 작은 입, 얇은 입술, 갸름한 턱, 잔잔한 미소에 애교가 넘치는 여성의 아름다움, 위엄을 갖춘 복장 속에서도 나타나는 여성다운 부드러움, 거기다가 신으로 받들어졌던 파라오의 신비하고도 영적인 모습. 이런 것들이 바로 우리가 추측할 수 있는 그녀의 모습이다.

그녀는 스스로를 "상·하이집트의 여왕" "여왕 호루스"라 칭하고 파라오의 정장을 착용했다. 따라서 이 미모의 여왕은 동상이나 그림 등에 파라오의 전통적 방식에 따라 수염을 달고 있는 오시리스로 그려지고 있다. 즉, 그녀는 남장에다 수염을 달고서 이집트를 지배했던 것이다. 그녀는 또 신성한 빛 '라'의 딸로서 아몬과 한 몸이 된 여인이라는 의미의 '케네메트 이멘', 가장 공경받을 만한 여인이라는 뜻의 '하트 체페수트'라고도 불렸다. 그녀는 모든 파라오들이 가지는 명예로운 칭호를 거의 다 사용했다. 그러나 여성을 수태시키는 능력을 지닌, 남성으로서의 정력을 상징하는 파라오 칭호였던 '힘센 황소'만큼은 쓸 수 없었다.

하트셉수트가 통치하던 기간만큼 이집트가 평화스러웠던 적도 드물었다.

하트셉수트 장례 사원

하트셉수트 곁에는 그녀에게 충성을 다 바치는 투트모세 1세의 신하들과 경험 많은 서기관들이 정부의 모든 요직을 장악하고 통제했다. 그들은 왕실과 신전에 관련된 업무를 동시에 맡고 있었다. 그러나 때로는 상당 기간 동안 신전에만 머물곤 했는데, 그 동안에는 정치나 세속적인 일에서 벗어날 수 있었으며, 그 기간이 끝나면 새로운 마음으로 업무에 다시 종사했다. 이들 중에 아몬의 대신관으로서 재위 초기에 경제 분야에서 결정적 역할을 수행하고, 또 테베의 여러 공사장을 감독했던 하푸세넵과 딸 네페루레의 스승이자 양부였던 세넨무트 등이 하트셉수트의 충복이었다.

하트셉수트는 재위 기간 동안 이집트에서 가장 크고 정교한 사원 중의 하나를 세웠다. 그것은 그녀가 죽으면 묻힐 장례 사원이었다. 측근 중의 측근이었던 세넨무트에 의해 건축된 이 장제전은 거대한 문들이 검은 청동으로 세워졌으며, 그 위에는 금은으로 합금된 호박색의 상들이 새겨져 있었다. 이른바 하트셉수트 장제전이라고 불리는 이 신전은 지금까지 거대하고 장엄한 그 위용을 뽐내고 있다.

세넨무트는 기둥의 모양이나 배열에 교묘하게 변화를 가미해, 200개가 넘는 조각상들과 하트셉수트의 재위 중에 일어났던 주요 사건들을 기록한 양각 부조물이 조화를 이루게끔 설계했다. 무덤이나 장례 신전의 양각은 어둠 속에서 볼 수 있도록 배치하는 것이 일반적이었는데, 하트셉수트의 장례 신전은 세넨무트의 독창적인 배치에 의해 밝은 빛 속에서도 볼 수 있게 되어 있다.

하트셉수트는 상업적 팽창에 관심이 많아 바다를 통해 대규모의 원정대를 펀트(홍해 남쪽 해안과 이웃한 아덴 만 연안을 가리키는 고대 이집트어식 지명이며, 현재 에티오피아 해안과 지부티 해안이 여기에 해당된다)로 보냈다. 이집트인들은 그곳에서 금, 상아, 향신료, 원숭이, 새, 나무 등을 가지고 올 수 있었는데, 이 같은 사실은 기념비에 자세히 기록되어 있다. 기념비에는 무역 물품들과 함께 이집트의 사절과 펀트의 뚱뚱한 추장 부인의 모습도 새겨져 있다. 특히 이집트인들이 펀트에서 가져온 향기 나는 미르 나무는 하트셉수트의 장례 신전에 심어졌는데, 오래지 않아 그 나무에서 아몬 라의 제단에 피울 향을 얻을 수 있었다. 그밖에도 하트셉수트는 건축과 다른 예술 장르를 발전 시키고 장려했다. 예를 들어 카르나크 신전에 있는, 꼭대기에 금속이 쓰인 오벨리스크는 바로 그녀가 세운 것이다.

많은 사람들은 야심이 많았던 투트모세 3세가 하트셉수트의 사후에 그녀의 이름과 초상을 제거해버렸다고 말한다. 자신을 너무 오랫동안 권좌에서 밀어내고 정치를 했던 것에 대한 보복으로 그녀에 대한 기억을 역사에서 지워버리려고 했다는 것이다. 그러나 이것은 여러 가지 정황으로 미루어보건대 사실이 아닌 듯하다. 하트셉수트는 재위기간이 길었지만 투트모세 3세를 결코 제거하지 않았다. 또 투트모세 3세는 하트셉수트의 공식적인 행사에 늘 참여했고, 그녀의 사후에는 장례 신전에서 파라오의 자격으로 그녀를 위해 제식을 집행했었다. 그뿐만 아니라 그가 혼자 나라를 다스리게 되었을 때도 하트셉수트를 따랐던 고위 대신들을 한 사람도 숙청하지 않았으며, 거의 그대로 자리를 지키도록 내버려두었다.

파라오 하트셉수트의 이름과 초상에 망치질로 손상당한 곳이 여러 곳 확인되고 있다. 그러나 이것은 어디까지나 접근이 용이하지 않거나 별로 이름이 알려지지 않은 곳에서만 이루어졌고, 눈에 잘 띄고 접근하기 쉬운 장소에서는 일어나지 않았다. 사실 훌륭한 초상일수록 보존 상태가 더 좋았다. 하트셉수트의 기록이 훼손된 것은 대부분 람세스 2세 때에 그의 신전을 새롭게 꾸미면서 일어났던 것으로 추측되고 있다. 그래도 그는 상형문자들과 초상의 윤곽은 알아볼 수 있도록 배려했다. 설령 투트모세 3세가 하트셉수트의 이름과 초상들을 부분적으로 없앴다 해도, 그것은 그녀가 사망한 지 20년이 훨씬 지난 후에나 그렇게 했을 것으로 추정된다.

한편 투트모세 3세의 왕비는 메리트레 하트셉수트라고 불렸는데, 이것은 파라오 하트셉수트에 대한 기억이 왕실 부부의 관계로까지 영속되기를 바랐었기 때문이다.

17차례 원정을 한
위대한 정복자 투트모세 3세:
(BC1479 ~ 1425년)

20년간 여걸 하트셉수트 밑에서 이름뿐인 왕노릇을 하다 실권을 쥐게 된 투트모세 3세는, 그간 억제되었던 능력을 상승하는 국운과 함께 일거에 폭발시켰다. 당시 이집트는 하트셉수트 여왕의 내치위주 정책으로 미타니와 시리아, 그리고 북부 팔레스타인에 대한 통치가 다소 느슨해져 있었다. 여기다가 힉소스와 가나안의 연합세력이 카데시 왕의 지도하에 반란을 일으켰다. 카데시는 시리아의 홈스호에 인접한 도시로, 오론테스강 상류 유역이 내려다보이는 곳에 위치하고 있었다. 무엇보다 카데시는 유프라테스강 쪽의 아시리아와 지금의 레바논 사이에 걸쳐 있는, 아시아와 연계된 대단위 무역의 심장부이기도 했다.

따라서 이집트 제국의 영토가 온존 하려면 카데시 왕의 반란은 꼭 진압되어야 했다. 투트모세 3세는 3만의 병력을 이끌고 욥바를 함락한 후, 카데시의 왕이 진을 치고 있는 메기도로 향했다. 메기도는 이집트와 메소포타미아를 연결하는 교통의 요충지로서 강력한 성채 도시였다. 메기도에 이르는 길은 여러 개였다. 그런데 투트모세 3세는 그중 제일 험한 아루나 협곡을 택했다. 그의 군대는 전차를 이용한 기동력을 바탕으로 협곡을 재빨리 빠져나와,

이스라엘 평원의 관문, 메기도

어느새 메기도 성 밖에 전투대형을 갖추었다. 그것은 적이 전혀 예기치 못한 신출귀몰한 작전이었다.

과연 뜻하지 않은 곳에서 이집트군이 진격해 들어오자, 힉소스와 가나안 연합군은 놀란 나머지 성 안으로 도주하기 시작했다. 한순간에 오합지졸로 변한 적병들은 전차와 말을 버린 채 어떻게든 성 안으로 들어가기 위해 성벽을 타고 기어올라가는 자까지 있었다. 그들 가운데는 카데시의 왕자도 있었다.

투트모세 3세는 적들이 성 밖으로 일체 나오지 못하도록 포위하고서, 성곽의 둘레 면적을 정확히 측량하여 성을 에워싸도록 외호外濠를 팠다. 그리고 외호에는 어린 나무들을 둘러쳐 위장을 했다. 포위는 7개월간 계속되었고, 마침내 견디다 못한 적들은 파라오 앞에 나와 엎드릴 수밖에 없었다.

적을 제압한 파라오는 복종을 약속한 자들에게 너그러웠다. 반란군 수령들로 하여금 원래 그들이 다스리던 부족이나 지역민을 그대로 다스리도록 허락했다. 대신 때에 따라 정세를 보고할 것과 세금을 바칠 것을 명했다. 메기도를 평정한 투트모세 3세는 엄청난 양의 전리품과 포로를 데리고 돌아왔다.

이집트 군대는 막강했다. 아시아의 새로운 점령지마다 정규적으로 병력을 파견하고 교체했다. 이집트의 군대는 어느 곳에서나 위력을 과시했고, 잘 훈련된 군사들의 분열과 행진 등을 통해 무력 시위를 벌였으며, 아주 작은 충돌이나 소요가 발생해도 가차없이 달려가 즉각 다스렸다. 또한 점령지에는 파라오가 직접 임명한 관리들이 파견되어 수확량을 확인하고, 파라오에게 바칠 공물이 제대로 수송되고 있는지를 감시했다.

투트모세 3세는 페니키아의 해안에 강력한 요새를 세운 다음, 육로와 해로를 통해 비옥한 땅을 가진 페니키아를 공격하기도 했다. 그런데 페니키아의 소국들은 어느 정도의 자치권이 주어지자 이집트의 지배를 받아들였다. 사실 이집트의 강력한 지배는 오히려 그들의 삶을 윤택하게 해주었다. 무역으로 먹고사는 그들에게 안정을 제공해주었던 것이다.

재위 33년째 되던 해에 투트모세 3세는 8번째의 원정길에 나섰다. 최대규모로 단행된 이원정은 유프라테스강을 건너서까지 장기간에

검은 화강암으로 만들어진 투트모세 3세의 동상

걸쳐 진행되었다. 파라오는 군대의 신속한 이동을 위해 새로운 공병과 병참기술을 개발했다. 서양삼나무로 짐배를 건조시켜, 황소가 끄는 짐수레 위에 그 짐배를 싣게 했고, 사막을 가로질러 유프라테스강에 이르러서는 그 짐배를 타고 유유히 강을 건넜다. 유프라테스강은 천연의 국경이었는데, 그 큰 강을 건넌 것은 이집트 군대가 처음이었다. 또한 남에서 북으로 흐르는 나일강만 보아오던 이집트 병사들에게 거꾸로 북에서 남으로 흘러가는 유프라테스강은 하나의 경이였다. 파라오는 석비를 세워 이 위대한 사건을 기념했는데, 석비에는 이집트 영토의 북쪽 최후 지점이라는 표시가 되어 있다.

이집트군은 미타니군과 알레프 서부 카르케미쉬에서 전투를 벌여 승리를 거두었다. 미타니군은 패주하여 성 안으로 들어갔다. 그러나 이집트군은 성을 끝까지 공략하여 결국 항복을 받아냈다. 이로써 투트모세 3세가 계획했던 대원정은 끝났다. 이집트의 번영과 안정을 위해 유프라테스강까지 자신의 제국을 확장시키려고 했던 그의 원대한 꿈이 성취된 것이다.

투트모세 3세의 치세와 업적은 위대하고 만족스러웠다. 서아시아의 여러 민족들이 그에게 조공을 바쳤고, 경제·문화적으로 이집트의 세력권 안으로

들어왔다. 파라오는 수도 테베의 옥좌에 앉아 세계에서 가장 크고 부유한 제국을 다스리는 인물이 되었다. 그러나 그는 늘 주의를 게을리하지 않았다. 군사원정이 마무리되었다고 생각하면, 서아시아의 여러 속주에서 곧 반란이 일어나곤 했던 것이다.

미타니와 카데시의 군주가 연합해 반란을 일으키려 하자 투트모세 3세는 마지막으로 17번째의 역사적인 원정을 감행한다. 카데시의 군주는 끈질겼다. 그러나 파라오는 적들이 '제발 숨을 쉴 수 있도록 해달라'고 간절히 애원할 때까지 공격을 감행했다. 이때 카데시는 오론테스강과 또 다른 지류의 강 사이에 위치해 있었고, 해자垓字에 물을 끌어들이기 위해 운하까지 뚫어놓았었다. 이렇게 강력한 요새를 포위 공격하는 데에는 많은 시간과 희생이 필요하기 마련이었지만 결국 성은 함락되었으며, 이로써 힉소스족 최후의 자취는 사라지고 말았다.

가나안 왕들에게 충성서약을 받아낸 투트모세 3세는 그 나라 왕자들을 볼모로 데려왔다. 그리고 왕자들이 왕위를 계승하기 위해 고국으로 돌아갈 때까지 이집트 왕족으로 대우하며, 철저하게 이집트 식으로 교육을 시켰다. 투트모세 3세는 오랜 세월에 걸쳐 아시아를 공략하여 이집트의 영토를 북쪽으로 넓히면서도 남쪽의 안전에도 소홀하지 않았다. 재위 50년에 파라오는 국경을 함부로 넘어와 약탈과 노략질을 일삼는 누비아 부족들을 제압하기 위해 나섰다. 이집트군이 쳐내려 오자 누비아 부족들은 속수무책이었다. 단지 자신들의 무력함을 깨달을 따름이었다. 이집트군은 승리를 거듭하면서 제4폭포의 상류에 있는 게벨 바르칼까지 단숨에 남하했다. '거룩한 산'이라고 불리는 그곳에서 파라오는 아몬 라 신에게 제물을 바쳤다. 후일 나파타시가 된 그곳에 신전이 세워졌고, 신전은 요새에 의해 보호되었다. 또한 무역 대상들이 모여들어 활발하게 상거래를 하는 곳이었다.

투트모세 3세는 누비아를 식민지로 삼아 왕가의 아들을 통치자로 임명하고 부왕副王의 칭호를 갖게 했다. 그는 파라오의 직속총독으로서 식민지 누비아의 행정 책임자였다. 누비아는 밀과 가축, 상아, 흑단, 황금 등의 풍족한 산물을 이집트에 바쳤는데, 이를 위해서는 무엇보다 업무에 능한 서기관들이 필요했다. 따라서 이집트의 군인과 행정관리들은 누비아에 한 번 파견되면 꽤 오랜 기간 동안 체류했다. 한편 누비아의 부족장 아들들은 이집트 궁정으로 불려 들어가서 교육을 받고 본국으로 돌려보내졌다. 이런 가운데 누비아는 이집트 문화권으로 예속되었고, 점진적으로 이집트화 되어갔다.

힉소스 왕이 고대 오리엔트 역사상 처음으로 아시아와 아프리카 대륙을 정치적으로 연결한 인물이라고 말한다면, 투트모세 3세는 이를 계승한 두 번째 인물인 셈이다. 그는 미타니, 히타이트, 아시리아, 메소포타미아, 가나안, 우가리트, 비블로스, 야흐베, 누비아 등을 지배했다. 그뿐만 아니라 고대 이집트 역사에서는 전무후무하게 유프라테스강 상류를 건너 미타니를 재정복했고, 메소포타미아의 여러 도시로부터 조공을 받아냈다.

그는 정복지에서 정규적으로 세금을 거두기 위해 지방 행정기구를 만들었으며, 영토를 보다 확고히 지배하기 위해 그의 생애 동안 무려 17회의 원정을 되풀이했다. 새로운 정복지마다 엄청난 물량의 산물이 테베로 실려오기 때문에 이를 실어나르는 선박을 특별히 건조해야 할 정도였다. 당시 최강의 국가를 건설한 투트모세 3세를 두고 20세기의 유럽 사가들은 '고대 이집트의 나폴레옹'이라고 말하기도 했다. 그리고 파라오가 죽었을 때 그의 한 중신은 다음과 같이 기록했다.

> "왕께서는 무용에 뛰어나고, 지력이 넘치며, 승리에 빛나던 위대한 생애를 통치 54년 3개월째 되는 최후의 날에, 승리의 왕이라는 존엄에 어울리게 끝내시었다!"

> "왕은 하늘로 오르시어 태양과 합하시었다. 그를 낳았던 성스러운 날개가 그를 감싸 안았다. 아침이 되어 태양이 떠오르고 하늘이 빛날 때, 라의 아들 아멘호텝 2세가 아버지의 왕위를 계승하여 파라오의 칭호를 받으셨다!"

고대 이집트 시대의 군대와 병사:
(BC 1400년)

    고대 이집트 초기의 파라오들은 그 신성한 힘만으로도 충분히 백성을 다스려갈 수 있었지만, 적을 정복하고 치안과 민생 안정을 위해서는 무엇보다 군대의 도움이 필요했다. 군대는 각 지역의 사령관 예하에서 징병된 병사들로 구성된 것으로 보고 있다. 병사들은 치안과 군사업무 외에 공공작업과 채석작업에 동원되었다.

    제1중간기와 중왕국 시대를 거치면서 파라오의 군대는 이처럼 봉건적 징병들의 집합체로 구성되었으나, 그 뒤 군의 핵심부는 점차 파라오의 가신들로 주축을 이루고, 그 아래에 일정한 수의 누비아 지원병들이 가세하는 대규모 군단으로 변했다. 그러다 말이 끄는 전차를 사용하던 힉소스족의 지배 이후에는 전차 부대가 새롭게 창설되고 보병 부대는 재편되면서, 군대는 더욱 규모가 커지고 급격히 전문화되어갔다. 따라서 신왕국의 군대는 전차부대, 보병, 정찰병, 해병 등으로 나누어졌다. 그중에서 전차 부대가 가장 중요한 역할을 맡았다. 각 전차에는 운전자와 전사가 각각 1인씩 탑승했으며, 귀족층이 전사의 역할을 수행했다. 또 군기軍旗를 활용해 단위부대를 신속하게 전쟁터로 배치했다.

기원전 1400년쯤 되자 군대의 구성원은 대체로 이집트 본토인들과 가문의 직업을 그대로 이어받은 누비아 출신의 외인 부대원들로 이루어졌다. 병사들은 부역의 의무를 지고 소환되는 젊은 이들 중에서 징집했다. 다시 말해 병사들은 전투의무뿐만 아니라 공공사업에도 투입되

서아시아 출신 용병과 그의 귀부인의 모습

었던 것이다. 아멘호텝 3세(BC1382~1344년) 때에는 외국인 포로들도 이집트 군대의 전투원으로 발탁되어 자유인이 되기도 했다. 그때부터 더 많은 외국인들이 이집트군에 들어왔다.

사실 군대 생활은 고달프고 어려움이 많기는 했으나 신분의 고하를 막론하고, 심지어는 외국인에게까지 훨씬 더 나은 사회적 지위를 얻을 수 있는 기회를 마련해주었다. 거기에 강한 매력을 느낀, 야심에 찬 청년들 사이에서 군인은 인기가 있었다.

그러나 선임 서기관들은 서기 지망생들이 학습을 지루하게 여길 때면 훈련과정의 고통을 상기시키거나, 군대 생활의 불쾌한 측면을 들추어내면서 군인들을 야유하고, 서기관이 되는 자긍심을 심어주곤 했다. 비인간적이라고 할 만큼 군대생활은 힘들고 훈련이 고되었던 것이다. 다음의 기록을 보자.

"젊은 신병의 몸은 상처를 입거나 혹이 생기기 일쑤이다. 병사는 매일 특무상사에게서 벌을 받을 각오가 되어 있지 않으면 마음을 편히 쉴 수 없다. 고통스런 훈련이 그의 몸을 지치게 하고 매몰찬 바람이 그의 눈과 얼굴을 두드린다. 그의 머리는 온갖 상처로 갈라진다. 그는 눕혀져 한장의 파피루스 같이 두들겨 맞는다. 병사들은 고된 훈련을 끝내자마자 전장으로 끌려가, 나귀처럼 등에 짐을 잔뜩 짊어지고 험한 길을 몇 시간이고 걸어야한다. 등, 허리가 아파도 주물러주는 사람은 없다. 물은 배급을 받아야 하는데, 소금기에다가 씁쓸하기까지 해서

고대 이집트군의 무기

마시기에 불쾌하다. 배는 아프고, 다리는 후들거리고, 위장은 굶주림으로 뒤틀린다. 그렇지만 삼복더위든 엄동설한이든 아랑곳하지 않고 전진을 계속해야한다. 야영지에 도착해도 안락함은 기대할 수 없다. 야영지는 그야말로 도형장이나 다름없다. 음식은 보잘것없고 부역은 쌓였으며, 만약 실수라도 저지르는 날에는 수없이 두들겨 맞아야한다. 거기에다 적군까지 있으니….

지칠 대로 지친 병사는 사지의 힘이 빠져서 날개 잘린 새와 같이 된다. 적의 빗발치는 화살 앞에서 더 이상 아무런 용맹도 없다. 이렇게 첩첩한 불행에서 그 모든 위기를 이겨내고 벗어난 자만이 비로소 이집트로 돌아올 수 있다. 그러나 그들의 몰골은 또 어떠한가! 병사는 이제 벌레가 뜯어먹은 낡은 나무토막 같은 신세에 지나지 않는다. 빈약한 봉급은 도둑한테 몽땅 털리고, 남은 것이라고는 가난에 쪼들리고 병든 채 죽음을 기다리는 일 밖에 없다."

"그는 자신이 맹렬하게 몰아댈 전차에 물려받은 재산을 낭비하기 마련이다. 한 쌍의 훌륭한 말을 얻게 되면 그는 말을 몰고 온 고향을 쏘다니며 미친듯이 기뻐하고 눈물을 흘린다. 그러나 그를 위해 준비되어 있는 장래의 일은 도무지 알지 못한다. 전차를 몰고 험한 산악 지대를 오르다 보면, 그의 값비싼 전차는 덤불숲에 빠지고 바위에 부딪혀 부서지고 만다. 마침내 그는 전차를 산중에 내던져야하고 발로 걷지 않을 수 없다. 그렇게 돌아오지만 그를 기다리고 있는 것은 100대의 매 뿐이다."

그러나 이런 서기들의 묘사는 극단의 경우에 지나지 않았다. 실제 병사들의 생활은 이것보다 훨씬 나았다. 병사들은 파라오의 명에 의해 특별히 조직된 재무부의 지원과 함께 갖가지 혜택을 누릴 수 있었다. 파라오는 병사들의 건강에 각별한 관심을 기울였고, 군대의 사기를 높이는 데 최선을 다했다. 파라오는 특별히 중요성을 부여하고, 군의 건강을 위해 파라오의 명으로 병사들의 후생책임을 맡은 각료들로 하여금 병사들의 식단을 짜, 고기와 채소, 빵, 과자, 포도주가 늘 공급될 수 있도록 배려했다. 각 군단에는 요리사와 제빵업자들이 상주하고 있었으며, 야전 훈련 시에 보급장교는 병사들에게 휴대식량을 지급했고, 이발사가 병영에서 병사들의 머리를 깎아주었다.

전쟁터에서 용맹스럽게 싸운 병사는 사관으로 승진되고 포로들을 노예로 받았으며, '무용의 금장'으로 치장되는 영광을 얻었다. 무용의 금장은 금으로 만든 육중한 피리나 금 또는 은제 무기, 혹은 그에 상당하는 가치를 지닌 보석류들이었다. 또한 하급 병사라도 가구, 무기, 의복, 장신구 등 적군에게서 얻은 각종 호사스런 전리품들을 나눠 가질 수 있었다. 게다가 지휘관급은 왕의

고대 이집트 궁병, 창병, 보병의 모습

영지 중에서 토지를 비롯하여 가축과 노예 등을 은급으로 받고 은퇴했으며, 그에 따른 조세는 부담했으나 그의 가족 중에 군복무가 가능한 남자가 있으면 그 땅을 계속 소유할 수 있었다.

따라서 군인들은 하나의 특권계층이 되었다. 평화시에는 안락한 생활을 즐겼고, 경력이 풍부한 군대 서기나 사관들은 외교사절이나 지방 판무관 같은 대외적인 직위를 받았으며, 그밖에도 왕궁 재산의 관리인, 집사, 감독관, 치안 총수, 그리고 젊은 왕자의 교사나 공주의 시중을 드는 집사장과 같은 왕실의 고위 직책에 임명되었다. 그러다 보니 왕위의 세습은 물론 왕조가 바뀔 때면 왕실 측근의 무인 전사들이 곧잘 영향력을 행사했으며, 때로는 그들 중에서 왕위를 차지하고 파라오가 되기도 했다.

아톤 신을 숭배한 종교개혁자,
이크나톤:
(BC1344 ~ 1328년)

신왕국이 융성함에 따라 테베의 카르나크 신전 사제들의 권위도 덩달아 높아졌다. 신관들은 아몬 신의 가호로 이집트가 풍요해졌으며, 아몬 신이 파라오의 적들을 그의 발 밑에 쓰러뜨렸다고 주장했다. 또한 예로부터 이집트의 지배자는 신이 아니면 안된다는 신앙을 백성들에게 더욱 철저하게 고취시키려 했다. 더욱이 파라오의 지배권은 신성함을 필요로 했고, 이를 인정하고 지지하는 것은 사제들의 일이었다.

따라서 파라오, 즉 이집트 왕이 되기 위해서는 사제 세력의 지지가 필요했으며, 만약 그들의 협조를 얻지 못하면 왕위를 유지하기 어려웠다. 투트모세 3세는 아몬 신전의 제사장을 전국의 제사장으로 임명해 그들의 지지를 확보했다. 또한 그의 통치를 용이하게 했다. 그러나 그의 자손대에는 사제들의 권위가 지나치게 커지면서 왕권을 제한하기에 이르렀다.

사제들의 과도한 권력이 통치에 부담이 되자 파라오는 나름대로 대응책이 필요했다. 그중에 하나가 그때까지의 아몬 라의 태양숭배와는 다른 형태의 태양숭배 신앙이었다. 그것은 태양의 원반圓盤, 즉 일륜日輪을 나타내는 '아톤 Aton'에 대한 숭배였다. 일종의 종교개혁이었다.

제18왕조의 9대 왕인 아멘호텝 3세(BC1382~1344년)는 2km가 넘는 길이의 못을 파, '테헨 아톤'이라는 배를 띄웠다. '테헨 아톤'은 '일류 아톤이 반짝인다'라는 뜻이었다. 아멘호텝 3세는 아몬 신의 사제들과 대결할 마음을 품었던 것이다. 그러나 행동으로 옮기지 못한 채 그는 죽었으며, 그의 아들 아멘호텝 4세(BC1344~1328년)가 부왕의 유지를 받들었다.

아멘호텝 4세는 병든 몸이기는 했으나 단도직입적이고 괴팍한 성격의 소유자였다. 그는 아몬 사제들을 단번에 눌러버리려고 했다. 그는 먼저 아몬 신의 사제들의 아성인 테베를 벗어나기 위해, 테베에서 북쪽으로 500km 떨어진, 현재의 아비도스에 '아케트 아톤', 즉 '아톤의 지평선'이라는 신수도를 건설했다. 그리고 '아멘호텝(아멘은 만족한다)'이라는 이름을 버리고 '이큰 아톤(이크나톤, 아톤의 광휘)'으로 개명했다. 그뿐만 아니라 아몬 라 태양 숭배신앙을 배척하고, 모든 민족을 초월한 유일의 신으로서 누구에게나 가호를 베푸는 아톤 신 숭배를 보급하기 시작했다. 아몬 라 신은 기득권에 얽매여 국익을 좀먹고 있는 사제계급을 위한 종교로 전락해버린 터였다. 이와 같은 종교개혁으로 과거 아몬 신의 제사장이 가지고 있던 실권을 다시 파라오가 행사할 수 있게 되었다. 파라오가 제사장의 임무를 수행하게 된 것이다. 이로 인해 사제의 수가 크게 줄고, 임무도 대폭 축소되면서 사제들을 궁정관료로 취급하기에 이르렀다.

종교개혁을 단행한 이크나톤은 전통에 얽매이는 것을 싫어한 대신에 진실을 사랑했다. 새 수도를 꾸민 예술가들은 파라오의 이런 정신을 받아들여 전래의 형식주의를 버리고 자연주의적 작풍을 개척했다. 고왕국 시대 이래 정적이고 정형적이었던 회화나 조각에 동적이고 사실적인 양식이 도입되었다. 이른바 아마르나 예술이다. 아마르나 예술은 이집트 예술사상 특이한 양식으로 오늘날에도 세계의 많은 예술가들로부터 지대한 관심을 모으고 있다.

지성적인 눈과 코, 우아한 자태를 지닌 사랑스런 네페르티티 왕비와 6명의 공주에 둘러싸인 이크나톤은 그 무엇에도 구애받지 않는 행복한 모습이다. 그는 그런 가운데 아톤을 다음과 같이 찬양했다.

"살아 있는 아톤,

당신은 제일 먼저 나타나

하늘 끝에서 아름다운 빛을 발합니다.

당신은 동쪽에서 모습을 나타내 세계를 당신의 아름다움으로 채웁니다.

당신은 아름답고 위대하며 저 높은 곳에서 빛납니다.

당신의 빛은 세계와 당신이 만든 것을 부드럽게 감쌉니다.

당신은 세상만물을 매혹시킵니다.

당신은 세상 모든 것에게 사랑으로 결합할 것을 명합니다.

당신은 저 멀리 있지만

그 빛은 땅위에 골고루 퍼집니다.

당신은 저 높이있지만

그 발걸음으로 날을 구분합니다.

여자에게 아이를 잉태하게 하는 것은 당신,

남자 속에 씨앗을 만드는 것도 당신,

태속에 있는 아들에게 생명을 주는 것도 당신,

아들이 울지 않도록 위로하는 것도 당신,

어미에게 젖을 주는 것도 당신,

창조한 모든 것에게 숨결과 생명을 주는 것도 당신입니다.

아이가 태밖으로 나올 때

당신은 언어라는 선물을 주고 필요한 모든 것을 창조합니다.

사람을 상쾌하게 해주는 겨울도,

따뜻하게 해주는 여름도,

당신은 계절을 창조함으로써 일을 마무리 지었습니다.

이 모든 창조물을 높은 곳에서 내려다보기 위해

당신은 하늘을 만들었습니다.

아톤이여, 빛 속에 살아 있는 당신,

찬란한 아침햇살,

사라져도 다시 돌아오는 당신."

이크나톤은 신 안에 존재하는 인간과 동시에 인간 안에 자리잡은 신을 사랑했다. 그는 소박하게 살았을 뿐만 아니라 노예를 해방시켰고, 가난한 자에게 아톤을 위해 싸우라고 요구했다. 또한 이미 내려진 모든 판결을 재심사해서 많은 죄수를 석방했으며, 동물을 사냥하는 것이 비인간적인 행동이라고 생각하여 동물을 보호하는 특별한 법령을 공포하기도 했다.

이크나톤의 부인 네페르티티의 상

이크나톤은 호화로운 건물을 짓는 것을 모두 중지시키고 평민을 위한 주택을 짓게 했다. 인류 역사상 처음으로 노동자 타운을 만든 사람이 바로 그였다. 그는 집의 규모와 크기를 하나로 통일하여 누구도 어길 수 없도록 했다. 인간이 가축과 함께 방에서 기거하는 것을 금했으며, 집 안에 난로와 화장실을 갖추고, 집 밖에서 음식을 만들거나 거리에서 용변을 보는 것을 금했다. 구걸행위도 금지되었고, 걸인에게 자비를 베푸는 자는 오히려 처벌의 대상이 되었으며, 점이나 주술도 금지되었다. 아몬 신에 속한 모든 토지와 재산을 농민에게 주었다. 귀족이나 부자도 자기에게 필요한 만큼의 토지만 가져야 했다. 귀족도 세금을 내야 했으며, 노예에게는 노동의 대가가 지불되어야 했다. 의사는 가난한 자를 무료로 진료해야 했다.

그러나 그의 개혁은 영원할 수가 없었다. 시시각각 변하는 서아시아의 정세와 판도는 그쪽으로까지 뻗쳐 있던 이집트 영토가 조금씩 잘려 나가고 있음을 알려주었다. 그래도 이크나톤은 어떤 정치적·군사적 조치를 취하지 않았다. 그는 오직 아톤 신에게만 매달려 신의 가호로 국력이 회복되기만을 기원하는 이상적 평화주의자였다.

백성의 대다수를 차지하고 있는 평민들은 그들에게 주어진 자유와 권리를 어떻게 향유하고 써야 할지 몰랐다. 사람들은 게으름을 피우며 부자들의 흉내를 내려고 했다. 그들은 새로운 자유의 진정한 가치를 모른 채, 방만한 생활을 추구했다. 읽기와 쓰기를 배우라는 왕의 명령을 귀찮아했다. 왕의 명령과 행동은 분명히 현실과는 동떨어졌으며, 이것은 정치와 경제적으로 국가

아톤 신에게 봉헌물을 바치는 이크나톤
왕 일가

의 기반을 흔들었다. 그러자 이크나톤에 의해 기득권을 상실했던 자들은 일제히 왕의 실정을 규탄하고 일어섰다. 결국 이크나톤은 신하들에게 배반당해 사랑하는 아내 네파르티티와도 떨어져 실의 속에서 비참한 최후를 맞았다.

이크나톤의 종교개혁은 실패로 돌아가고 새 수도는 10년 만에 폐허가 되어버렸다. 그의 아들 스멘크카라(BC1330~1327년)가 뒤를 이었으나 젊은 나이에 사망하고, 동생인 투탄카텐(BC1327~1318년)이 열 살의 어린 나이로 왕위에 올라 이크나톤의 셋째 딸과 결혼했다. 새로 즉위한 파라오는 아몬 사제들의 강요에 못 이겨 수도를 테베로 다시 옮기고 이름도 '투탕카멘(아몬의 살아 있는 상)'으로 고쳐야 했다.

고대 이집트 외교문서의 표본,
아마르나 문서:
(BC1344 ~ 1328년)

1887년에 이크나톤의 파라오 궁에서 발견된 공문서들은 고대 중근동 세계의 정치상황을 자세히 밝혀주고 있다. 귀중한 이 문서들을 학자들은 아마르나의 문서라고 부르며, 고대 중근동 세계의 정치흐름을 파악하는데 매우 유효 적절하게 이용하고 있다.

이것은 아멘호텝 3세와 4세(이크나톤), 투탕카멘 초기의 약 25년간에 걸친 외교문서로서, 당시의 이집트 파라오와 주변국가의 왕이나 제후들과 주고받은 서신들이다. 이 서신은 크게 두 종류로 나뉜다. 하나는 파라오에게 종속된 왕이나 제후들의 편지이고 다른 하나는 바빌로니아, 아시리아, 미타니, 히타이트, 아르자와, 아라쉬야의 왕들과 같이 파라오와 대등한 관계에 있던 왕들의 편지이다.

후자의 문서들은 대부분 외교적 관례에 따른 의례적인 인사와 형제로서의 대등한 관계를 강조하는 장광설이 주를 이루고 있다. 따라서 정치적 대화는 극히 적으며, 상대와의 신뢰를 돈독히 하고 우호관계를 증진시키기 위해 보내는 엄청난 양의 선물이나, 딸을 신부로 보내는 일, 사절단의 예방 등이 주로 언급되고 있다. 이와는 달리 전자의 문서들은 종속관계인지라 충성심을 나타내는 의례적인 인사로 시작된다. 제후들은 다른 제후에 비해 자신의 충성이 절대적임을 과장해 표현하고, 위대한 파라오만이 보내줄 수 있는 것이라며 금이나 군대 등 자신이 필요한 것을 파라오에게 부탁한다. 그러나 이집트의 통치력이 점차 약해지면서부터는 시리아와 팔레스타인의 무정부적 상황과 이때를 맞추어 일부 제후들의 불충스러운 행동이나 반역을 준비하는 모습 등도 읽을 수 있다.

전체 문서의 약 1/5은 비블로스의 제후 리브하다와 그의 계승자가 보낸 서신들이다. 리브하다는 친숙하게 파라오의 건강을 묻고, 여러 제후들 중에서 가장 솔직하면서도 매우 구체적으로 자기가 원하는 바를 요구하는 것으로 보아, 파라오와 아주 가까운 특별한 관계에 있었음을 알 수 있다. 당시 비블로스의 리브하다는 아무르족의 출현과 히타이트 왕 숩피루리우마 1세의 진격에 의해 통치력이 크게 흔들리고 있었다. 북방에 위치하고 있던 수무르가 아무르족에게 함락되고 비블로스가 포위되었던 것이다. 이크나톤은 할 수 없이 아무르족의 지도자 아지루를 소환해 자신의 궁전에 억류해 두었다. 그러나 아지루를 묶어둔 것은 수개월에 불과했다. 결과적으로 아지루는 비블로스에 대한 압력을 더욱 강화하고, 나중에는 히타이트 왕을 주인으로 섬겼다.

한편 팔레스타인은 지방세력간의 알력과 투쟁이 빈번했지만 이집트는 자신들의 무역로가 위협받지 않는 한은 개입을 억제했다. 메기도 가까이에 있던 라바유와 그의 자식들의 반항으로 이집트의 무역로를 위협하자, 이크나톤은 직접적으로 개입을 피한 채, 팔레스타인의 소군주들에게 그들간의 불화와 이견은 잠시 덮어두고 힘을 합쳐 라바유를 제거하도록 요구한다. 이처럼 고대 이집트 신왕국에서는 청동기 팔레스타인 지역에서의 복잡한 정치상황에 대한 개입을 되도록 피하면서 자신의 무역로를 보호하는 정책을 폈다.

황금가면의 주인, 소년왕 투탕카멘:

(BC1318년)

룩소르에 있는 왕가의 계곡은 도굴을 막기 위해 생겨난 신왕국 파라오들의 묘소이다. 그러나 오랜 세월의 흐름 속에서 도굴을 면할 수가 없었다. 가치 있는 재보는 전부 도난당했고 미라는 마구 짓밟혔다. 그 가운데 유일하게 도굴을 면한 왕묘가 있는데 그것이 바로 투탕카멘의 묘이다.

영국의 캐너번경의 후원을 받은 하워드 카터가 1922년 거의 원형에 가까운 상태로 이 왕묘를 발굴했을 때, 거기에 소장된 막대한 양의 재보에 세계는 깜짝 놀랐다. 투탕카멘 왕의 무덤 발굴은 이집트 고고학 발전에 중요한 전환점이 되었다.

이 위대한 발굴은 전혀 다른 세 가지의 사건이 우연히 결합하여 만들어낸 것이다. 첫 번째 사건은 기원전 1140년경에 일어났다. 테베의 노무자들이 람세스 6세의 무덤을 조성하면서 입구 근처에 오두막 숙소를 짓고, 퍼낸 흙 더미를 쌓았다. 그러면서 그들은 모르는 사이에 200여 년 전부터 잊혀왔던 작은 무덤 하나를 덮어버렸다. 그것은 바로 투탕카멘의 무덤이었다. 하지만 바로 이 오두막과 흙더미 밑에 깔린 덕분에 어느 도굴꾼도 약 3000년이 지나는 동안 이 무덤을 알아낼 수 없었던 것이다.

투탕카멘의 발굴 현장을 보기 위해 모여든 사람들

영국의 젊은 화가 하워드 카터는 1892년부터 룩소르의 '왕가의 계곡'에서 작업을 하다가 1899년에 이집트의 고대유물 관리국에 취직해 나일강 상류의 고대유물을 관리하는 감독관으로 임명되었다. 그는 시어도어 데이비스라는 미국인 부호의 지원을 받아 4년 동안 왕가의 계곡에서 하트셉수트 여왕과 투트모세 4세의 무덤을 발굴해냈다. 이 일련의 작업과정과 경력 덕분에 그는 왕가의 계곡을 거의 완벽하게 파악하게 되었다. 1903년 그는 나일강 하류와 중류 지역의 고대유물까지 감독하게 되었다. 그러나 승진한지 얼마되지 않아 세라피움에서 경비원과 관광객 사이에 일어난 다툼에 휘말려 감독관직을 사임했다. 이 사건으로 카터는 카이로에 정착해, 관광객에게 풍경화를 팔며 어렵게 생계를 꾸려나갔다. 하지만 그가 사임하지 않았다면 그는 감독관으로 계속 사카라에 거주했었을 것이며, 이집트를 방문한 캐너번 경을 만날 기회도 얻지 않았을 것이고, 그에게 왕가의 계곡을 발굴해보자는 제의도 하지 못했을 것이다. 이것이 두 번째 사건이다.

전형적인 영국 귀족이며 부호인 캐너번 경은 유명한 골동품 수집가이자 승마 클럽 회원이었다. 그는 자동차 사고로 불구가 되어, 요양을 위해 영국의 안개를 피해 햇볕이 뜨거운 이집트로 왔다. 이때 직장도 없이 카이로에서 근근이 살아가던 하워드 카터와 조우가 이루어진 것이다. 이것이 세 번째 사건이다.

정기적으로 이집트를 방문해 요양하던 캐너번 경은 고대 이집트의 유물과 문화재에 애착을 느끼고, 이집트 고대 유물관리국에 유적 발굴 신청을 했다. 하지만 그는 고고학에 관한 지식이 전혀 없었다. 관리국 책임자 마스페로는 캐너번 경의 신청서를 읽고 나서, 캐너번 경에게 카터를 발굴 현장 감독으로 쓸 것을 권했다. 평소 카터의 능력을 높이 평가하고 있던 그는 카터를 도울 겸해서 추천한 것이다. 캐너번 경의 기술고문 및 발굴감독이 된 카터는 처음에는 고대 이집트인 귀족들의 지하묘지를 발굴했다. 그러다가 미국인 데이비스가 왕가의 계곡 발굴권을 그에게 넘기자 캐너번 경과 함께 왕가의 계곡 발굴에 뛰어들었다.

왕묘에 대한 수색작업은 1909년에 시작되었다. 그러나 제1차 세계대전으로 작업이 일시 중단되었다가 전쟁이 끝난 후인 1917년에 재개되었다. 그리고 오랜 노력 끝에 재개 6년째 되던 해인 1922년, 람세스 6세의 무덤을 만들던 노무자들의 숙소 밑을 파내려가다가 우연히 투탕카멘의 무덤을 발견하게 되었다.

카터는 먼저 왕묘로 통하는 계단을 발견하고 왕의 봉인이 있는 문까지 도달하자 공사를 중단한 채, 영국에 있는 캐너번 경에게 전보를 쳤다. 십수 년을 기다려왔던 소식인지라 캐너번 경은 허겁지겁 달려와 카터와 함께 묘의 출입문을 열었다. 묘는 전실, 부속실, 현실, 보물창고로 구성되어 있었으며, 엄청난 양의 금으로 장식한 관, 미라의 케이스, 호화로운 침대, 황금 옥좌, 호화로운 가구, 집기, 수많은 인형과 신상들로 꽉 차 있었다. 벽에 새겨진 화려한 벽화와 돌 조각은 황금빛을 받아 번쩍번쩍 빛나고 있었다.

마침내 현실에 도달한 발굴단은 투탕카멘 왕의 관을 발견했다. 5중으로 된 관을 차례차례 열어보니 미라를 담은 관이 나왔다. 온몸을 아마포로 칭칭 감은 미라의 얼굴에는 눈부시게 빛나는 황금 가면이 씌워져 있었다. 가면을 벗기고 겹겹이 둘러싼 아마포를 헤치니 무려 143개나 되는 온갖 보석들이 쏟아져나왔다. 열여덟 살밖에 안 된 파라오가 하

투탕카멘의 황금가면

늘 나라로 가지고 가려 했던 황금 보화는 이토록 엄청난 양이었다.

이야기는 여기서 끝나지 않는다. 역사적인 대발견이 있은 지 불과 5개월 후에 캐너번 경이 모기에 물려 죽었다. 그의 죽음을 시작으로 발굴에 참여했던 인물들이 하나둘 씩 죽어갔다. 이 예사롭지 않은 사건을 두고 세계의 신문들은 '파라오의 저주'라고 떠벌렸다.

그러나 발굴작업을 총지휘했던 카터는 이를 비웃기라도 하듯 천수를 다 누렸으며, 1933년 독일의 고고학자 슈타인도르프에 의해 캐너번 경 등의 죽음은 파라오의 저주와 아무런 관련이 없다는 사실이 밝혀졌다. 슈타인도르프가 파라오의 저주를 받아 죽었다는 사람들을 조사한 결과, 대부분 나이가 들어 죽었거나 발굴과는 전혀 무관한 사람들이었다. 아니면 우연에 지나지 않았다. 최근에는 무덤 안에 있던 곰팡이류의 병균이 외부의 공기와 접촉하면서 급격히 번성하여 발굴에 참여했던 사람들 중에 저항력이 약한 이들이 감염되어 죽음에 이르렀다는 주장도 나오고 있다. 어쨌든 이로 인해 투탕카멘 왕의 이름은 세계적으로 더욱 유명해지게 되었다.

20세기 들어와 이렇게 유명해진 투탕카멘은, 본래 권한이 별로 없는 나약한 소년왕이었다. 그는 개성이 강했던 이크나톤의 아들로, 10세의 어린 나이에 즉위했으나 아몬 신 사제들의 권위에 눌려 실권 없는 파라오 노릇을 하다가 18세에 사망했던 것이다.

투탕카멘과 그의 부인 안케센나멘

그는 자신의 의사를 마음대로 표시할 수도 없었으며, 늘 사제들과 권신들의 압력 속에서 암살당할 위험에 노출된 채로 파라오 노릇을 했던 것으로 알려져 있다. 짧은 치세기간 동안 그가 남긴 업적에 대해서는 알려진 바가 거의 없다. 다만 자식이 없이 죽었기에 그의 사후에 왕위계승 문제를 놓고 격렬한 정치분쟁을 유발시켰다.

사제들은 자신들이 권력을 장악하려 했고, 왕실은 황태후 네페르티티에게 섭정을 맡겼다. 왕위계승 문제는 투탕카멘의 미라를 만드는 동안 결정이 나야만 했다. 그럴 때 왕비 안케센나멘은 그 당시 이집트와 사이가 좋던 히타이트 왕 숩피루리우마스에게 다음과 같은 편지를 보냈다.

"제게는 남편이 없습니다. 귀하의 아드님은 이미 성인이 되었습니다. 그 가운데 한 아드님을 저의 남편으로 주십시오. 그러면 저는 금과 선물을 드리겠습니다."

갑작스런 편지에 히타이트 왕은 당황했다. 한편으로 이집트 측의 의도를 의심했던 히타이트 왕은 답장을 차일피일 미루었다. 시간이 흐르면 흐를수록 왕위계승에 대한 영향력을 잃게 될 처지에 놓인 안케센나멘은 초조한 마음으로 히타이트 왕에게 다시 편지를 보냈다.

그제야 히타이트 왕은 의심을 풀고 그의 아들 한 명과 함께 사절단을 이집트로 보냈다. 그러나 히타이트 왕자와 그의 일행은 이집트에 도착하기도 전에 왕위계승을 노리는 세력에 의해 몰살당하고 만다. 결국 안케센나멘은 네페르티티의 아버지인 신관 아이Ay와 결혼하게 된다.

처음에 아몬의 신관이었던 아이는 이크나톤에 의해 아톤의 신관이 되어 총애를 받았고, 아몬이 복위되면서 다시 아몬의 신관이 되어 손녀딸인 투탕카멘의 왕비와 결혼함으로써 이집트의 파라오가 되었다. 이렇게 된 데에는 혈통의 순수성을 보존하기 위해 왕족끼리 근친 결혼하는 왕가의 풍습 때문이었다. 그러나 즉위 당시 이미 노쇠했던 아이는 왕위에 오래 있지 못했다.

람세스 2세와 히타이트의 대결전, 카데시 전투:
(BC1275년)

아이가 죽은 뒤에 왕위는 군대가 지지하는 호렘헤브에게 넘어갔다.

투탕카멘은 어린 나이에 즉위했고, 왕권을 제대로 행사하지 못하고 갑자기 죽었기 때문에 그의 무덤은 제18·19왕조의 다른 왕들의 무덤에 비해 초라하다. 그러나 이렇게 허약한 왕의 묘에서 나온 호화스러운 부장품들이 세계를 놀라게 할 정도였으니, 강력한 권력을 휘둘렀던 고대 이집트 왕들의 부장품의 규모는 과연 어떠했을까 예측하기가 쉽지 않다.

이크나톤과 투탕카멘이 파라오였을 때 히타이트와 아시리아가 세력을 확장함으로써 이집트의 동맹국이었던 미타니 왕국이 사라진다. 이후 이들 두 신흥강국은 서로 싸우면서 남쪽으로 확장을 시도한다. 그중에 히타이트의 시리아 진출은 그때까지 시리아와 팔레스타인 지역에 확보하고 있던 이집트의 무역로를 위협했다.

특히 오론테스 강가에 위치한 중요한 무역 중심지 카데시는 이집트의 최대 관심지역이었다. 사실 이집트의 지배하에 있을 때에도 카데시의 제후는 늘 히타이트의 압력에 시달렸고, 이집트와 히타이트 사이에 평화조약이 체결되어 있음에도 불구하고 투탕카멘 시절부터 양국의 군대는 카데시 근처에

카데시 전투 장면

서 충돌하곤 했다. 결국 제18왕조에서 19왕조로 바뀌는 혼란기에 카데시를 포함한 시리아 북부는 완전히 히타이트에 복속하게 되었다.

그러나 제19왕조가 안정되자 이집트는 시리아에서 그들의 권리를 되찾고자 했다. 그 일은 세티 1세(BC1294~1279년)에 의해 착수되었는데, 그의 군사활동은 얼마간의 성공을 거두었다. 하지만 세티 1세의 군사활동은 그의 아들 람세스 2세와 히타이트 왕 무와탈리 사이에 벌어진 카데시 전투에 비하면 소규모 접전에 불과했다.

당시 두 나라의 군사력은 최고의 정점에 달한 상태였다. 특히 카데시 전투에 동원된 이집트 군대에는 적지 않은 숫자의 용감한 누비아인에다 쉐르데, 리비아, 가나안 등 여러 종족 출신의 용병들이 전투능력을 한층 높여주었다. 외국인 용병들은 이집트 군대의 성격을 바꿀 정도의 숫자는 아니었지만, 의도적으로 용병의 다인종화 정책을 쓴 결과 서로가 경쟁하는 상태였다.

람세스 2세는 집권 4년째 되는 해에 그에게 종속된 팔레스타인의 항구를 통해, 군대를 비브로스로 진격시켜 아무르족을 다시 한번 복속시킨다. 그리고 다음 해에는 오론테스강 상류에 도착해 카데시의 평원을 건너다보았다. 그는 군대를 4개의 사단으로 나누어 각 사단에 5,000명씩 배치한 다음, 자신은 아몬 사단의 선봉에 서서 강을 건넜다.

그는 카데시에서 남으로 10km쯤 떨어진 샵투나 변경에 있는 강을 건너 북으로 행군했다. 카데시를 포위공격하고 싶었던 왕은 자신이 본대의 선두에 서 있기 때문에 계속 적을 밀어붙이고 있다고 생각했다. 왜냐하면 2명의 히타이트 탈영병이 히타이트군은 아직 알레포 부근에 있다고 말했기 때문이다. 그러나 이 탈영병들은 히타이트 왕 무와탈리가 파견한 스파이였다. 무와탈리는 람세스 2세를 카데시 북쪽으로 유인해 함정에 빠뜨릴 작정이었다. 람세스 2세가 카데시 서쪽에서 북쪽으로 지나가자, 이윽고 히타이트군이 움직이기 시작했다. 히타이트군은 오론테스강 동쪽으로 건넌 다음, 이집트군의 눈을 피하기 위해 카데시를 낀 채 남쪽으로 이동해, 마침내 동남쪽에서 이집트의 제2사단인 라 사단을 기습했다.

이동 중에 적군의 대규모 기습을 받은 라 사단은 지리멸렬한 상태에 빠졌고, 일부는 간신히 살아서 아몬 사단 쪽으로 도주했다. 궤멸되어 도주해오는 라 사단의 패잔병을 본 아몬 사단도 공포에 휩싸였다. 아니나다를까 히타이트의 대군이 금세 아몬 사단을 공격하면서 이집트군은 완전히 둘로 갈라져 버렸다. 히타이트 왕 무와탈리의 작전은 멋지게 성공한 셈이었다.

람세스는 완전히 고립된 채로 히타이트의 전차부대와 보병 등 1만 7,000명과 마주쳤다. 남쪽에서 진군해오고 있는 제3사단 푸타와 제4사단 세트는 우군을 도와주기에는 너무 먼 곳에 떨어져 있었다. 람세스 2세는 2명의 히타이트 스파이를 잡아 심문하고서야 자신이 절망적인 위험에 빠져 있음을 알았다.

그러나 람세스 2세는 천부적으로 무인 기질을 타고난 사람이었다. 그는 소수의 전차대를 가지고 무모할 정도로 적을 6차례 이상 공격했다. 단위 부대별로 경쾌하게 움직이면서, 장거리용 복합 활로 적을 공격하는 이집트의 전차대는 위력적이었다. 그 사이에 아몬과 라 사단의 패잔병들은 강을 건너 재집결할 수 있었다. 하지만 말이 재집결이지 육박해오는 히타이트군을 강 밖으로 겨우 몰아냈을 뿐, 상황은 여전히 이집트군에게 불리했다. 이제 히타이트군이 병력을 집중해 공격해오면 이집트군은 완전히 패할 수밖에 없는 처지였다.

이런 절박한 시점에 히타이트군의 기강이 무너졌다. 결정적 순간을 눈앞에 두고, 히타이트 병사들은 노략질에 눈이 어두워 이집트군의 진지를 약탈하느라 수비를 허술히 했던 것이다. 여기에 별안간 해안 쪽으로부터 이집트군이 쳐들어왔다. 가나안 용병으로 구성된, 파라오에게 절대적으로 충성을 맹세한 이집트의 최정예 기동대는, 한번 기강이 무너진 히타이트군을 맹타하기 시작했다. 이집트군은 전차대를 앞세워 히타이트군을 무자비하게 쓸어버렸다.

히타이트군의 전차는 3인승인지라 근거리 전투에서는 다소 우세한 반면에 기동력이 떨어졌다. 더욱이 단거리용 창으로 무장하고 있던 터라, 먼 거리에서 활을 쏘며 공격해 들어가자 속수무책으로 당할 수밖에 없었다. 전차대가 제 역할을 못하자, 히타이트의 보병대는 이집트군에게 완전히 노출된 상태에서 맹공을 받으며 후퇴하기 바빴다.

결국 히타이트군은 날이 저물 무렵까지 계속 밀려나, 오론테스강에서 멀리 떨어진 곳에 멈춰 서야 했다. 잔여병력은 고작 6,000명에 불과했으며, 설상가상으로 이집트의 제3사단인 푸타 사단이 남쪽에서 진격해오고 있었다. 무와탈리는 재빨리 카데시 성 안으로 병력을 철수시켜, 이집트군의 포위공격에 대비했다. 그러나 이집트군은 카데시 성을 공격하지 않고 빠르게 퇴각해버렸다. 승리라고 주장하기에는 이집트군의 손실도 너무 컸기 때문이었다.

결국 전투는 승자도 패자도 없이 흐지부지 끝나고 말았다. 이 전투에서 젊은 람세스는 전략적으로는 무와탈리에게 한 수 뒤졌지만, 실제 전투과정에서는 젊음과 천성의 무인 기질을 용감히 발휘해 이집트군을 절대절명의 재앙에서 건져냈다. 그러나 무와탈리는 훌륭한 전략으로 서전에 적을 제압했지만 전투기술 부족과 지휘통솔을 잘못해 다 이긴 전쟁을 망치고 말았다. 이 전쟁 이후 두 나라의 국력은 급속히 기울기 시작했다. 이집트는 왕성하던 제국의 활동력이 소진되어가기 시작했으며, 히타이트는 아시리아의 발흥으로 위협을 느끼면서 세력권이 점차 줄어들었던 것이다. 여기다가 기원전 1400년경에 인도·유럽어족이 에게해에서 지중해 동남부를 휩쓸고 내려와, 두 나라를 빈번하게 침략해 괴롭혔다. 이렇게 상황이 심각해지자 두 나라는 국력을 소모하는 전쟁보다는 평화협정을 체결하여 서로가 도울 수밖에 없었다.

위대한 이집트 문명의 건설자
람세스 2세:
(BC1279 ~ 1213년)

이집트와 히타이트는 십수 년간의 전쟁으로 국력을 낭비할 대로 낭비한 뒤에야 평화조약을 체결했다. 이 조약은 양측이 서로 자기들의 대승리를 주장하고 있으나 양국이 모두 필요해서 맺어진 것이며, 양측의 당사자 기록이 모두 남아 있는 이 조약서는 고대 역사에서 흔치 않은, 역사적으로 매우 귀중한 외교문서이다. 또한 이 조약은 고대에 맺어졌음에도 내용은 놀라울 만큼 근대적이었다. 양측은 서로 상대국의 영토를 침범하지 않고 영구적으로 평화를 확립한다는 데에 동의하면서, 외적이 침략하거나 국내에 소란이 일어났을 때에는 서로 협력하기로 했다. 또한 정치적 망명객에 대해서는 양측이 체포해 돌려보내되, 그 정치범이 어떤 신분의 소유자이건 죄에 대해 벌을 받지 않으며 거기에는 직계나 처

람세스 2세와 히타이트 왕녀의 결혼

자도 포함되었다. 본인의 신체에 어떤 상해도 가해서는 안된다는 규정까지 짓고 있다.

평화조약이 맺어지고 나서 십수 년 후에 히타이트 왕녀와 람세스 2세간에 결혼이 있었다. 람세스는 이 결혼을 두고 자신의 위대한 승리인 것처럼 말하고 있다. 하지만 이것 역시 양국의 우호를 위한 대등한 선린 관계에 따른 혼인이었다. 히타이트의 왕녀는 이국인임에도 불구하고 파라오의 최고 왕비의 위치를 차지했으며, 람세스 말년에 그가 가장 사랑하던 여인으로 기록되어 있다. 히타이트 왕녀에 대한 람세스의 사랑은 다음과 같은 기록에서 엿볼 수 있다.

> "왕녀의 모습은 폐하의 눈에 참으로 아름답게 비쳤다. 폐하께서는 더없이 왕녀를 사랑하셨다."

> "얼마나 훌륭하고 아름다우며 놀라운 일인가…. 우리 조상이 기록한 것에서는 이런 일을 볼 수 없었다."

67년에 이르는 람세스 2세의 치세 중 후반부는 두 강대국 간의 평화조약으로 대체로 평온했다. 그는 이 평화 속에서 수많은 건축물을 세워 자신의 업적을 과시했다. 대신전을 완공했을 뿐 아니라 라메세움으로 알려진 자신의 장례 신전도 만들었다. 또 아비도스에 있는 세티 1세의 신전에서 멀지 않은 곳에 자신의 신전을 지었으며, 수도인 테베에는 큰 신전 4개와 작은 신전 여러 개를 지었다.

람세스 2세는 지칠 줄 모르는 정열적인 건설가였다. 그는 스스로 건축가들을 독려해가면서 신전을 세웠다. 그중에서도 가장 완성도가 높은 걸작 중의 걸작은 바로 아부심벨 신전이었다. 이 신전은 오늘날 인류에게 남긴 가장 소중한 문화 유산 중 하나이다. 두 건축물이 나란히 세워진 것은 남성과 여성 등 창조의 근원을 나타내고 있으며, 각각의 건축물마다 나름의 고유한 천재성이 깃들어 있다.

아부심벨에 있는 거대
한 람세스 2세 상

람세스 2세는 남쪽의 누비아에도 최소한 6개의 신전을 세웠다. 지역에 세운 건축물은 이집트 화의 상징이었으며, 거기에 새긴 부조에는 적들을 물리친 파라오의 승리를 찬양하는 글귀가 빠지지 않았다. 그리고 도시마다 새 우물을 파고 도로를 개설했으며, 금광 채굴에도 힘을 썼다. 그런가하면 람세스 2세는 그의 부친 세티 1세와 같이 뛰어난 수맥 탐사가였다. 물이 부족할 때는 곳곳을 다니며 손수 수맥을 찾아내곤 했던 것이다.

이집트 문화를 꽃피운 람세스 2세는 재위기간 동안 가장 많은 수의 신전과 석상 등 각종 건축물을 지었는데, 도서관을 지어 '정신의 양식'이라는 현판을 써 붙이기도 했다. 그는 건축 현장에서 일하는 사람들에게 유달리 호의를 보인 군주였다.

대규모 건설이 이루어지고 있는 현장을 찾아가 건축가는 물론이요, 석공이나 채석공들과 격의 없이 대화를 나누고는 했다. 그는 피곤한 기색을 나타내지 않고 최선을 다해 열심히 일하는 장인들의 노고를 치하했으며, 그들이 필요로 하는 것은 뭐든지 충족시켜주려고 했다. 덕분에 장인을 비롯해 노무자들도 부족함이 없는 풍족한 생활을 누리면서 일을 할 수 있었다. 장인들은 람세스의 건설 현장에서 일한다는 것만으로도 큰 명예로 여겼다. 람세스 2세는 엄청난 부자로서 그의 부를 현재의 돈으로 환산하면 2조 달러 정도에 이

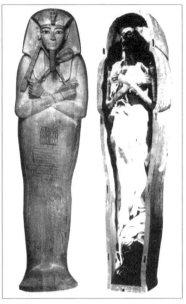

람세스 2세의 동상(왼쪽), 람
세스 2세의 미라(오른쪽)

를 것이라고 말하고 있다. 그는 또한 정력이 남달리 뛰어나 많은 처첩을 두
었는데, 79명의 아들과 59명의 딸을 낳았다고 전해진다. 그를 계승한 메렌푸
타는 30번 째의 아들이었다고 한다.

람세스 2세의 미라는 오랜 세월과 함께 수많은 고난을 겪었다. '왕들의 계
곡'에 매장되었지만 자신의 무덤에서 누린 영면의 기간은 아주 짧았다. 수차
례 도굴이 자행되자 기원전 1000년 초에 그의 미라는 무덤에서 나와 데이르
알바흐리 신전 근처의 우물 속에 감추어졌다. 그러나 1871년 도굴꾼 마을 사
람들에 의해 감추어진 미라가 발견되었고, 그들의 손에 의해 그곳에 있던 부
장물들이 수년에 걸쳐 조금씩 밀매되었다.

이것이 프랑스 출신의 고대 이집트 학자 마스페로에 의해 발각되어, 람세
스 2세의 미라는 카이로 박물관으로 옮겨졌다. 그런데 1976년, 미라는 파리
로 실려가 전문가들의 검사를 받아야 했다. 수많은 곰팡이가 미라에 침입해
병을 앓고 있었던 것이다. 미라는 다행히 전문가들의 치료를 받은 다음 이집
트로 다시 돌아왔다. 이때의 검사를 통해 람세스 2세의 신체상태가 어떠한지

밝혀졌다. 그는 피부가 하얗고 붉은 빛이 감도는 금발의 소유자로 건장한 노인이었으나 동맥경화증과 척추관절염을 앓고 있었으며, 골격은 남달리 견고해 보였지만 죽기 직전에는 힘들게 걸었을 것으로 추측되었다.

고대 이집트 여인들의 생활상:
(BC1200년)

고대 이집트 사회는 남녀간의 역할이 분명하게 구분되어 있었다. 부호의 저택에서 일하는 악사, 미용사, 재단사 등은 남자가 아니라 여자가 하는 일로 인식되어 있었다. 일반적으로 여인은 집안에서 부리는 하녀들을 감독했으며, 궁전이나 사원에서 일하다가 고위직에 올라갈 수도 있었다. 여성은 행정관리로 임명되지 않았으나, 남편이 행정관리일 경우 남편을 대신할 수 있는 권리가 인정되었다.

여성들의 의사는 어디에서나 호의적으로 받아들여졌다. 뿐만 아니라 여성들은 자기의 재산과 하인을 소유할 수 있었으며, 자기 재산을 마음대로 처분할 수 있는 권리도 가졌다. 친형제는 물론 남편도 아내의 재산을 무턱 대고 처분할 수 없었다. 자식이 물려받는 유산은 부친뿐만 아니라 모친한테서도 재산을 물려받는 것을 당연한 것으로 여겼다. 극히 예외적인 경우지만 부유한 가족의 도움으로 여성 혼자서 독립적으로 살기도 했다. 그러나 여성들은 의무적으로 결혼해야 했고, 미혼여성이나 과부는 가족 구성원 중에서 그 위치가 가장 취약했다.

결혼은 까다로운 의식이나 절차 없이 쌍방간의 간단한 계약으로 이루어졌

고대 이집트 상류층 부부의
상(왼쪽), 짐을 나르는 고대
이집트 여인(오른쪽)

다. 이렇게 비공식처럼 보이는 단순한 형태의 결혼임에도 불구하고 사회는
부부가 상대방에 대해 서로 책임있는 행동을 할 것을 강하게 요구했다. 폭력
이나 부정은 일반적으로 사회가 받아들이지 않았으며, 남편은 아내의 능력
과 노동의 가치를 인정하고, 또한 아내를 귀찮게 해서는 안되었던 것이다. 고
대 이집트의 부부 조각상들은 하나같이 아내와 남편이 동등한 모습을 하고
있다. 부부 사이에는 깊은 공감대가 형성되어, 아내는 다정한 손길로 조심스
럽게 남편의 등을 감싸고 있다. 사랑하는 남자의 어깨 위에 올려놓은 아내의
손은 사랑의 표시이자 남편을 보호하는 몸짓이기도 하다.

이혼은 부정이나 불임과 같이 비난받을 만한 타당한 근거가 있어야 허용
되었다. 그렇다고 처음부터 여성이 먼저 이혼을 제기할 수 있는 권리나 재산
분배권을 가졌던 것은 아니고, 세월이 흐르면서 일반적으로 인정되었다. 그
리고 결혼 전에 결혼계약은 얼마든지 협상의 대상이 될 수 있었으며, 여성은
이혼에 대비해 결혼 당시 자신의 재산목록을 작성할 수 있었다.

고대 이집트는 일부일처제가 일반적이었다. 간혹 남성의 경우 중혼이 인
정되었으나, 이 경우 각각의 부인을 위해 가정을 따로 꾸려야 했다. 그런데
몇몇 문서에서는 가문의 지도자일 경우 근친이 아닌 여성과 성관계를 맺는
것을 용인하고 있음을 볼 수 있다.

이집트 여인들은 미美를 추구했다. 또한 아름다움에 대한 독특한 의식과 관념을 지니고 있었다. 즉, 몸매는 날씬해야 했고, 팔다리는 가늘어야 했으며, 엉덩이는 뚜렷이 드러나되 두텁지는 말아야 했고, 가

연꽃, 포도, 대추야자를 들고 있는 여인

슴은 둥글고 작은 편이어야 했다. 그러나 이것이 아름다움의 절대 기준은 아니었다. 여성들을 표현한 크고 작은 조각상들은 대개 호감이 가는 동글동글한 얼굴형에 뺨이 토실 토실하고, 때로는 근육이 단단해 보이는 경우도 있다. 반면에 여신상들은 한결같이 젊고 날씬하게 표현되어 있다.

품위가 있는 남편의 품에 안겨 연회를 즐기는 귀부인들, 뱃놀이를 즐기는 여인들, 젊은 하녀들, 악기를 연주하는 여인들은 모두 한결같이 경쾌한 모습에 신비스러운 두 눈을 가졌고, 자연스럽게 몸에 밴 우아한 자태, 거기다가 열정적이면서도 사랑의 비밀을 간직한 아름다운 모습들이다. 그녀들의 환한 표정과 미소는 보는 이의 마음을 순식간에 사로잡는다.

고대 이집트인들은 여러 명의 자녀를 두는 것을 이상으로 여겼으며, 기성세대는 아이들을 그들의 미래로 간주했다. 그리고 가족들은 나이가 들거나 홀로된 부모와 결혼을 하지 않은 형제 자매를 돌봐주었다. 양자도 용인되었으나 친자식을 갖는 것을 바람직한 것으로 여겼다.

의학에 관련된 파피루스 문서는 여성의 피부와 젖의 모양, 소변을 분석하여 임신여부를 가리고 불임을 치료하는 방법을 언급하고 있다. 임신한 여성들은 일반적으로 출산 무렵에 피신처에 가서 아기를 낳고, 그곳에 은신해 있다가 돌아왔다. 이것은 종교적 정화행위로 받아들여졌으나 사실은 임산부의 건강을 고려한 면이 강했다.

고위관리의 부인들은 가사를 남자 하인에게 맡기고 지냈다. 그러나 대부

주인에게 먹을 것을 바치는 여자 노예 소녀

분의 가정에서는 아이들을 돌보고, 요리를 하거나 옷감을 짜는 등의 일은 여성이 당연히 해야 할 일이었다. 또 많은 여성들이 집안을 돕기 위해 남자들과 함께 들판에서 일을 하거나, 남의 집에서 일시적으로 하인 일도 했으며, 집안의 수요를 충당하고 남은 옷과 과자 따위는 길거리에 나가 팔기도 했다. 대부분의 가정이 자급자족하기에는 물자가 충분치 않았기 때문에, 용역이나 물물교환을 통해 여러 가지 형태로 부족한 살림을 보충해야 했던 것이다.

모세가 이끈 유대인의 출애급:
(BC1200년)

기원전 2,000여년 전, 작은 셈족의 유목민들이 유프라테스강 어귀에 있는, 그들의 고향 우르를 떠나 바빌로니아 왕의 땅에서 새로운 목초지를 찾게 되었다. 그러나 바빌로니아 왕의 군사들에게 쫓겨나자 할 수 없이 아무도 정복하지 않은 땅을 찾아 서쪽으로 이주했다. 천막을 치고 살 수 있는 땅을 찾으려고 한 것이다.

이 유목민들은 헤브라이인으로 오늘날 이스라엘인의 조상이었다. 그들은 꽤 오랫동안 이곳저곳을 떠돌다가 그중의 일부가 이집트에서 쉼터를 찾았다. 그리고 500년 이상을 이집트인들 속에 섞여 살았다. 이집트가 힉소스족의 지배를 받을 때는 힉소스인들에게 처세를 잘해 어떤 소유권도 박탈당하지 않은 채, 특별한 대우를 받으며 지냈다. 그러나 힉소스인들이 나일강 계곡에서 쫓겨나면서 이 헤브라이 백성들은 이집트인의 노예가 되거나, 왕가의 도로를 건설하고 또 궁전과 신전을 건축하는 데 불려나가 막일을 하는 등 고통의 나날을 보내야만 했다. 이들은 이집트에서 탈출하고 싶어도 이집트 군인들이 변방을 굳게 지키고 있었기 때문에 어쩔 수 없었다.

헤브라이 백성들이 이런 고난의 세월을 보내고 있을 때에 모세라 불리는

시내산

젊은 지도자가 나타나 파라오와 어려운 투쟁 끝에 이집트 군사를 피해 도망치는 데 성공한다. 모세는 헤브라이 백성들을 시내산의 어귀에 펼쳐져 있는 대평원으로 인도했다. 사막에서의 길고 외로운 생활을 통해, 모세는 하늘을 지배하면서 특히 양치기들의 생사를 좌지우지하는 천둥의 신과 폭풍우의 신의 힘을 숭상하게 되었다. 그리하여 여호와는 모세의 가르침을 통하여 헤브라이 종족의 유일신이 되었다. 즉, 모세는 여호와와 헤브라이 백성들을 이어주는 예언자 역할을 한 것이다.

여호와가 사막을 지나는 긴 여행을 떠나라고 명령하자 헤브라이 백성들은 모세의 뒤를 따랐다. 그리고 여호와가 무엇을 먹고 마셔야 하는지, 또 무엇을 피해야 하는지를 가르쳐주면 그대로 복종했다. 기나긴 방랑생활 끝에 이 백성들은 번영의 땅, 행복의 땅처럼 보이는 곳에 닿았다. 그곳은 팔레스타인이었다. 그들은 오랜 세월을 이민족과 투쟁하면서 그곳에 정착하게 되었고, 궁극적으로 그들의 나라를 그곳에 세우게 되었다.

이상이 이스라엘 백성들이 메소포타미아 지방을 떠나 이집트에 정착했다가 출애굽(이집트 탈출)하여 팔레스타인에 나라를 세우기까지의 간추린 이야기이다. 그러면 이스라엘 백성들은 언제 출애굽했을까? 여기에 대해서는 크게 두 가지 설이 있다. 하나는 기원전 15세기라는 설이며 또 다른 하나는 기원전 13세기라는 설이다. 대부분의 성서학자들은 만약 출애굽이 사실이라면 그 시기는 기원전 13세기였을 것으로 믿고 있다. 다만 홍해가 갈라졌다는 기적은 가공의 이야기로 생각하고 있다.

그러나 존스 홉킨스 대학의 이집트 연구가 한스 게딕은 홍해가 갈라진 기적은 사실이라고 주장하고 있다. 에게해의 화산섬 산토리니섬의 대폭발로

헤브라이인이 출애굽 시에 지나갔던 사나이의 광야

인해 그런 기적적인 일이 일어날 수 있었으며, 출애굽은 산토리니섬의 대폭발 시기와 맞추어 기원전 15세기라는 것이다.

기원전 13세기 설에도 출애굽이 람세스 2세 때라는 설과 그의 아들 메렌푸타 때에 일어났다는 설이 있다. 기원전 15세기 설에는 투트모세 3세 때에 출애굽이 일어났고, 하트셉수트가 모세를 양육했다고 주장한다. 이 두 가지 설은 모두 나름대로의 근거를 가지고 있지만 동시에 모순점도 지니고 있어 어느 것이 정확하다고는 말할 수 없는 형편이다.

그런가 하면 일부 학자들은 출애굽이 한번에 일어난 것이 아니라 기원전 15세기에 시작되어 기원전 13세기까지 계속되었다고 주장하고 있다. 또 다른 학자들은 기원전 15세기에 출애굽 사건이 있었고, 기원전 13세기에 다시 또 일어났다고 주장하기도 한다. 대체로 많은 학자들이 기원전 13세기 설을 지지하고 있으나 그것은 어디까지나 다수의 의견일뿐 꼭 맞는 답이라고 말하기에는 너무 많은 이의가 제기되고 있다.

출애굽은 유대인들에게는 역사적으로 커다란 사건이다. 그러나 이집트의 역사기록은 헤브라이 백성들의 출애굽에 대해 이렇다 할 언급이 없다. 그렇다면 당시 이집트인들에게 헤브라이 백성의 출애굽은 소수민족 혹은 노예계층에서 일으킨 사소한 사건이었을 가능성도 배제할 수 없다.

해양민족들의 침입:
(BC1207년, BC1177 ~ 1171년)

이집트가 전성기를 구가하던 람세스 2세 때에, 어느 누구도 예측하지 못했던 민족이동이 마치 거대한 회오리처럼 서쪽에서 동부 지중해 세계를 향해 다가오고 있었다.

그 전조는 이미 세티 1세 때부터 나타났다. 세티 1세는 리비아 국경에서 종족들간의 충돌이 격증하면서 그들과 전쟁을 해야 했고, 람세스 2세는 재위 2년 만에 레반트 지역을 배회하면서 노략질을 일삼던 샤르다나 해적의 무리를 사로잡아 이집트 군대의 용병으로 사용했다. 람세스 2세는 리비아 지역에서도 전투를 벌여 많은 리비아인들을 포로로 잡아, 바로 이들을 앞세워 이집트 서부 사막의 방어 능력을 상당한 수준으로 올려 놓았다.

그러나 람세스 2세의 아들이며 후계자인 메렌푸타의 재위 5년(BC1207년)에 이르자 이민족들의 위협은 이집트의 안전을 해칠 정도가 되었다. 리비아인들이 메슈웨슈족, 베르베르족, 발칸과 소아시아에서 온 종족으로 추측되는 5개의 해양민족들과 함께 이집트의 방어망을 뚫고 나일강의 델타 서북 모퉁이까지 쳐들어왔던 것이다. 게다가 그들의 침략은 단순한 군사적 침입이 아니었다. 그들은 살던 땅에 가뭄이 계속되자, 가족과 가축을 거느린 채 그 땅을 떠나, 비옥한 땅을 찾아 정착하기 위해 이집트로 쳐들어온 것이다.

메렌푸타의 군대는 많은 희생을 치른 끝에 그들을 몰아냈다. 이때 메렌푸타는 리비아

나일강 하구로 쳐들어왔다가 이집트군에게 격파당하는 해양민족들

군 1만 3,000명의 음경을 잘라 기념품으로 가져왔다는 이야기가 전해오기도 한다. 그러나 이런 대승리에도 불구하고 이집트는 국력을 많이 소모하여 약 50년 동안 사회적으로 불안한 상태에 빠졌다.

그러다가 람세스 3세의 통치 때에 이집트는 또다시 리비아인들의 침입을 격퇴시켜야 했다. 기원전 1177년과 기원전 1171년 사이에 가족과 가축 및 모든 소유물을 이끌고 리비아인들이 필사적으로 침입해 들어왔던 것이다. 그뿐만 아니라 기원전 1174년에는 바다로부터 쳐들어오는 해양민족 함대를 나일강 삼각주 동북단에서 쳐부수어야 했다. 이 해양 민족들은 에게해의 도서지역을 작전기지로 삼아, 해로와 육로로 동시에 소아시아와 시리아를 지나면서 히타이트 제국을 전복시켰으며, 아르자와 코디(길리키아 동부), 알라쉬야(키프로스), 유프라테스강 서쪽 만곡부의 카르케미슈도 파괴했다.

이집트는 이들과 싸워 당당한 승리를 거두었다. 그렇지만 당시 이집트가 영유하고 있던 서아시아 쪽의 땅에 이들이 해안선을 따라 점차 정착하는 것을 막을 수가 없었다. 그리고 힘겨운 전쟁이 계속되면서 이집트의 힘도 쇠잔해짐에 따라 서아시아 쪽 영토를 해양민족들에게 넘겨주었으며, 뒤이어 누비아와 수단의 영토도 포기하더니 종국에는 이집트 자체도 상·하로 다시 갈라지고 말았다.

해양민족의 이동과 침입에 관한 유일한 기록은 메디넷 하부에 위치한 람세스 3세의 장례 사원 벽에 새겨진, 다소 과장된 언어묘사들과 선명하지 않은 부조들뿐인데, 그런 대로 당시의 전황을 소상히 알려주고 있다. 이에 따

룩소르의 마디나 하부 사원에 있는 람세스
3세가 리비아인을 쳐부수는 장면

르면 북쪽의 해양민족들은 서로가 연맹을 형성해, 아나톨리아와 시리아 그리고 팔레스타인 등 큰 나라들과 대항했는데, 그들은 종전의 산발적인 습격 대신에 연합 전선을 형성해 대규모의 침입과 정복을 시도했다. 그들의 대대적인 침입으로 여러 나라가 사라지고 혹은 영토가 잘려나갔다. 주민들은 난민이 되고 경작지는 황폐해졌다.

그렇지만 이집트만큼은 이들을 맞아 완벽한 승리를 거두었다. 이집트에는 제20왕조의 가장 유능한 왕이자 최후의 위대한 파라오로 기억되는 람세스 3세가 있었던 것이다. 이집트군은 그들의 5배 정도나 되는 적과 싸워야 했다. 그러나 람세스 3세는 나일강 하구에 팽팽하게 돛을 펴놓은 채 배들을 포진시켜 놓고서, 바다에서 쳐들어오는 적들을 한 곳으로 유인한 다음 집중적으로 공격을 가해 일거에 전멸시켜버렸다.

람세스 3세는 이 전투의 승리를 위해 철저한 준비를 했었다. 전통적으로 이집트는 나일강 운항을 위해 다양한 배들을 이용했지만 해군과 전함은 그다지 강력하지 못했다. 람세스 3세는 침입자와 맞서기 위해 군함뿐만 아니라 무역업에 종사하던 상선까지 동원해 해군을 강화했다.

급히 만들기는 했지만 배 앞에는 '야생의 투우'라고 불리는 사자머리가 적을 삼킬 듯한 모습을 하고 달려 있었다. 전함에서 가장 중요한 역할을 맡은 전투원은 바로 투석수였다. 그들은 칼로만 무장한 적에게 이집트 궁수들이 활시위를 당기는 동안 투석을 하여 적함의 돛을 쓰러뜨리도록 했다.

람세스 3세는 이렇게 강화된 함대들을 나일강 하구에 '선박으로 된 장벽'처럼 배치했다. 그중에는 60m가 넘는 것도 있었다. 침입자들에게 갤리선과 작은 배들이 빽빽하게 섞여 있는, 전함들의 벽은 도저히 통과할 수 없는 장

애물이었다. 거기다가 이집트 해군은 육군의 엄호를 받고 있었다. 이런 강력한 방어망 속에서 침입자들은 수없이 죽임을 당하거나 포로로 잡혔다. 람세스 3세는 한편으로 팔레스타인을 통해 육상으로 쳐들어오는 적을 궤멸시켜 버렸다. 전차부대와 막강한 화기와 무기로 전력을 보강한 보병으로 장벽을 만든 다음 적의 배후를 급습했던 것이다.

이집트의 흥망과 존폐 여부가 걸린 이 전쟁에서 파라오 람세스 3세는 이집트의 신 아몬 라의 가호를 믿고 선두에 서서 적을 쳐부수었다. 이집트의 기록대로라면 무적의 이 약탈자들은 무법적인 노략질을 하며 계속 행진해 오다가 이집트군과의 한판의 싸움으로 산산이 깨진 것으로 되어 있다.

많은 학자들은 이 시기 중근동지역으로의 대민족이동은 기후변화에 기인한 가뭄과 역병의 만연 때문에 일어난 것으로 말하고 있다. 생계의 필수품이었던 곡물수급이 원활하지 않게 되면서 그때까지 행해지던 국가간의 무역은 불가능하게 되었고, 무역활동은 해적질로 바뀌게 된 것이다. 해적질은 상대방의 보복을 유발시켰고, 결국은 제왕諸王들과 무사 지배층인 메리안누들이 앞장섬으로써 국가적 약탈과 정복행위로 발전하게 되었던 것이다.

그리하여 중근동지역은 끓는 냄비와 같이 되어 기존의 많은 국가들이 한순간에 사라지고, 그 땅에 전사부대들이 세운 새로운 나라나 식민지가 생겨나면서 중근동의 지도는 다시 많은 변화를 겪었다. 그래도 이집트는 항상 건재해 있었다.

리비아인 군주, 소센크 1세:
(BC945 ~ 924년 재위)

리비아인들은 세 번이나 이집트를 무력으로 침입하여 그 땅을 차지하려 했으나 실패했다. 그러나 그후, 이들은 점차 이집트에 평화롭게 들어와 정착하게 되었고, 나중에는 이집트 군사조직에 한 계층을 이루었다. 그리고 그들 중의 일부는 사제들의 묵인하에 이집트의 지배계급으로까지 출세하고, 마침내는 파라오까지 되었다.

카르나크에서 발견된 소센크 1세의 조각상

리비아인으로서 최초로 파라오가 된 자는 소센크 1세였다. 기원전 10세기쯤, 부바스티스에 리비아 혈통의 한 가문이 제21왕조의 타니스 왕들의 총애를 받았다. 그러다 이 왕조의 마지막 왕이 혈통을 남기지 않고 죽자 리비아 출신의 한 장군이 왕위를 이어받았다. 그가 바로 소센크 1세였다.

소센크 1세는 기원전 925년에 유대 왕국을 침입하여 이집트의 위력을 과시한 파라오였다. 성경의 역대기하 12장 2~9절에는 이때 솔로몬

성전과 유대 왕궁이 크게 약탈당했다는 기록이 남아 있다. 소센크 1세는 유대에서 가져온 재물로 카르나크의 아몬 신전을 증축했다.

또한 그는 비블로스와 다시 접촉해 무역이 재개될 수 있도록 시도했다. 그뿐만 아니라 이집트에 황금과 훌륭한 전사를 제공해주던 누비아를 다시 점령하기 위해 원정대를 파견하기도 했다. 그러나 소센크의 계승자들은 선대의 업적에 힘입어 왕권을 근근히 유지하다가, 왕족간의 불화와 민중봉기로 끝내 쓰러지고 말았다.

그들은 사제계층의 지지로 왕조를 이루었기에 그들이 지배하던 영토의 주요 중심도시였던 테베, 멤피스, 타니스, 부바스티스 등의 신전에는 자치를 부여했고, 신전의 운영을 위해 필요한 자재와 수많은 금은보화를 기증하기도 했다.

파피루스 종이의 생산:
(BC800년)

영어 페이퍼paper의 어원이 바로 파피루스이다. 파피루스의 원료는 나일강의 델타 지대와 상류 습지대에서 자라는 사이프러스 파피루스Cyperus Papyrus(紙草) 풀인데, 보통 2m 정도의 높이나 큰 것은 4~5m에 이르는 갈대의 일종이다. 파피루스 풀은 나일강의 홍수와 계절적으로 다른 수위의 변화에 잘 적응하면서 성장하는 식물이었다. 그러나 오늘날은 이집트 남부 아스완 부근에 2개의 댐이 건설되어, 홍수가 조절되자 천연의 파피루스 풀은 이집트에서 완전히 모습을 감춘 채, 지금은 이집트 남쪽 국경을 넘어선 나일강 상류 지역에만 자라고 있다.

고대에는 파피루스 풀이 나일강 유역이라면 어느 곳에서든 무성하게 자랐기 때문에 종이의 원료로 가장 적합했다. 특히 북부 나일강 삼각주 지대에서는 이 지역과 국가를 상징하는 식물이기도 했다. 그뿐만 아니라 파피루스 풀은 고대 이집트인의 생활과 매우 밀착되어 있었다. 파피루스의 줄기는 묶어서 배를 만들었고 껍질은 돛이 되었으며, 혹은 땔감이 되기도 했다. 그리고 고갱이로는 샌달이나 바구니, 노끈 등을 만들었다. 지금도 나일강 상류에서는 파피루스를 묶어 만든 작은 배가 쓰인다. 목재가 귀했던 이집트에서는 파

1. 파피루스 줄기를 잘라 운반한다.
2. 각 줄기를 약 30cm 길이로 자른 후, 줄기를 세로로 얇게 자른다.
3. 긴 테이프처럼 잘린 파피루스 줄기를 물에 담가 수분을 유지하면서 하나씩 나란히 옆으로 붙여놓아 사각형으로 만들고, 그 위에 직각 방향으로 또 다른 한 겹을 펴놓는다. 딱딱한 받침 위에 올려놓고 나무 망치로 두들긴 다음에 돌이나 압축기로 눌러놓는다.

4. 나무 줄기에서 나오는 끈적한 진액으로 서로 붙도록 한 후 말려 종이로 사용한다.
5. 이런 식으로 만들어진 조각을 옆으로 연결하여 긴 두루마리로 만들어 사용했다.

피루스가 그 대용으로서 역할을 톡톡히 했던 것이다.

파피루스 종이의 생산은 로마의 박물학자 플리니우스가 그의 박물지에 기록하고 있다. 그의 말에 따르면 이집트인들은 파피루스의 줄기를 짧게 잘라 껍질을 벗긴 다음 고갱이를 세로로 얇게 깎았다. 그런 다음 나일강의 흙탕물에 담갔다가 대臺 위에 올려놓고 천으로 덮은 채, 나무망치로 두드리고 말려서 종이를 만들어내었다. 나일강의 흙탕물에 포함된 끈끈한 성분이 끊어진 줄기를 이어주는 접착제 역할을 했던 것이다.

고갱이의 중심부에 있는 것이 가장 질이 좋은 종이로, 그것들은 종교관련된 서적으로 이용되었고, 갓껍질에 가까운 부분은 책의 표지나 상품의 포장지로 쓰였다. 종이는 몇 장씩 여러 두루마리로 만들어졌는데, 긴 것은 40m나 되었다. 파피루스 종이는 가볍고 둘둘 말 수 있다는 편리함 때문에 필기 용으로 각지에 퍼졌다. 파피루스를 쓰기 전에는 돌로 된 신전벽이나 기둥에 상형문자(히에로글리프)를 새겼는데, 파피루스 종이가 탄생하면서 상형문자를

고대 이집트 벽화에 그려진 파피루스 갈대

간단하고 쓰기 쉽게 고친 신관 문자(히에라틱)와 민중문자(데모틱)가 생겨났다.

파피루스 종이에 문자를 쓸 때는 갈대 줄기 끝을 깎은 펜을 썼으며, 잉크는 해면(갯솜)으로 닦아 지웠다. 그래서 문자를 쓸 수 있는 특권계급의 서기는 항상 갈대펜 과 잉크 항아리가 달린 팔레트를 가지고 다녔다.

파피루스 종이는 고대 이집트의 특산품이 되어 페니키아와 지중해 여러 나라에 수출되었다. 그리고 그 제조와 판매는 국가의 독점사업으로, 개인이 만드는 일이 금지되었을 뿐만 아니라, 고대 이집트 정부는 제조방법을 비밀로 하고 그것에 관한 어떤 기록도 남기지 않았다고 한다.

이 파피루스 종이가 그리스에 전해진 것은 기원전 7세기경이었다. 페니키아인들이 이집트에서 파피루스 종이를 수입해 그리스에 수출했던 것이다. 그리스인들은 파피루스 종이가 페니키아의 비브로스항에서 수입되었다고 해서 '비브로스'라고 불렀다. 또한 그리스인들은 '비브로스'를 책이 란 뜻으로도 썼다. 그것이 뒤에 '바이블Bible'이나 '비블리오그라피Biblography(서지학, 참고문헌)'의 어원이 되었다. 그리고 파피루스 종이가 로마에 전해진 것은 기원전 3세기경이었다.

찢어지기 쉽고 값이 비싼 파피루스 종이를 대신한 것이 무두질한 가죽이다. 양, 산양, 소의 가죽을 가공한 것으로 흔히 말하는 양피지이다. 이것은 파피루스와 달리 튼튼하고 접기가 쉬워 지금과 같은 책 모양이 되었으므로 파피루스와 함께 쓰였다.

그러나 중국에서 종이가 발명되고, 그 제조방법이 8세기경 아랍세계에 전해지면서 파피루스 종이는 역사의 유물이나 기념품이 되고 말았다.

흑인 파라오 피예와 샤바코:

피예(BC747~716년 재위)
샤바코(BC716~702년 재위)

소센크 1세에 의해 시작된 제22왕조는 말기가 되자, 타니스와 부바스티스의 군주들과 테베를 지배하고 있던 친척들 사이에 분쟁이 일어났다. 이때 테베의 왕족들은 이집트 전국을 휩쓸고 있던 무정부 상태를 끝내기 위해 쿠시의 왕들을 불러들였다. 제20왕조 말부터 누비아의 북부지역은 쿠시에 포함되어 있었는데, 이집트로부터 독립해 제4폭포 근처 나파타 왕들의 통치를 받고 있었다. 쿠시 왕국은 고대 이집트인들이 '에티오피아인의 왕국'이라고 불렀으며, 얼굴이 태양에 검게 탄 흑인들의 나라였다.

쿠시 왕 피예는 파라오를 존경하는 신관이자 왕이었다. 그의 왕국은 비록 작았지만 백성들의 단결력은 대단했다. 국가의 경제는 튼튼했고, 군대는 잘 훈련된데다 뛰어난 조직력을 갖추고 있었다. 그리고 그들은 아몬 신을 섬겼다. 쿠시 왕국이 신성한 산으로 여기던 게발 바르칼 아래에 아몬 신전이 있었다. 아몬 신전은 가장 고전적인 형태로 건설되었고, 상형문자가 쓰인 비문과 신전 벽면의 장면들은 전통적인 고대 신전 의식을 그대로 본뜬 것들이었다. 그러니까 세월이 흘렀어도 당시의 이집트보다 더 정통적으로 고대 이집트 신앙을 고집하는 국가였다. 그래서 쿠시 왕 피예가 질서 회복과 정통 신

포로가 된 누비아 부족들

앙으로의 회귀를 내걸고, 상이집트를 정복하기 위해 나파타에서 진군해 왔을 때 어떤 저항도 받지 않았으며, 테베에서는 오펫의 축제기간 동안 오히려 열광적인 환영을 받을 정도였다.

한편 하이집트에서는 사이스의 헤르모폴리스 군주 테후나크트가 나일 삼각주에 흩어져 있던 여러 제후들을 종속시켜 연방으로 만든 뒤에, 중부 이집트로 출격하려고 제법 강력한 군대를 결성했다. 하지만 그의 군대는 남진하다가 마침 테베에서 북진해오던 피예의 군대와 충돌하면서 대패를 당하고 말았다.

이때 대승을 거둔 피예의 군대는 북진을 계속해, 헤라클레오폴리스에서 테후나크트의 주력군과 육상과 해상에서 대접전을 벌였다. 테후나크트는 전세가 불리해지자 헤르모폴리스로 도주했다. 피예는 헤르모폴리스 서쪽에 둔을 치고 포위 공격을 시작했다. 흙을 돋우어 토산土山을 쌓고, 나무로 세운 탑에서 궁수들이 성벽을 지키는 적병들을 향해 화살을 쏘아댔다. 피예의 맹렬한 공격 앞에 헤르모폴리스가 무너지자, 테후나크트는 마침내 항복하면서 정규적으로 조공을 바칠 것을 약속했다.

피예는 하이집트의 소군주들을 차례로 굴복시켜가면서, 하이집트의 최대도시 멤피스에 도착했다. 멤피스는 성을 지키기에 충분한 무기와 식량을 확보하고 있었다. 그리고 피예에게 항복했던 테후나크트가 8,000명의 정예병을 직접 거느리고 멤피스 성 안에서 재기를 꾀하고 있었다. 그 때문에 멤피

스에 대한 포위 공격은 많은 희생을 요구했다. 피예는 지형을 이용해 멤피스를 공격했다. 나일강이 만조가 되면 멤피스 북쪽 강의 수위가 성벽까지 올라가는 것을 이용했던 것이다. 피예는 멤피스 포구를 점령하고서, 병사들에게 강변 가옥의 벽에 동앗줄로 매달려 있는 선박들을 빼앗아올 것을 명령했다. 병사들이 선박들을 탈취해오자, 그는 멤피스 성벽에다 선박들을 바짝 붙여 집결시켜 일종의 거대한 층계를 만든 뒤에 병사들로 하여금 그 층계를 타고 성 안으로 들어가 적을 쳐부수게 했다. 갑작스런 기습에 멤피스군은 저항다운 저항 한번 못하고 피예의 군대에게 항복하고 말았다.

고대 이집트 종교에 심취해 있던 피예는 이집트의 어느 도시를 점령하든 간에 신전에 가서 꼭 경배를 드렸다. 그런 그가 멤피스 가까이에 있는, 이집트의 주신이 모셔져 있는 고대 헬리오폴리스 신전에 대한 경배를 빠트릴 리 없었다. 그는 그곳에서 장엄하고 성스러운 종교의식을 행하고 큰 잔치를 벌였다.

아트리비스의 야영지에 있던 흑인 군주 피예 앞에 하이집트의 제후들은 차례로 달려와 부복하고서 그의 봉신이 될 것을 맹세했다. 이렇게 하여 피예는 정식으로 이집트의 파라오가 되었다. 끝까지 저항하던 사이스의 왕 테후나크트도 남아 있는 모든 보물을 피예에게 바치고 나서, 그로부터 서부 델타 지역을 다스리는 왕위를 허락받았다.

상·하이집트를 정복한 피예는 그의 나라의 수도 나파타로 돌아갔다. 기원전 716년 피예가 죽자, 그의 계승자인 샤바코는 이집트를 재정복의 필요성을 느꼈고, 재위 2년째 되는 해에 원정을 감행해 피예처럼 성공을 거두었다. 이 과정에서 샤바코는 테후나크트의 계승자로서 쿠시 통치에 대한 저항세력의 중심을 이루었던 바켄레네프를 처형시켰다.

쿠시 왕들은 순수한 과거의 이집트 문화에 심취되어 있었기 때문에 한결같이 중왕국 및 신왕국 시대의 고전예술로의 복귀를 추구했다. 그들은 건축사업에 열성이었고, 특히 테베에서는 신왕국 초기의 수많은 기념물들을 복원시켰다. 오랫동안 그들은 내정에 깊이 간섭했지만 쿠시의 지배를 받는 동안 이집트가 하나로 통일된 적은 없었다.

아시리아의 침입과 이집트 지배:
(BC656년)

쿠시 왕들도 이전의 파라오들처럼 팔레스타인 진출에 관심을 가졌다. 그러나 이미 팔레스타인에 세력을 뻗치고 있던 아시리아의 신경을 건드리는 일이라 함부로 경거망동할 수 없었다. 아시리아는 가공할 군사력을 지니고 있었던 것이다. 그래서 처음에는 아시리아와 긴장된 외교관계를 유지하는 선에서 조심스럽게 움직였다.

이런 상황 속에서 유대의 히스기야 왕이 기원전 701년에 아시리아의 지배에 반기를 들면서 이집트의 쿠시 왕 샤바트카에게 지원을 청했다. 그러자 샤바트카는 아시리아를 꺾을 절호의 기회로 생각하고, 그의 후계자 타하르카와 함께 팔레스타인으로 출동했다. 그는 타하르카를 후미에 배치하고서 유대의 해안평야 엘테카에서 아시리아군과 처음으로 마주쳤다. 그렇지만 잘못된 판단과 전술로 인해, 아시리아군에게 호되게 당하고 난 뒤에 이집트로 후퇴해야만 했다.

하지만 이 싸움에서 아시리아군에 적지 않은 타격을 줌으로써, 아시리아 지배를 혐오하던 팔레스타인 지역의 군주들에게 전처럼 이집트의 영향력을 다시 미칠 수 있었다. 쿠시 왕은 아시리아와 정면 충돌을 피한 채, 아시리

아시리아의 이집트 성채 공략 모습

아에 저항하는 세력을 배후에서 지원했던 것이다. 그러나 이런 쿠시 왕의 정책은 아시리아가 이집트를 침입하는 빌미가 되었다.

기원전 674년 아시리아는 쿠시왕 타하르카 통치하에 있던 이집트를 침입하려다 실패했다. 그러나 3년 뒤인 기원전 671년에 아시리아의 에사르핫돈 왕이 친히 군사를 이끌고 출정하여, 먼저 팔레스타인에서의 반항 세력을 철저하게 굴복시킨 뒤에 이집트의 동부 델타지역을 휩쓸고, 곧이어 멤피스까지 점령해버렸다. 아시리아의 공세에 밀린 타하르카는 누비아로 도주하는 수밖에 달리 방법이 없었다. 그런데 에사르핫돈은 이집트를 직접 통치하기에는 아시리아에서 너무 멀다고 생각하여, 델타 지역의 소군주들이 아시리아에 충성을 바치고, 또 쿠시 왕이 팔레스타인에 대한 영향력을 행사하지 않는다면 그것으로 만족하려 했다.

그러나 에사르핫돈이 기원전 669년에 사망하고, 아수르바니팔이 왕위에 오르면서 상황이 달라졌다. 쿠시 왕 타하르카가 다시 이집트로 돌아와 나일 계곡을 지배하고, 멤피스까지 수중에 넣었던 것이다. 아시리아의 새 군주, 위대한 정복자 아수르바니팔 왕이 이런 타하르카의 도전을 용인할 리가 없었다. 그는 기원전 667년에 아시리아군을 다시 이집트로 보내 멤피스를 탈환하고, 쿠시 왕을 지지하던 소군주들을 모두 처형해버렸다. 이때 아수르 바니팔 왕은 제26왕조의 모태가 될, 사이스의 소군주 네코를 멤피스의 새로운 지배자로 세웠다.

멤피스를 빼앗긴 타하르카는 쿠시 왕국의 본래 수도였던 나파타로 철수해, 그곳에서 기원전 664년에 사망하고 만다. 그러나 그를 계승한 탄타마니가 곧 군대를 모아 다시 멤피스로 진격함으로써, 아시리아와 쿠시의 이집트

쟁탈전이 계속 이어졌다. 탄타마니는 아시리아의 지배를 지지하던 사이스의 네코를 포함한, 델타의 소군주 연합군을 쳐부수고 다시 이집트를 장악하려고 했다. 그러나 이것을 아시리아가 가만둘 리 없었다. 막강한 아시리아군은 재빨리 이집트 북부를 석권하고, 기원전 656년에는 오히려 남부의 테베까지 차지해버렸다.

탄타마니는 결국 자신의 영토인 쿠시로 돌아갈 수밖에 없었다. 이로써 쿠시 왕들의 이집트에 대한 지배도 끝이 난다. 그렇지만 아시리아의 이집트 지배도 그리 오래 가지 못했다. 사이스 조의 프삼테크 1세(BC664~610년 재위)가 은밀하게 세력을 확장해가고 있을 때 그들은 서서히 무너져 갔던 것이다.

프삼테크 1세는 용감하고 지혜로우면서도 외교적이었는데, 다른 한편 세력 확장을 위해서는 수단과 방법을 가리지 않는 잔혹한 성격의 인물이었다. 그는 아시리아가 쇠약해진 틈을 이용해 그의 탁월한 능력을 발휘하여 전 이집트를 장악하기에 이르렀고, 그의 아들 네코 2세(BC610~595년 재위)로 하여금 새롭게 고대 이집트의 르네상스 시대를 재연출할 수 있게 해 주었다.

상인 왕조, 사이스 조:
(BC672 ~ 525년)

제26왕조는 나일 삼각주의 오랜 종교 도시 사이스에서 생겨났기에 사이스 조라고 부른다. 그리고 사이스인은 억압자의 굴레에서 해방되어 이집트의 주권을 되찾고자 하는 사람을 뜻했다.

사이스의 제후 프삼테크 1세는 아시리아가 이집트를 지배할 때에 그들에게 복종할 것을 맹세한 12명의 제후 중 한 사람이었다. 이 12명의 제후들은 아시리아의 의심을 사지 않으려고 극도로 행동을 조심해야 했다. 어느 때보다 정정이 불안하고 혼란스러운 시기였기 때문이다.

그런 어느 날, 12명의 제후들이 프타 신전에 헌주獻酒를 하게 되었는데, 신관이 그들에게 술잔을 갖다주면서 실수로 11개 밖에 준비하지 못한 일이 벌어졌다. 그때에 프삼테크 1세가 아무 생각 없이 자신의 청동 투구를 벗어 그것으로 술잔을 대신해 사용했다.

순간, 다른 제후들은 깜짝 놀라고 말았다. 이집트의 왕좌에 오를 자는 프타 신전에 청동 술잔으로 헌주를 행하게 될 것이라는 예언이 있었기 때문이다. 그러니까 이것은 아시리아 입장에서는 중대한 반역 행위에 해당되었다. 많은 제후들이 프삼테크 1세에게 나일 삼각주의 늪지대로 피신할 것을 권했다.

그도 처음에는 당황했다. 자신의 의사와 상관없이 벌어지고 있는 일이 이해가 안되었던 것이다. 그러나 신의 뜻은 실행되고 있었다.

청동 갑옷을 입은 사람들이 그 앞에 나타나면 그의 시대가 개막되리라는 신의 예언대로, 이오니아와 카리아의 용병들이 청동 갑옷으로 무장하고서 이집트를 해방시키려는 프삼테크 1세의 군대에 참여한 것이다. 용감하고 지혜로운 전략가 프삼테크 1세는 아슈르바니팔의 죽음과 함께 내부 혼란이 일어나, 급속히 약화된 아시리아 점령군을 마침내 쳐부수는 데 성공했다.

한편 서아시아는 극도의 혼란 속으로 빠져들면서 아시리아의 수도 니네베가 적군에게 짓밟히고, 끝내는 아시리아를 대신하여 신 바빌로니아가 등장하게 되었다.

그런 와중에서 프삼테크 1세는 전 이집트를 차츰 장악하여, 기원전 656년에 이집트의 왕 파라오로 인정되었고, 그의 딸 니토크리스는 아몬 신의 미래의 처로 선포되었다. 아직 아시리아가 존재하던 때였지만 혼란 속에 빠져 있던 터라 어떻게 조치를 취할 방도가 없었다.

프삼테크 1세는 기원전 639년에 이르자 오랜 기간 이집트를 지배했던 외세의 멍에들을 완전히 벗어버렸다. 그는 중왕국과 신왕국의 수도였던 테베를 지키기 위해 에드푸와 헤라클레오폴리스에 많은 수의 병력을 가진 군대를 배치했다. 그리고 이오니아와 카리아, 리디아 출신의 용병들을 고용해 군사계급의 세력 신장을 억제했다.

한편으로는 페니키아인을 주축으로 강력한 함대를 만들어 해군을 키우고 국제 무역에 참여했으며, 델타 지역의 다프네와 나우크라티스에 밀레시아인들(아일랜드의 전설적인 조상)을 위한 공장들을 만들었다. 여기서 이집트 산 곡물과 양털이 최초로 수출되었으며, 이것이 발전을 거듭해 프톨레마이오스 조 때에는 곡물과 양털 수출이 대규모로 이루어지게 되었다.

사이스 조의 이집트는 신왕국 때와 비교할 수는 없지만, 그래도 이집트인의 위대함과 번영을 어느 정도 회복했다. 도시의 인구는 다시 증가했고, 부의 관리가 제대로 이루어지고 유지되었으며, 국가의 기능은 원상 복구되어 부의 조정자로서의 역할을 수행할 수 있었다.

정치가 안정되면서 생활 수준도 향상되었다. 다른 무엇보다 나일강의 수량이 증가하면서 수확 또한 풍성해져, 이집트인들은 모두 먹고사는 데 부족함이 없게 되었다. 다시금 건설사업이 시작되었고, 많은 신전들이 복원되었다.

그리고 국가가 통제하는 공경제 개념에서 벗어나거나, 그것에 영향을 끼칠 정도로 과도하게 부를 축적한 개인은 파라오의 명령에 따라 재산을 신전에 헌납해야 했다. 이런 경우에 헌납자는 마음에 드는 신전을 택해 헌납할 수 있었다.

사이스 조는 고왕국의 행정체계를 본받아 파라오 곁에는 세습제가 아닌, 능력에 기반을 둔 '비밀의 수장들'과 행정각료들이 보좌했고, 경제 번영을 위해 무엇보다 중요한 나일강의 항해와 안전을 책임지는 '선박 및 운항책임자'가 있었다. 파라오는 국가산업의 진흥을 위해 농부들과 장인들의 활동을 지원했고, 그 지원책의 하나로 과중한 세금을 일부 면제해주는 특별 조치를 취하곤 했다.

고대 이집트 시대 말기에는 과거의 문물과 제도에 대한 집착이 매우 강했다. 특히 사이스 조는 과거의 모든 것을 이상적인 모범으로 생각하여 철저하게 모방하려 했다. 그리하여 그들은 거의 2,000년이 지난 〈피라미드 문서〉에 경의를 표했고, 장인들은 고왕국 시대의 석실분묘의 특징을 그대로 모방했다. 이처럼 전통을 중시하는 건축술과 예술은 나름대로 호소력이 있었다. 그런 기법 중에서도 딱딱한 돌로 비명碑銘을 다듬은 솜씨는 나무랄 데 없었다. 그러나 모든 예술이 그러하듯이 형식을 내용보다 더 중요시하게 되면 타성에 빠져 기본이 되는 것을 추상화시켜버리는 경향이 있다. 거기다가 과거에 대한 집착은 쇠퇴기에 접어든 사회가 과거의 영광을 회복하려는 몸부림에 지나지 않고, 그것은 말기시대를 증명하는 하나의 증거이기도 했다.

한편 그리스인들은 이집트에서 아시리아가 추방되고, 사이스 조가 시작되는 데에 결정적인 역할을 했다. 이로 인해 사이스 조의 파라오들은 그리스인들에게 여러 가지 특권을 허용했으며, 육군과 해군의 고위직을 차지하고 있던 그들과 때론 타협을 해야 했다.

그리스인들은 나일 삼각주 안에 나우크라티스라는 도시를 세우고, 그 안에서 자기네 언어를 사용하면서 모여 살았다. 이 도시는 그야말로 그리스인들의 무역을 위해 존재한다고 해도 과언이 아니었다. 그러나 이때까지만 해도 이집트인들은 그리스인들을 대체로 유치하고 미개하며, 대단한 속물들이라고 여겼다. 그것은 '돈'때문이었다. 오랜 세월 동안 이집트인들은 손으로 만질 수 있고 눈으로 볼 수 있는 재화나 '돈'과는 거리가 먼 경제 생활을 해왔다. 그들은 눈에 보이지 않는, 추상적인 가치에 따라 현물을 바꾸어 쓰는 '물물교환'을 주로 해왔던 것이다. 그런 이집트인들에게 그리스인들은 화폐에 대한 개념을 주입시켜주었다. 어떻든 당시 이집트인들에게 비친 그리스인들은 물질만을 추구하는 모리배들 같았다.

이와 같이 토착 이집트인들은 그리스인들을 폄하하고 혐오감을 갖고 있었는데, 사이스 조가 그리스인들에 대해 특혜조치를 베풀자 반감을 가질 수밖에 없었다. 그것은 그뒤 페르시아 제국이 이집트를 침입했을 때, 이집트인들이 사이스 조에 등을 돌리는 주원인으로 작용했으며, 페르시아인들은 별다른 저항을 받지 않고도 이집트를 손아귀에 넣을 수 있었다.

페르시아의 캄비세스 2세,
이집트를 정복하다:
(BC525년)

이집트의 지배를 받던 키프로스가 페르시아에 점령된 것은 기원전 545년이었다. 바로 전 해에는 이집트의 동맹국이었던 리디아가 페르시아에 의해 정복되었고, 그뒤 기원전 538년에는 바빌론마저 페르시아에 의해 점령되었다. 페르시아가 새로운 정복자로서 세계 무대에 등장한 것이다.

그러나 페르시아가 내정문제로 인해 정복의 손길을 잠시 늦추고 있는 동안에, 이집트의 파라오였던 아마시스 왕은 그리스의 도시국가들과 연대해 페르시아에 대항하려 했다. 그러나 기원전 526년, 아마시스가 죽은 지 불과 몇 달도 지나지 않아, 이집트 군대는 페루시움에서 페르시아 군대와 조우해 크게 패하고 말았다. 그리고 새 파라오 프삼테크 3세는 페르시아의 대왕 캄비세스에 의해 반기를 들고 대적했다는 이유로 처형되었다.

왕중왕 캄비세스는 이전의 이집트 침입자들과는 다르게 유능한 총독을 파견해 이집트를 직접 지배했다. 위대했던 파라오 제국을 페르시아의 한 속주로 전락시켜버린 것이다. 그 후 페르시아의 지배는 비교적 관용적이었다. 그러나 과거의 찬란했던 문명과 역사시대에 대한 자존심으로 꽉 차 있던 이집트인들은 줄기차게 페르시아 통치에 저항했다.

페르시아 왕들의 잇단 암살과 사망, 아테네와의 마라톤 전투에서의 패배 등을 계기로 델타 지역에서는 끊임없이 반 페르시아 봉기가 일어났다. 그때마다 무자비하게 진압되고 말았지만, 외세의 강점強占에 대한 저항의식은 꺾이지 않았다. 이런 정치적 불안정 속에

페르시아 군의 모습

서 건축, 조각, 문학은 흥성했으며, 그리스의 역사가 헤르도토스가 이집트를 방문한 것도 바로 이즈음이다. 그러다 120여 년이 지난 기원전 404년에 이르러서야 이집트는 그리스인들의 도움을 받아, 사이스 조 출신의 아미르타에우스에 의해 불안정하나마 독립을 쟁취할 수 있었다. 그리고 제29왕조(BC399~378년) 시대에는 페르시아와 그리스 간의 팽팽한 세력균형에 힘입어 다시 국제 무대에 복귀했다.

제30왕조(BC378~341년)에 들어와서도 페르시아의 위협이 계속되기는 했으나 이집트는 줄곧 번영을 누렸다. 그러다 테오스 때에 페르시아와의 전쟁을 이유로 군비를 마련한다며 무리하게 세금을 거두어들이다 도처에서 반란이 일어나게 되었다. 이 반란으로 테오스가 쫓겨나자, 시리아 출정 중에 있던 테오스와 같은 가문 출신의 넥타네보 2세가 급거 귀국해 반란을 진압한 후에 지방 토후들의 지지 속에 파라오가 되었다. 이때가 기원전 358년으로 넥타네보 2세는 이렇게 고대 이집트의 마지막 토착인 파라오가 되었다.

넥타네보 2세는 그리스에 대한 다양한 정책을 폄으로써 국가의 안정과 평화를 누리고, 번영된 경제를 유지할 수 있었다. 그는 이런 안정과 번영을 바탕으로 멤피스, 아비도스, 카르나크, 에드푸, 필레 등에 대신전을 세우거나 복구했다. 특히 필레 섬의 이시스 신전은 찬탄할 만했고, 후일 기독교가 위세

를 떨칠 때 마지막까지 기독교에 저항했던 고대 이집트 종교의 최후의 신전이었다. 또한 그의 해군은 처음으로 홍해에서 아프라카 남단, 오늘날의 희망봉에 이르는 머나먼 여행을 시도했다. 외국의 여러 나라들과 교역을 해온 이집트는 지중해와 홍해를 잇는 고대의 수에즈 운하 굴착을 시도하기도 했다. 그 계획은 중왕국의 세누스레트 왕들 때부터 시작된 것으로, 오늘날의 수에즈 운하는 바로 이러한 고대 이집트 시대의 운하에서 영감을 얻은 것이었다.

그러나 이와 같은 번영은 이집트를 결코 포기하지 않으려는 페르시아에 의해 흔들렸다. 기원전 351년 페르시아의 아르탁세렉스 3세가 다시 침입하자, 넥타네보 2세는 주변국에게 대 페르시아 전쟁을 획책하는 한편, 그리스 용병의 도움을 받아 페르시아군을 물리칠 수 있었다. 하지만 아르탁세렉스 3세는 거기서 물러나지 않았다. 기원전 343~342년 겨울, 그는 30만 대군과 300척의 함대를 다시 이집트로 보냈다. 그것은 이집트군의 3배에 달하는 병력이었다. 페르시아 군은 바다와 육지를 통해 동시에 밀고 들어와, 나일 델타를 점령한 뒤에 곧 수도 멤피스까지 함락시켜버렸다.

넥타네보 2세는 남부의 내륙지방으로 쫓겨가면서 페르시아에 저항했지만 전세는 이미 기울어진 상태였다. 페르시아군의 남하가 계속되자 누비아로 도망친 넥타네보 2세는 그곳에서 생을 마감해야 했다. 이로써 이집트 전체는 다시 페르시아의 영토가 되었다.

그 뒤 그리스의 알렉산더 대왕이 페르시아의 다리우스 왕을 패배시킨 후 그리스 대제국을 세우자 이집트는 헬레니즘 세계의 일부로 편입되었다. 그 이후 2,000년이 넘는 기간 동안 이집트는 나세르가 군사 혁명을 성공시킬 때(1952년)까지 외부 세력의 지배를 받는다.

고대 이집트인들의
사랑과 남녀관계:
(BC500년 이전)

이집트인은 여러 다른 고대민족들과 마찬가지로 남녀간 사랑이나 애정을 비교적 솔직하게 그림과 글로 잘 나타냈다.

고대 무덤 속에서 발견되는 그림이나 조각 중에는 서로 기대고 서 있는 내외간의 모습이 꽤 많다. 그중에서 흔히 볼 수 있는 입상立像들은 대개 아내가 왼쪽에 서서 오른손으로 남편의 허리를 다정하게 감아 안은 채 '영원한 시간'을 함께 보내고 있는 모습이다. 이런 모양을 위해 조각가들은 일부러 아내의 오른팔을 길게 만들어놓았고, 두 사람의 발 밑에는 아이들이 올망졸망 붙어 있는 경우가 많다.

젊은 연인들의 사랑은 어떠했을까? 비록 많은 수는 아니지만 신왕국 시대의 〈사랑의 노래〉가 몇 편 전해오는데, 고대 벽화에서 볼 수 있는

꽃을 파라오 이크나톤에게 주는 네페르티티 여왕

것처럼 악사들의 비파와 양금에 맞춰 노래를 부르고 있는 모습이 여간 다정 스럽지 않다. 그리고 놀랍게도 고대 이집트의 연인들은 지금의 젊은이들처럼 서로를 오빠, 누이라고 불렀다.

〈처녀의 노래〉
오빠, 호수에서 헤엄칩시다.
물에 젖은 저를 보아주세요.
헤엄치면서 자 보아요. 여기 제가 고기를 잡았답니다.

하늘거리는 망사 옷을 걸친 처녀는 향유를 잔뜩 바른 채 아름답고 완벽한 몸매를 드러내고 있다. 그녀는 천천히 물 속으로 들어가 옷을 벗고 알몸으로 헤엄을 친다. 헤엄치는 동안 손가락 사이로 빠져나가는 물고기를 잡으며 장난을 친다.

여인은 사랑하는 남자에게 어서 자기에게 오라고 손짓한다. 또 연꽃과 파피루스 줄기로 남자의 몸을 감싼 채, 배를 타고서 한가하게 노를 저으며 연못을 떠다니고, 오리들과 장난을 치며 잘 익은 과일들을 맛있게 먹는다.

〈청년의 노래〉
누이가 저 건너 언덕기슭에 있으니 나는 악어의 눈총을 받으며 강물을 가로질러 그녀에게 가야하네.
가슴은 벅차게 뛰고 강물 속을 마치 평지 걷듯이 헤엄쳐가네.
누이의 사랑이 악어를 막아주리라.

청년은 사랑하는 여인의 매력이 주술과도 같은 마력으로 자신을 악어로부터 보호해줄 것으로 믿는다. 처녀의 집에 가까이 다가간 청년은 그녀 어머니의 감시의 눈을 피해, 심부름꾼을 시켜 사랑의 편지를 그녀에게 전한다. 그는 사랑하는 여인의 문지기가 되고, 그녀의 하인이 되겠다고 사랑의 고백을 한다. 그녀의 옷을 빨래하는 세탁부가 되고, 심지어는 누비아인 몸종과도 같이 그녀의 얼굴과 머리를 매만지고 싶어한다. 또 그는 사랑하는 여인의 반지가 되어 언제까지나 그녀의 살갗에 닿아 있고 싶어한다.

연꽃 향기를 맡고 있는 부부의 모습

올무로 물오리를 잡는, 사랑에 빠진 처녀가 노래한 시가 있다.

올무의 미끼인 벌레를 쪼아먹는 물오리 소리가 들린다.
그러나 나는 당신 생각에만 잠겨있어 올무를 채는 것도 잊어버렸다.
물오리는 도망치고 나는 맥없이 돌아선다.
한 마리도 못 잡은 나에게 어머니가 "오늘은 올무에 오리가 안 걸리던?"하고
물으시면 무어라고 답할까?

처녀는 연인이 그녀 곁을 떠날 때 안타깝게 그를 붙잡으려고 한다.

배가 고파 떠나시려 하나요? 그렇다면 당신은 배에서 나는 소리에만 귀를
기울이시나요? 졸음이 와 떠나시려 하나요? 제 침대엔 당신한테 필요한 이불이
있답니다…. 목이 말라 떠나시나요? 그렇다면 제 가슴을 가지세요. 그 안에
풍만하게 담긴 것이 당신을 위해 넘쳐흐르고, 제가 느끼는 사랑은 술이 물에 섞이듯
제 몸속으로 파고든답니다. 제 마음과 당신 마음이 합쳐져 어울릴 때 우리의
행복은 멀리 있지 않답니다.

같은 때인지 시대를 달리하는지는 알 수 없지만 똑같은 내용의 시가 좀더 선정적이고 구체적으로 묘사되어 있다.

… 내가 그대와 함께있지 않다면, 그대의 마음을 어디에 주려 하나요?

그대는 나를 안고 싶지 않은 가요? …쾌락을?

그대가 나를 애무하려고 나를 찾는다면, 그것은 나의 기쁨… 그대는 무엇을 먹으러 가려 하나요?

그대는 배고픔의 노예인가요? 그대는 옷 입으러 가려 하나요? 그대를 덮어줄 포근한 이불을 내가 가지고 있는데.

그대는 술 때문에 가려 하나요?

이렇게 그대에게 풍만한 내 가슴을 보이고 있는데….

그 안의 것이 그대를 위해 넘쳐흐르고.

나를 껴안는 하루가 수백만 평의 땅보다 더 유익하리!

그대의 사랑은 나의 몸과 섞인다.

물에 섞이는 술처럼,

송진에 넣은 약처럼,

술과 정액의 혼합처럼.

처녀의 유혹에 넘어간 청년은 다음과 같이 노래한다.

누이의 못의 풀은 황홀하여라.

누이의 입은 연꽃 봉오리 같고,

누이의 가슴은 …같고,

누이의 두 팔은…

이마는 서양삼나무로 만든 덫과 같고

나는 물오리여라.

나의 다리는 미끼에 사로잡혀

그녀의 머리카락 안에 있고

서양삼나무의 덫에 걸렸구나.

무화과나무가 화자가 되어 읊은 장시도 있다. 넓은 잎사귀를 드리우며 정원에 서 있는 이 무화과나무는 그 집 딸에게 사랑의 편지를 전해준 애인을 불러와, 두 연인이 무성히 난 푸른 잎새 아래에 숨어서 밀회를 즐기고 사랑의 향연을 만끽하게 해준다. 무화과나무는 두 젊은 연인에게 속삭인다.

> 나의 그늘에서 마음껏 오늘밤을 즐기세요. 어찌 오늘 밤뿐이겠어요? 한결 뜨겁게
> 내일 밤도 모레 밤도….

두 사람은 술을 마시고 취하자, 거리낌없이 서로를 애무하여 몸과 마음을 불사른다. 이틀 밤 사흘 밤을…. 무화과나무는 중얼거린다.

> 어어, 이거 정말 보고 있을 수 없군. 그러나 나는 조심해야지. 아무것도 못본체
> 잠자코 있어야지.

고대 이집트인은 적나라한 행동보다는 은근한 느낌을 주는 행동을 더 좋아하고, 그래서 확실히 드러나는 사랑보다는 넌지시 보이는 몸짓과 은밀하면서도 관능적인 행위를 더 선호했던 것 같다. 넌지시 일깨워주는 쾌락과 관능적 행위에 관한 표현, 향수, 미련, 세련된 표현과 우아한 몸짓, 사랑의 충동, 달콤한 밀어, 현란한 단어들 속에 담긴 시정 등….

이집트 여인들은 사랑의 아름다움과 희열을 잘 표현하고 있었다. 그러나 위에서 본 바와 같이 내숭 떠는 일은 결코 없었다. 남녀의 생식기는 상형문자에서 쉽게 찾아볼 수 있으며, 나체는 고대 이집트 시대 언제나 금기가 아니었다. 민Min신은 우주와 자연 속에서 작업 중인 창조자의 넘치는 활력을 일깨워주기 위해 발기한 모습으로 표현되었는데, 이것은 수많은 고대 이집트 벽화마다 어디에서나 크게 강조되어 있다.

그러나 고대 이집트인들은 무절제한 남녀관계는 용납하지 않았다. 술을 지나치게 마시거나 성적인 쾌락에 빠져 공부를 소홀히 하는 학생들은 준엄한 경고를 받았다. 서기관들은 술 냄새에 끌려서 술집을 전전하며, 정신을 못차리고 방황하는 방탕한 학생들의 행위를 호되게 나무라고 있다. 현자 프타호테프는 성적 유혹이 가져오는 위험에 대해 다음과 같이 경고하고 있다.

"그대가 마음대로 드나드는 집에서, 또는 그대가 마음대로 드나들고 싶어하는 모든 장소에서 형제처럼, 친구처럼 우정을 계속 나누길 바란다면 여인들을 사귀거나 여인들에게 손대는 일을 삼가도록 하라. 잠시도 한눈을 팔아선 안된다. 수많은 남자들이 여인들이 보내는 유혹의 올가미에 걸려들었다. 한낱 꿈에 지나지 않는 한순간의 쾌락 때문에 그 뒤에 얼마나 큰 불행이 뒤따르는가! 여인들을 쫓아다니다가 실패하는 자는 무슨 일에나 실패하기 마련이다!"

제2장
그리스·로마 시대
(BC332년 ~ AD641년)

EGYPT

알렉산더, 이집트 정복 후 알렉산드리아를 건설하다:
(BC332년)

마케도니아와 페르시아 제국의 충돌은 세계사에 길이 남을 한 정복자를 탄생시켰다. 기원전 334년 코린트에서 헬라스 연맹을 소집해 총사령관에 추대된 알렉산더는 오랫동안 그리스를 침입해 그리스인들을 괴롭혀온 강대국 페르시아를 무너뜨릴 결심을 했고, 마침내 이수스 전투에서 다리우스 3세의 페르시아 대군을 격파하는 데 성공한다.

그 뒤 알렉산더 대왕(BC336~323년 재위)의 군대는 곧 이집트로 진주할 채비를 차렸다. 알렉산더는 페르시아 치하의 이집트에 진입하기 전에 가자에서 바티스가 이끄는 페르시아와 이집트 징집병들의 강력한 저항에 부딪쳤으나 곧 쳐부수고, 기원전 332년 가을에는 이집트의 현관이라고 할 수 있는 펠루시움을 점령했다. 그러자 페르시아 총독 마자케스는 저항하지 않고 이집트의 수도 멤피스를 알렉산더에게 넘겼다.

알렉산더는 이집트 인민들에게 자신을 해방자로 선전했다. 그는 헬리오폴리스와 멤피스의 이집트 신들에게 경배했다. 특히 멤피스의 수호신 프타 신의 살아 있는 표상인 아피스라는 신성한 황소에게 엎드려 경의를 표했고, 또한 리비아 사막에 위치한 오아시스 시와에 가서 장엄하고 신성한 제사를 드린 후, 스스로 아몬 라의 아들이라고 자 처하면서 이집트 통 치에 대한 신탁神託을 신으로부터 받아냈다 고 선언했다.

아몬 라의 아들이 된 그가 오가는 길은

싸우는 알렉산더 대왕(왼쪽), 동전에 새겨진 알렉산더 대왕(오른쪽)

신의 가호로 이제 안 내리던 비가 내리고, 길을 잃고 헤매는 소규모 군대에 게는 까마귀가 갑자기 출현해 길잡이가 되어주었다고 민간전승은 전하고 있 다. 페르시아의 캄비세스처럼 그 역시 이집트의 합법적인 왕, 파라오로 인정 되었다. 여기다가 더해 민간전승에서는 그를 이집트의 마지막 토착민 왕이 었던 넥타네보 2세의 후손이라고까지 주장하고 있다.

그렇지만 그는 대정복을 펼쳐야 하는 사업 때문에 이집트에 머물러 있을 수 없었다. 그러니까 앞선 페르시아의 왕들처럼 그도 이집트 역사에서는 부 재군주에 불과했다. 이집트의 통치는 휘하의 장수 프톨레미에게 맡겨졌는 데, 그 뒤 기원전 305년 프톨레미는 스스로를 이집트의 왕으로 선언한다.

알렉산더 대왕은 이집트를 정복한 후에 한편은 지중해로, 다른 한편으로 는 마레오티스라는 담수호로 둘러싸인 한 어촌지역을 이집트의 새로운 수도 로 정했다. 나일강의 서쪽 끝 지류에서 50km쯤 떨어진 이곳은 삼각주 가장 자리에 형성된 평탄하고 폭이 좁은 석회암 지대로, 도시를 건설하기에 안성 맞춤이었다. 이곳은 지중해로 직접 교역을 할 수 있고, 마레오티스호를 통해 거미줄처럼 펼쳐진 운하로 나가 델타의 삼각지와 내륙의 나일 계곡과도 쉽 게 연결할 수 있는 곳이었다. 더욱이 토지는 비옥하고, 아프리카의 뜨거운 태 양과 바닷바람이 어우러지는 기후도 알맞아, 깨끗한 공기와 함께 언제나 활 력을 느끼게 하는 곳이었다.

알렉산더는 이 도시가 훌륭한 해군기지이자 무역항이 될 뿐만 아니라 그 가 꿈꾸는 새로운 제국의 정치와 문화의 중심지가 될 수 있을 것이라 내다보

알렉산드리아시의 건설 상상화

왔다. 그런 만큼 신도시는 치밀한 계획에 따라 세워졌다. 알렉산더는 자신이 직접 도시 설계를 감독했고, 특히 시장과 그리스 신전, 이집트의 이시스 신전의 위치를 직접 선정했다고 한다. 이렇게 알렉산더의 이름을 따른 알렉산드리아시가 세상에 출현하게 되었다.

그는 대정복 사업을 위해 기원전 331년에 이집트를 떠났으나, 알렉산드리아시는 계획대로 완성되어 당대 지중해권에서 제일가는 도시가 되었다. 알렉산더는 정복지마다 자기의 이름을 딴 '알렉산드리아'라는 도시를 곳곳에 세웠지만, 가장 번성하고 오늘날까지 그 유명한 이름이 변함없는 도시는 이곳뿐이다.

한창 절정기 때의 알렉산드리아시는 화려한 대리석 건축물들과 궁전, 극장, 원형경기장, 사원 등이 숲을 이루었다. 포세이돈과 디오니소스를 모신 사원이 있었고, 그리스의 제우스 신과 이집트의 오시리스 신이 혼합된 세라피스 신이 세라피온에 모셔졌다.

파로스 섬에는 세계 7대 불가사의 중 하나로, 높이 130m의 3층탑으로 된 빛나는 대리석의 파로스 등대가 있었다. 알렉산드리아 북동구에는 정원이 딸린 화려한 궁전들이 줄을 지었는데, 그것들은 로키아스 섬까지 뻗어 바다에 닿았다.

길이 6km, 너비 1.5km 정도의 기다란 평행사변형으로 된 알렉산드리아 시가지는 넓은 도로망이 시원하게 깔려 있었는데, 로데스 섬 출신의 디노크라테스가 고안·설계한 것이었다. 7스타드(고대 그리스의 길이 단위로 7스타드는 1,200m에 달함)의 대로는 등대가 있는 파로스 섬과 육지를 이어주었고, 동쪽에는 대포항이, 서쪽에는 귀향항이 형성되었다.

알렉산드리아 주변의 나일강 그림

거리는 늘 사람으로 북적댔다. 시가지에는 30만 명의 알렉산드리아 시민이 거주했고, 세계 각지에서 온 70만 명이 변두리에 살았다. 도시는 크게 3개의 공동체로 구성되어 있었다. 도심은 그리스인들이 차지했고, 동부는 유대인들이, 서부의 구시가지는 이집트인들이 공동체를 이루며 살고 있었다. 그리고 선원, 상인, 장인, 관리, 외국인 용병 등이 그 주위에 머물렀다.

운하와 저수지, 그리고 나일강과 마레오티스호의 물을 정화시켜주는 정교한 장치와 시설들 없이 도시 생활을 한다는 것은 불가능했다. 도심의 공원들과 숲만으로는 대기오염을 막을 수 없다고 생각한 알렉산드리아의 부자들은 마레오티스 호수 주변에다 정원과 과수원, 호화별장을 짓고 맑은 공기를 마시며 살았다.

아프리카와 유럽, 아시아를 잇는 실크로드와 뱃길의 교차점에 위치한 알렉산드리아에는 자연히 상아, 향료, 이국산 과일, 식량, 술, 공예품 등 엄청난 양의 교역품들이 거래되는 큰 시장이 형성되었다. 유명한 그리스 여행가 스트라본이 알렉산드리아를 가리켜 '세계의 무역항'이라 말했듯이, 절정기의 알렉산드리아에는 없는 상품이 없었으며, 식량을 보관하는 여러 창고마다 밀이 가득했다. 또한 아름다운 무희나 창녀들이 성적 쾌락을 팔기도 했다. 그런가하면 지식과 예술의 교류가 매우 활발해 알렉산드리아는 세계 최고의 문화 도시로 발전했는데, 당대 최대 규모의 도서관과 박물관이 존재했다.

프톨레마이오스 조의 시작:
(BC305년)

  아프가니스탄을 지나 인도의 인더스강 상류까지 쳐들어갔던 알렉산더와 그의 원정군은 질병과 강행군에 지쳐 진격을 중지하고 바빌론으로 돌아왔다. 오랜 기간의 원정에 지칠 대로 지친 군사들에게 돌아오는 길은 너무도 멀고 험난한 길이어서 찾기 어려운 괴로운 나날의 연속이었다. 이때 열병에 걸린 알렉산더는 바빌론까지 귀환은 했지만 돌아온 지 얼마되지 않아, 기원전 323년에 그만 숨을 거두고 말았다.

  '세계의 정복자'로 불리는 알렉산더 대왕은 이렇게 33세의 짧은 일생을 마쳤다. 그가 사망하자 그가 남겨놓은 대제국을 어떻게 통치할 것인지에 대한 회의가 바빌론에서 열렸다. 여기에서 알렉산더의 이복형제 필립 아르히데우스가 왕으로 즉위하고, 알렉산더와 페르시아 출신의 왕비 록사나 사이에서 태어난 알렉산더 2세에게 왕위 계승권을 물려준다는 결정이 이루어 졌다. 그러나 제국의 통일은 단지 형식적이었고, 실질적으로는 알렉산더 휘하의 장수들에 의해 제국이 분할되었다. 그에 따라 이집트는 기원전 323년부터 이집트를 통치하고 있던 프톨레미 1세의 손에 떨어졌다.

  프톨레미 1세는 마케도니아의 중견 귀족 가문 출신이었다. 그는 알렉산더 대왕의 충직한 신하이자 가장 신뢰받던 친구로서, 대왕의 측근 장수들 중에서도 늘 가장 중요한 위치를 차지하고 있었다. 알렉산더 대왕보다 11살이 많았던 그는 대왕이 태어났을 때부터 가까이 모셔왔다고 한다. 몇몇 사기에는 그와 알렉산더 대왕이 어머니 쪽으로 먼 친척이라고 한다. 그러나 실제로는 그보다 훨씬 가까운 관계라는 설도 있다. 그중에서도 알

프톨레마이오스 조의 창시자
프톨레마이오스 소테르 대리석상

렉산더의 아버지 필립 왕이 프톨레미 1세의 친아버지일 거라는 전승기록이 가장 많다. 즉, 프톨레미 1세와 알렉산더는 이복 형제 간이라는 것이다.

그는 페르시아와 인도에서 전투 중에 두 번이나 알렉산더의 생명을 구했다. 또 이집트를 지배하면서 대왕의 정책을 그대로 따랐다. 그는 이집트의 기성세력과 전통종교를 존중했고, 사원과 사제에 대한 특권도 그대로 인정해주었으며, 이집트인을 그리스인, 유대인과 함께 고위 행정관리로 채용했다.

그는 왕국의 수도 알렉산드리아가 너무 북쪽에 치우쳐 있는데다, 행정이 너무 중앙에 집중되는 것을 막기 위해 남쪽 사이드 지방에 프톨레마이오스 시를 세워 제2의 수도로 삼았다. 그리고 이집트를 탐내어 쳐들어오는 마케도니아의 장수들을 물리치면서 이집트를 리비아 북부와 함께 독립된 왕국으로 만들어갔다.

사망하기 2년 전에 프톨레미 1세는 부유하고 활기찬 그의 강력한 왕국을 아들 프톨레미 2세에게 물려주었다. 그는 찬란한 문명과 역사를 지닌 이집트에 파라오의 전통을 그대로 계승하는 자신의 왕조를 세우는 데에 성공한 것이다. 이렇게 시작된 그의 왕가는 기원전 30년까지 약 3세기 동안 이집트를 지배한다.

고대 문명의 불가사의, 파로스 등대:
(BC285 ~ 247년)

프톨레미 2세 때에 프톨레마이오스 조는 안정된 내정과 강한 군사력을 바탕으로 이집트를 다시금 세계에서 가장 번성한 국가로 만들었다. 프톨레미 2세는 강력한 해군을 길러 동부 지중해에서 가장 우월한 위치를 확보했으며, 홍해 안에 여러 항구를 세우고 전략상 요충지에는 함대를 파견해 완벽하게 홍해를 지배했다.

알렉산드리아 항을 여러 차례 보수하기도 했던 프톨레미 2세는 고대 인류문명의 7대 불가사의로 간주되는 파로스 등대를 세운 주인공이기도 했다. 그리고 나일강으로부터 홍해로 통하는 운하를 개통해 이집트를 동서양 무역의 중요한 중계지로 만들었고, 파윰 지역에 새로운 경작지를 개발해 그 곳으로 그리스인을 이주시켜 그들로 하여금 포도와 올리브를 집중적으로 재배토록 했다.

프톨레미 2세는 이렇게 해서 생긴 부를 알렉산드리아가 세계문화의 중심지가 되는 데 쏟아 부었다. 그는 거대한 박물관과 도서관을 세웠고, 많은 나라의 예술가와 작가, 학자들을 알렉산드리아로 끌어들여 그곳에서 활동하도록 권장했다. 그러나 이런 빛나는 업적과는 달리 프톨레미 2세는 백성들에게

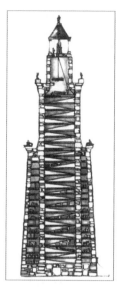

파로스 등대 내부(왼쪽), 파로스
등대와 알렉산드리아시(오른쪽)

서 과중한 세금을 거두어들였기 때문에 탐욕스런 군주로 더 알려졌다.

고대 문명의 세계 7대 불가사의는 파로스 등대를 비롯해, 쿠푸 왕의 대 피라미드, 바빌론의 공중정원, 에페수스의 아르테미스 신전, 올림피아의 제우스 상, 할리카르나소스의 마우솔로스 왕의 묘, 로도스의 크로이소스 대거상이다. 이중에서 실질적인 용도로 사용된 것은 알렉산드리아의 파로스 등대뿐이다. 이 우아하고도 유용한 등대의 설계자는 크니두스 출신의 건축가 소스트라테스인데, 그는 알렉산드리아에 살았던 그리스 수학자 유클리드와 동시대 인물로, 아마도 유클리드 기하학의 원리를 적용해 이 등대를 세운 것 같다.

프톨레미 1세 때에 건설이 시작된 이 등대는 그의 아들 프톨레미 2세에 이르러 완성되었다. 이 등대가 있는 섬을 파로스라 불렀는데, 일부 사가들에 의하면 '파라오의 섬'의 변형된 이름이라고 한다. 서기 27년, 알렉산드리아를 방문한 그리스의 여행가 스트라본은 다음과 같이 기록하고 있다.

"파로스는 타원형의 섬으로 본토와 아주 가까우며, 출입구가 두 곳인 항구가 있다. 본토의 해안에서 2개의 갑이 바다로 뻗어 있고 그 중간에 파로스 섬이 세로로 해안과 평행하게 자리 잡고있어 하나의 만을 형성한다. 파로스 섬의 양끝 중동쪽 끝이 본토와 맞은편의 갑(로키아스갑)에 가까워서 항구의 입구가 좁아진다. 좁은 입구에다가 수면아래의 암석들 때문에 외해外海에서 밀려오는 파도가 높고 거칠어 진다. 섬 끝의 파도에 씻긴 큰 암석 위에 하얀 대리석의 훌륭한 다층탑이 세워져 있는데, 그 이름이 섬의 이름과 같은 파로스 등대이다. 이것은 왕의친구인 크니두스의 소스트라테스가 배와 선원들의 안전을 위해 만든 것이다…. 양쪽 해안에 항구가 없을뿐 아니라 암초와 물이 얕은 곳이 있어 외해에서 배가 항구로 들어오려면 뭔가 높고 눈에 띄는 것이 필요 했었다."

빛나는 백색 대리석으로 된, 높이 130m의 3층탑인 이 등대의 우아한 모습은 보는 사람들의 찬탄을 자아내게 했다. 이 등대는 외부에서 보기에 3층 탑 형태였으나, 내부에서 올라가면 16층이나 되어 당시 세계에서 가장 높은 건물이었던 것으로 알려져있다. 등대 꼭대기에는 커다란 이동식 거울이 달려 있어서 50km나 떨어진 곳에서도 거울에 반사되는 불빛을 볼 수 있었다. 그뿐만 아니라 태양광선을 모아 반사시키면 바다에 떠있는 배를 태울 수도 있었다.

소스트라테스는 등대가 완성되어갈 무렵, 프톨레미 2세로부터 '제왕 프톨레미, 항해의 수호신을 위해 이 등대를 만들다'라는 명문을 대리석에 새겨넣으라는 명령을 받았다. 소스트라테스는 명령을 그대로 따랐고, 왕은 자신의 이름이 새겨져 있는 것을 보고는 후세 사람들이 자신을 길이길이 기억하리라 생각하면서 무척 기뻐했다.

그런데 세월이 흐른 뒤에 이상한 일이 벌어졌다. 명문이 완전히 허물어져 버린 것이다. 대리석에 새겨넣은 것이 어떻게 허물어졌을까? 그런데 다음에 더 놀랄 만한 일이 벌어졌다. 허물어진 명문 뒤에 숨어 있던 다른 글귀가 나타난 것이다. 그 내용은 '크니두스의 테크시프리노스의 아들 소스트라테스, 항해의 수호신을 위해 이 등대를 만들다'였다.

왕의 명령을 거역할 수 없었던 건축가 소스트라테스는 명문을 만들면서 회반죽에 대리석 가루를 입힌 뒤 글자를 새겼고, 그 밑에 있는 진짜 대리석에다 자신의 이름을 몰래 새겨넣었던 것이다. 등대를 만든 사람은 왕이 아니라 바로 자기라는 사실을 길이 후대에 알리고 싶었던 것이다.

그로부터 천 년 후, 7세기 중엽에 알렉산드리아는 아랍인들에게 정복되었다. 그런 뒤 알렉산드리아는 바다 건너의 콘스탄티노플과 상대적으로 경쟁했다. 알렉산드리아가 이슬람 세계의 문화와 상업의 중심지였다면 콘스탄티노플은 비잔틴 제국의 문화와 상업의 중심지였다. 그러나 파로스 섬의 등대 때문에 콘스탄티노플은 경쟁에서 한 걸음 뒤지고 열세를 면치 못했다. 고민을 하던 비잔틴 황제는 다마스커스의 우마이야 칼리파 알 왈리드에게 사신을 보냈다. 그러면서 사신에게 한 가지 밀명을 내렸다. 사신으로 하여금 다마스커스에 도착하자마자 파로스 섬 등대 밑에 프톨레마이오스 조에서 숨겨놓은 엄청난 보화가 묻혀 있다는 소문을 퍼뜨리라는 것이었다. 이 소문은 입에서 입으로 전해지면서 더욱 과장되고, 마침내 칼리파한테까지 알려지게 되었다.

한참을 망설이던 칼리파는 보물에 그만 눈이 어두워, 등대를 철거하고 보물을 발굴하라는 명령을 내렸다. 철거가 반쯤 진행되었을 때에야 칼리파는 자기가 속았음을 깨닫고, 철거를 중단시키고는 다시 옛 모습으로 등대를 복구하려고 애를 썼다. 그러나 그것은 불가능한 일이었다. 그만한 기술을 지닌 사람도 찾을 수 없었지만 거대한 거울이 이미 산산조각 나버렸기 때문이었다. 결국 보물에 대한 욕심이 알렉산드리아로 들어오는 배들을 인도하던 유명한 길잡이를 없애버린 것이다.

그 후 등대는 1308년과 1349년에 있었던 대지진으로 완전히 파괴되었고, 중세 이슬람 세계의 대 여행가 이븐 바투타(1304~1368)가 알렉산드리아를 찾아왔을 때에는 등대의 출입구마저 들어갈 수 없을 정도가 되어 있었다.

사제 마네톤,
《이집트 사》를 편찬하다:
(BC246년)

사제 마네톤은 프톨레미 3세의 명을 받아 그리스 어판 30권으로 된《이집트 사》를 편찬해냈다. 도서관과 신전의 고문서 보관소에 있던 역사 기록 들을 열람할 수 있었던 마네톤은 태고적부터 발생했던 이집트 역사를 사건 별로 추적했을 뿐만 아니라, 이집트 옛 주민들의 풍속과 전통, 종교생활에 이르기까지 생생하게 이집트 역사와 문화를 기록했다.

인쇄술이 발명되기 전이었으므로, 원본을 제작한 다음, 필경사가 그 내용을 일일이 베낀 복사본을 알렉산드리아 도서관에 두고, 책의 원본은 세라피스 신전에 소중히 보관되었다. 그런데 로마의 카이사르가 이집트에 침입했을 때 알렉산드리아 시민들이 봉기하자, 그는 그의 함대가 시민들에게 탈취될 것을 우려하여 불살라버렸는데, 그 불길이 함선들뿐만 아니라 알

세라피스 신의 상징 황소상

렉산드리아 도서관까지 태워버리는 바람에 《이집트 사》 사본도 함께 타고 말았다. 세라피스 신전에 보관되었던 원본은 로마 제국의 테오도시우스 황제가 391년에 내린, 기독교 이외의 신전에 대한 폐쇄령에 따라 접근이 어려웠다. 그러나 그것마저 화재로 소실되고 말았다. 이로써 마네톤의 이집트 사는 사람들의 기억 속에서 서서히 사라지게 되었다.

그러나 마네톤의 《이집트 사》는 이집트를 연구하는 데 워낙 중요한 서적이라 많은 사람들이 소실 이전부터 이 책을 인용했고, 특히 초창기의 기독교 교부들은 구약성서의 권위를 증명하기 위해 그들의 저술 속에 평소에 애독하던 마네톤의 문장을 자주 인용했기 때문에, 다행히 그 존재 자체가 잊혀지지 않고 오늘날까지 전해지고 있다.

세계 최대 규모였던
알렉산드리아 도서관:
(BC220년)

기원전 220년에 알렉산드리아 도서관은 건립된 지 이미 60년이 되어 있었다. 프톨레미 1세에 의해 세워진 이 도서관은 프톨레미 2세 때는 새로 건립된 박물관의 기능 중에서 도서관이라는 한 부분만 담당하게 되었지만 학문적인 중요도나 유명세에서 박물관을 훨씬 능가했다.

설립 초창기 때부터 프톨레마이오스 조는 이 도서관을 세계 최고 수준의 학문의 전당으로 만들기 위해 엄청난 재원을 퍼부었다. 프톨레미 1세는 아테네에 있던 아리스토텔레스 학파의 학원(Aristotle's Lyceum)과 플라톤 학파의 학원(Plato's Academy)을 능가하는 시설을 갖추려고 했다.

국제무역과 문화의 중심지인 알렉산드리아는 여러 가지 면에서 최상의 조건을 갖추고 있어서 세계의 석학과 예술가들을 끌어들이기 쉬웠고, 따라서 이 도서관은 학술과 배움의 전당으로 전례 없이 급속도로 성장했다. 프톨레미 1세의 뒤를 이은 통치자들도 그 뜻을 이어받아, 도서관 서고에 더 많은 예술, 과학, 문학 작품과 자료들을 수집하는 데 일조했다.

그들은 당시로서는 상상하기 힘들 정도로 많은 도서를 구입했다. 책들은 당시 제일가는 서적시장이던 아테네와 로도스에서 주로 구입했으며, 한동안

최고의 도서관으로 알려졌던 아리스
토텔레스 도서관의 책들을 통째로
가져오기도 했다.

그러나 이러한 수집이 전부 정당
한 방법으로만 행해진 것은 아니었
다. 예를 들어 프톨레미 3세는 알렉
산드리아에 정박해 있던 배에서 온
갖 책을 압수한 다음, 복사본을 만들
어 원본 대신 돌려주었다. 그래서 그
가 수집하여 소장된 것들에는 '선박
도서관'이라는 명칭이 붙었다. 그는
또한 아테네 최고의 저작자와 극작

알렉산드리아 도서관 상상도

가들의 작품들을 안전하게 보관해준다는 명목으로 강제로 취득하기도 했고,
다른 도서관에서 대량으로 책을 빌리고 나서 원본 대신에 복사본과 권당 은
화 15탈렌트를 지불하기도 했다.

이처럼 강제와 속임수 그리고 한없는 정성이 큰 성과를 거두어, 설립된 지
60년 만에 이 도서관은 많은 지식인과 학자들에게 가장 중요하고 필요한 자
료를 제공하는 지적 보고가 되었고, 타의 추종을 불허할 정도로 지식과 학술
을 연구·육성시키는 문화의 중심 센터가 되었다.

당시 이 도서관에는 여러 장의 지초紙草 두루마리로 만들어진 서적 20만
권이 소장되어 있었다고 한다. 어떤 학자들은 소장도서가 49만 권이었다고
말하는데, 어떻든 사본을 뺀 진본만 12만 권 이상이 소장되었던 것으로 추정
되고 있다. 도서관에는 많은 수의 직원들이 일했으며, 사서들의 업무량은 대
단했다. 그들은 끊임없이 구입되어 들어오는 새로운 서적들의 목록을 작성
하고, 출처나 전 소장자 혹은 발행자를 명기했다. 그들은 또한 일일이 손으로
사본을 만들어냈고, 많은 서적들을 그리스어로 번역하기도 했다.

이렇게 하여 세계 최대의 도서관 역할을 하던 알렉산드리아 도서관은 헬
레니즘 문화의 개화에 가장 중요한 기반이 되어주었고, 클레오파트라 치

세 때는 무려 70만 권 가량의 두루마리 책을 보유하게 되었다. 이것은 그 후 1500년 후에 타자기가 발명되기 전, 유럽 전체가 보유하고 있던 전체 도서양의 무려 10배에 달하는 것이었다.

소아시아의 부유한 도시, 페르가몬에 있는 도서관이, 비록 규모는 작지만 알렉산드리아의 도서관에 비길 만했다. 그러나 마루쿠스 안토니우스가 그곳에 있던 20만 권의 두루마리 책을 몰수하여 클레오파트라에게 선사하는 바람에 알렉산드리아의 도서관은 더더욱 절대적이고 독보적인 위치에 서게 되었다.

프톨레마이오스 조는 알렉산드리아 도서관의 학문적 위치를 높이기 위해 한때 파피루스지의 수출을 중단할 정도였다. 이 때문에 이집트가 아닌 다른 나라의 학자들은 양피지에 글을 쓰기 시작했다. 그런데 양피지는 둘둘 말기보다는 쌓기가 훨씬 수월해, 현대식 같은 책이 만들어지는 계기가 되었다.

알렉산드리아 도서관이 실제 어떻게 되었는지는 아직까지 수수께끼다. 전해오는 이야기의 대부분은 화재로 완전히 소실되었다는 것이다. 로마의 작가 세네카가 이에 대해 최초로 언급했다는데, 당대 최고의 지성이었던 그는 4만 부의 쓸모없는 두루마리 책이 타는 것을 보고 쾌감을 느꼈다고 했다.

그런가 하면 4세기 말 로마의 황제 테오도시우스 1세는 단지 기독교에 반하는 '이교'라는 이유만으로 이 도서관의 중요 부속 건물인 세라피스 신전을 불사르도록 했는데, 이때 약 20만 부의 귀중한 두루마리 책이 타버렸다. 그나마 남은 책들은 서기 640년에 알렉산드리아를 침입했던 아랍인들이 땔감으로 써버렸다고도 말해지는데, 이 말은 아랍과 이슬람을 적대시하던 후대의 서구 작가들에 의해 조작되어진 것 같다.

어떻든 이런 일련의 사건들은 지성의 시대가 가고 암흑의 시대가 다가옴을 알리는 서막이었다. 수학, 천문학, 응용과학 분야에서 성취했던 이 시대의 엄청난 지식들은 수세기 뒤 바그다드의 아바스 조에서 이슬람 문명이 활짝 꽃피면서 비로소 재조명되기 시작했고, 또다시 수세기가 지난 후 유럽의 르네상스를 거쳐 그 맥이 이어지기도 했으나, 수많은 자료들은 안타깝게도 영영 자취를 감추고 말았다.

위대한 여걸 클레오파트라와 안토니우스의 사랑:
(BC32년)

"그녀의 목소리는 너무나 달콤하고, 혀는 마치현이 많은 현악기와 같아서 그녀가 하고자하는 말을 언제나 쉽게 연극하듯이 쏟아낼 수 있었다. 상대방이 그리스인이 아니어도 통역을 두고 말하는 경우는 드물었다. 에티오피아어, 히브리어, 아랍어, 아람어, 메디아어, 파르티아어 등 여러 민족의 말을 그녀는 할 수 있었다. 그녀 앞 선대의 프톨레마이오스 조의 왕들은 이집트어조차 배우려 하지 않았으며, 마케도니아어의 글쓰기까지 포기한 왕도 있었다."

클레오파트라 7세의 명석함에 대해 위와 같이 플루타크가 남긴 말처럼, 그녀는 놀랄 정도로 여러 언어에 유창했던 것으로 알려져 있다. 또 철학 · 역사 · 문학에도 정통해, 언제나 품위 있고 고상한 지적 분위기를 풍기는 재녀 중의 재녀였다. 거기다가 깊은 통찰력과 정치력을 겸비한, 그야말로 능력 있는 여왕이었다.

그녀는 아주 빼어난 미녀는 아니었다. 그러나 남자를 유혹해 마음을 사로잡고 녹이는 데 천부적인 재주를 가지고 있었으며, 성적으로 남성을 매료시키고 행복하게 만드는 수많은 비법들을 습득하고 있었다.

클레오파트라의 상

클레오파트라 7세가 그의 동생과 함께 왕위에 올랐을 때 이집트는 위급한 상황에 놓여 있었다. 카르타고를 멸망시킨 로마가 동부 지중해로 진출하면서, 마케도니아와 그리스 본토를 정복해 페르가몬 왕국을 멸망시켰고, 셀레우코스 조의 시리아와 막베스 조의 유대를 지배하에 두더니, 미트라다테스 왕과의 전쟁에서도 승리를 거두었다.

이제 이 지역에서 유일하게 독립 국가로 남아 있는 나라는 이집트의 프톨레마이오스 조뿐이었다. 로마의 세계 지배 시대가 온 것이다. 더욱 이 프톨레마이오스 조는 성공적으로 이집트를 지배해왔으면서도 외국인 통치자였기에 지배력이 약화되면서 이집트인의 불만에 직면했으며, 궁전 내부에서는 왕권을 둘러싼 정쟁이 격해지기 시작했다. 그러다 보니 로마의 강력한 힘에 기대어 왕위를 보장받는 국왕도 나타나게 되었고, 프톨레마이오스 11세는 유언장에 이집트를 로마 시민에게 기증한다고 적기도 했다.

기원전 65년, 카이사르는 호민관을 움직여 이집트를 로마의 속주로 만들고자 했다. 그러나 클레오파트라의 아버지인 프톨레미 12세가 로마의 삼두정치체제와 협상해 6,000탈렌트의 금을 주고 '로마 국민의 동맹자이자 우방인'으로서 이집트의 왕위를 겨우 유지할 수 있었다. 이런 위급한 상황에서 클레오파트라 7세는 카이사르와의 협력하에 그녀의 반대파였던 동생 일파를 제거하여 통치권을 쥔 다음, 이집트를 이집트인에 의한 독립적이면서도 강성한 국가로 만들고자 했다. 그뿐만 아니라 그녀는 카이사르를 이용해 아예 로마 제국의 여왕이 되려고 했다. 카이사르의 연인이 되어 그의 사랑을 독차지하고 있었던 것이다.

카이사르와 클레오파트라의
만남

　기원전 46년, 클레오파트라가 로마에서 개선식을 치루고, 로마 시민들에
게 이집트의 곡물과 기름 등을 선물 했을 때 까지만 해도 그녀의 야심은 실
현 되는 듯했다. 그녀는 오늘날 파르네제 궁전이라고 불리는 '카이사르 정원'
에 머물면서 로마인들로부터 인정받고 존경받는 위대한 여왕이 되려고 온갖
노력을 다했다. 그녀는 철학가, 시인, 예술가들에게 관심을 쏟았고, 자신의
거처를 명사들의 사교장으로 개방해 화려하고 명성 높은 장소로 만들었다.
그렇지만 그녀는 자신을 불신하고 있던 로마의 지식인층을 너무 과소평가했
다.

　사실 로마인들 사이에서는 언제부터인가 프톨레마이오스 가家를 음탕한
동방의 왕가로 간주하여 말하고, 왕족 중에서도 가장 위험한 인물이 클레오
파트라라고 말하기 시작했다. 특히 위정자 키케로(BC106~43년)와의 불화는
그녀에게 매우 불리하게 작용했다.

　그럼에도 불구하고 카이사르는 비너스 제니트릭스 사원 안에 클레오파트
라 비너스 황금상을 세워 여왕에게 공식적인 찬사를 보냈다. 하지만 카이사
르의 이런 행위는 로마 시민들로 하여금 더욱 그녀를 싫어하고 경계하도록
만들었으며, 원로원에서는 날이 갈수록 클레오파트라에게 빠지고 '동방화'

되어가는 카이사르가 클레오파트라에게 더 과분한 지위를 주지 않을까 염려했다.

결국 기원전 44년에 카이사르가 원로원에서 암살되고, 곧이어 권력투쟁이 일어나자 클레오파트라 7세는 로마를 떠나야 했다.

권력 투쟁의 결과 로마는 후일 아우구투스 황제가 되는 카이사르의 양아들 옥타비아누스와 제2의 삼두정치가 시작된 지 5년 만에 권력다툼에서 밀려나는 레피두스, 그리고 클레오파트라와의 사랑에 빠져버리는 안토니우스 등 세 사람의 수중에 들어가게 된다.

안토니우스는 클레오파트라가 카이사르의 애첩으로 로마에 머물고 있을 당시부터 그녀에게 매력을 느끼고 있었다. 그러다 이집트가 자신의 통치영역으로 배정되자, 로마를 떠나지 말라는 명을 어기면서까지 클레오파트라를 쫓아 이집트로 향했다.

그러자 클레오파트라는 빨간 돛을 달고, 은으로 만든 노를 저으며, 황금빛으로 장식한 배를 타고서 아름다운 선율의 풍악을 울리며 안토니우스를 만나기 위해 그가 있는 시리아의 한 항구로 찾아갔다.

안토니우스를 만난 클레오파트라는 뛰어난 언변과 스물다섯 살의 익을 대로 익은 농염한 몸으로 안토니우스를 뇌살시키기 시작했다. 결국 안토니우스는 그녀의 사랑의 노예가 되고 말았다. 대 로마 제국의 실력자인 그는 순전히 사랑에 빠져, 알렉산드리아에서 로마 제국의 일은 까맣게 잊어버린 채,

거대한 영지를 비롯한 막대한 선물을 클레오파트라에게 주면서 그녀의 품을 벗어나지 못했다.

이렇게 되자 안토니우스의 군사력과 로마 원로원에서의 그의 정치적 영향력은 급격히 약해지기 시작했다. 클레오파트라와 안토니우스의 만남과 사랑은 결과적으로 옥타비아누스가 로마 제국의 주인이 되는 원인이 되었다.

악티움 해전과
클레오파트라의 최후:
(BC31년)

로마 중앙정부의 방침을 어기고 로마의 위신을 깎아내리면서까지 벌렸던 안토니우스와 클레오파트라의 사랑의 행각은, 안토니우스에 대한 로마의 여론을 급격히 악화시켰다. 게다가 안토니우스와 클레오파트라 사이에 쌍둥이가 생겼다는 사실은 안토니우스의 부인 옥타비아를 극도로 분노시켰다.

사실 옥타비아의 오빠 옥타비아누스는, 레피두스가 이미 권력다툼에서 밀려난 상황이었기 때문에 안토니우스만 없다면 자기가 로마의 제1인자가 될 수 있었다. 그런데 안토니우스가 로마 정부의 지시를 어긴 행위나 또 누이에 대한 배신 행위는, 그에게 안토니우스를 제거할 수 있는 충분한 명분을 주었다.

옥타비아누스는 스스로를 자유를 대변하는 구세주, 동방의 군주제로부터 공화국을 지키는 수호자로 자부하면서 시실리, 사르디니아, 아프리카, 갈리아에서 로마의 동맹국들을 끌어모았다. 그러나 옥타비아누스도 로마가 더 이상 공화제를 유지한다는 것은 불가능하다는 사실을 잘 알고 있었다. 따라서 안토니우스와의 싸움은 누가 로마를 독점하고 지배할 것인가를 결정하는 중요한 한판 승부였다.

악티움 해전

　이때 클레오파트라와 안토니우스는 그리스의 해안 에페수스에서 전쟁준비를 하고 있었다. 그리고 에페수스에서의 준비가 마무리되자 사모스 섬과 아테네를 돌면서 축제를 벌였다. 이것은 통치자들이 출전하기 전에 벌이는, 헬레니즘의 오랜 전통에 따른 종교적인 축제였다. 안토니우스와 클레오파트라는 코린트 만에 있는 파트라에 마을에 야영지를 마련했다. 파트라에는 그리스 이오니아 해안의 코르시라에서부터 남쪽으로 북아프리카까지에 이르는 해상의 안토니우스의 주요 해군기지들 중 하나였다. 이러한 해군기지들은 이집트에서 오는 군수품을 실어나르고, 옥타비아누스의 해상 공격을 막는 방어진지로서 역할을 맡기 위해 구축되어 있었다.

　안토니우스군의 주력부대는 북서쪽의 에피루스에 있는, 또 다른 해군기지인 해안도시 악티움으로 이동했다. 광대한 암브라키아 만의 입구를 형성하는, 좁은 해협의 남쪽 해안에 있는 악티움은 대규모의 이집트 함대가 정박하기에 안성맞춤인 듯했다.

　파트라에서 안토니우스는 옥타비아누스의 도전을 기다리며 자신에 차 있었다. 육·해군 모두 옥타비아누스군보다 규모가 컸을 뿐만 아니라 군대는 잘 훈련된데다 좋은 장비까지 갖추고 있었다. 서쪽에서 오는 옥타비아누스군이 그가 구축해놓은 해군기지들을 뚫고 들어오더라도 악티움에서 맞닥뜨리면 해상이든 육상이든 이길 자신이 있었다. 그러나 안토니우스는 옥타비아누스의 해군을 이끄는 명제독 아그리파와 옥타비아누스 함대의 전투 선들이 빠른 기동력을 자랑한다는 사실을 간과하고 있었다.

안토니우스를 응징하기 위해 대전투선단을 구성한 옥타비아누스는 그리스 해의 악티움으로 향했다. 기원전 31년 9월 2일 아침, 가볍지만 빠른 속도를 자랑하는 옥타비아누스의 전투선단과 비교적 육중한 안토니우스의 전투선단이 악티움에서 결전을 벌이게 되었다.

하지만 예상을 뒤엎고 안토니우스의 전투 선단은 재빠르게 움직이면서 공격해오는 옥타비아누스 전투 선단을 당해내지 못했다. 안토니우스의 전투선단은 덩치가 무거운데다 원래 육군 출신의 병사들이 주축을 이루고 있었던 것이 또한 화근이었다. 더욱이 아그리파 제독의 맹활약으로 안토니우스 함대와 군대가 주둔하고 있던 악티움 곶 주변의 모든 섬을 옥타비아누스 함대가 점령해버렸다. 사방으로 포위되면서 군수품조차 보급을 받을 수 없게 된 안토니우스 군대는 점차 힘을 잃기 시작했다.

안토니우스는 이렇게 전세가 불리해지자, 정면으로 옥타비아누스 함대를 돌파하여 포위망을 뚫으려고 했다. 그러나 아그리파 제독의 기만전술에 빠진 안토니우스의 전투선단은 옥타비아누스의 전투 선단에게 여지없이 격파당하고 말았다. 그 틈에 후방에 있던 클레오파트라는 그녀의 선단을 이끌고 넓은 바다로 빠져나와 이집트로 향했다. 안토니우스도 남은 전투선단을 이끌고서 그녀의 뒤를 따라 동쪽으로 이동했다. 그러나 이미 패색이 완연해진 안토니우스의 군대와 함대는 적에게 대거 투항하기 시작했으며, 안토니우스와 클레오파트라는 진격해오는 적 앞에서 고립무원의 상태에 빠지고, 아울러 죽음이 그들 가까이 다가오고 있음을 깨달았다.

옥타비아누스군은 이집트의 동쪽 입구라고 할 수 있는 펠루시움을 점령한 뒤에 알렉산드리아 근처까지 진격해 들어왔다. 그러자 안토니우스는 최후의 일전을 결심하고는 기원전 30년 8월 1일 새벽에 자신의 남은 군대와 이집트의 잔여 함선들을 이끌고, 알렉산드리아 항구를 떠나 옥타비아누스 함대를 향해 용감하게 나아갔다.

그러나 안토니우스군의 세력은 너무 작았고, 그 결과도 뻔했다. 이집트 함대는 노를 위로 들어올려 옥타비아누스에게 항복했고, 안토니우스의 기병대도 그를 버리고 도주했으며, 얼마 남지 않은 보병대는 한 번 패하자 금세 흩어져버렸다.

옥타비아누스에게 패한 안토니우스가 원로원직을 상실하자, 클레오파트라는 옥타비아누스의 제안에 따라 안토니우스를 살해하고 만다. 그녀는 자신이

클레오파트라의 자살

죽으면 묻기 위해 만들어놓은 무덤으로 안토니우스를 유혹하여 함께 자결하기로 했다. 하지만 안토니우스는 클레오파트라가 벌린 거짓 연극에 속아 혼자서만 목숨을 끊고 말았다.

이제 38세의 클레오파트라는 옥타비아누스를 유혹하려고 했다. 그렇지만 이미 중년이 다 된 그녀의 육체는 옥타비아누스를 녹일 수 없었다. 더욱 이 옥타비아누스가 자신을 포로로 잡아 로마로 개선하려고 한다는 사실을 알게 된 그녀는 어쩔 수 없이 자살의 길을 택해야 했다.

셰익스피어는 〈안토니우스와 클레오파트라〉에서 38세의 그녀가 인생의 무상함을 느끼고 '애습asp'이라 부르던 독사에 물려 자살했다고 적고 있다. 그러나 사실은 '애습'이 아니라, 단 한 번의 공격으로 사람을 죽게 만드는 코브라로 하여금 자신의 유방을 물게 만들어 자살했다고 한다. 당시 이집트는 독에 관한 연구가 잘 되어 있었는데, 클레오파트라는 의사와 의논하며 여러 차례 실험을 거듭한 결과 코브라의 독으로 고통 없이 가장 깨끗하게 죽을 수 있다는 사실을 알고 있었던 것이다.

클레오파트라 7세를 물어 죽인 코브라는 하이집트 신의 상징이었으며 태양신 아몬 라의 대리자의 표상이었다. 그래서 어떤 학자들은 코브라로 하여금 자신을 물어 죽게 한 것은 그녀가 신성과 불멸의 지위를 획득하여 신의 대열에 끼여들기를 원했기 때문이라고 주장하기도 한다.

로마 제국의 속주로 전락한 이집트:
(BC30년)

클레오파트라 7세가 자살한 뒤, 카이사르와 클레오파트라 사이에서 태어난 카이사리온은 인도 쪽으로 피신하다가 스승 로돈의 잘못된 말을 믿고, 알렉산드리아로 귀환하는 도중 옥타비아누스가 보낸 자객들에 의해 살해된다. 옥타비아누스는 카이사르의 후계자를 원하지 않았던 것이다.

안토니우스와 클레오파트라 사이에서 태어난 자식들도 비슷한 운명의 길을 걸었다. 그들은 모두 옥타비아누스에게 보내졌는데, 알렉산더 헬리오스와 프톨레마이오스 필라델프는 행방불명되고 말았다. 옥타비아누스의 지시로 아무도 모르게 살해된 것이다. 다만 쌍둥이 딸 클레오파트라 셀레나는 살아남았다. 그녀는 한동안 이집트의 마지막 여왕 노릇을 했으나, 로마에서 자란 누미디아의 현자 주바와 결혼한 뒤에는 로마 속주였던 아프리카의 누미디아와 모리타니의 지배자가 되었다.

그녀는 남편과 함께 수도 카이사레이아(현재의 셰르셸)를 건설했는데, 특히 이곳의 도서관과 박물관은 명성이 자자했다. 그리고 그녀의 초상을 새긴 화폐에 이시스 신의 시스트룸, 하토르 신의 암소, 따오기와 악어들을 표시함으로써 그녀가 이집트 파라오의 후예임을 나타냈다. 하지만 그녀가 죽고 나서

옥타비아누스의 상

얼마 지나지 않아, 그녀의 아들이 칼리굴라 황제에게 살해됨으로써 프톨레마이오스 조는 완전히 사라지고 말았다.

경쟁자 안토니우스를 제거한 옥타비아누스는 이집트에 세워진, 50개가 넘는 안토니우스 동상을 즉각 제거하도록 명했다. 그리고 왕궁을 샅샅이 뒤져 클레오파트라의 각종 보물은 물론, 금은으로 만든 그녀의 식기와 장신구들을 모두 빼앗았다. 또 여왕과 공모했으리라고 의심되는 알렉산드리아 시민들의 재산을 몰수했다. 부유한 시민들은 재산의 삼분의 이를 내놓아야 했고, 평민들 또한 무거운 세금에 시달렸다.

옥타비아누스는 이렇게 모은 돈을 병사들에게 보상으로 나누어주었다. 그리고 약탈한 보물들은 속속 로마로 보냈는데, 그 양이 얼마나 엄청났던지 로마의 은값이 절반으로 떨어지고, 이자율이 삼분의 이로 하락할 정도였다. 옥타비아누스가 주피터 신전에 바친 엄청난 보물의 대부분은 이집트에서 약탈한 것들이었다. 또 그는 수많은 예술품 중에서도 로마에 걸맞은 것만을 택해 로마로 보냈다.

기원전 29년 한여름에 로마로 돌아온 그는 역사에 남을 만한 화려한 개선식을 거행했다.

이집트는 로마의 가장 중요한 속주였기에 옥타비아누스는 그의 자서전에서 자랑스럽게 '나는 이집트를 로마 시민의 영토에 추가했다'라고 쓰고 있다. 그러나 그는 이집트인들의 감정을 상하지 않게 하려고 최선의 노력을 기울였다. 그래서 그는 이집트인들의 관습과 관행을 그대로 인정하고 존중하려 했다.

그런데 그의 이런 태도는 지역 전통과 토착민에 대한 배려라기보다는 국력을 키우고 국가의 재산을 확보하여 활용하는 데 목적이 있었다. 또 그는 선대의 이집트 지배자들과 마찬가지로 자신이 이집트의 파라오처럼 묘사되길 원했다. 따라서 고대 이집트의 파라오들이 쓰던 쌍관을 쓰고, 손에는 파라오의 상징물을 든 그의 조각들이 만들어지고, 또 조각에서 그는 이집트의 파라오들처럼 호루스 신의 옥좌에 앉아 있는 모습이다.

이집트 식 복장을 한 옥타비아누스

이집트인들은 처음에는 로마 황제가 휘두르는 엄청난 권력이 무서워 황제를 파라오처럼 숭배했었다. 그러나 점차 로마 황제를 자발적으로 숭배하게 되더니, 나중에는 이런 인식이 이집트의 전 지방으로 확산되었다. 13년에 필레 섬에 세워진 신전들은 새로운 파라오로서의 로마 황제들을 위한 것들이었다. 그리고 100여 년이 지나, 130년에 하드리아누스 황제가 이집트를 방문했을 때 주민들은 그를 열광적으로 환영했다.

옥타비아누스는 로마의 속주 중에서 가장 크고 부유한 이집트에 재주는 있으나 소심한 코르네리우스 갈루스를 총독으로 임명했다. 그런 인물이 총독이 된 것은 옥타비아누스의 의도에 따라서였다. 원래 속주의 총독은 반드시 원로원 의원이어야 했다. 그러나 그는 원로원을 설득해 의원이 아닌 인물을 총독으로 임명했다. 그는 어떤 큰 인물이 이집트를 기반으로 로마의 종주권에서 벗어나는 것을 원하지 않았던 것이다. 그 후 원로원 의원은 누구도 이집트 땅을 밟지 못하도록 했다.

그뿐만 아니라 이집트의 어떤 도시도 자치기구를 갖거나 자치권을 행사하는 것을 허락하지 않았다. 이집트를 크게 3개의 대행정구역으로 나누고, 원래 이집트의 주에 해당되는 놈nome을 대행정구역 밑에 두고서, 3개의 로

밀을 타작하는 이집트 농민. 이집트는 로마 제국의 영토가 된 후 로마의 곡창 역할을 했다.

마 군단과 9개의 로마 지단을 요소요소에 배치해 다스렸다.

또한 그는 이집트인들의 다양한 형태의 신앙을 그대로 인정했으나 신전의 특권을 크게 제한하고 관리체제를 강화시켰다. 사제 계급들은 사유지를 몰수당했지만 그에 걸맞은 보상과 더불어 영달과 영화를 누릴 수 있었기 때문에 새 파라오에 대해 반발하지 않고 협조적이었다.

옥타비아누스는 로마의 통치를 순순히 받아들이게 하기 위해 그리스인들과 그리스화된 시민들을 자신의 지지세력으로 이용했다. 그는 그들에게 여러 가지 특권과 면세 혜택을 주었는데, 물론 이것은 착취당하고 멸시받는 이집트 토착민들의 희생을 대가로 한 것이었다.

이집트의 관용 공식언어는 여전히 그리스어였다. 그는 갖가지 공공사업을 일으켜 군사 캠프를 만들거나 도로를 신설하고 보수했으며, 곳곳에 물 저장소를 지었다. 또 많은 운하를 만들고, 운하에 쌓이는 흙을 정기적으로 퍼올려 운하의 깊이가 얕아지는 것을 막으면서 물이 경작지까지 원활하게 공급되도록 했다. 그러나 의무신고제로 인해 한층 까다로워진 세제는 더 세부적으로 나누어진데다 무거웠다. 특히 '라오그라피아'라는 인두세를 지불해야 했던 농민들은 과중한 세금에 시달렸으며, 관개수로망이 개선된 만큼 농작물의 착취가 오히려 더 심해졌다. 그런 가운데서도 그리스인의 중상층 시민을 위해 독과점이 완화되었고, 외국과의 교역량은 크게 증가했다.

3세기까지 풍요를 누렸던 로마의 속주 이집트는 로마 제국에게 가장 중요한 곡창지대였다. 이집트에서 생산되는 밀, 유리 세공품, 금은 세공품, 파피루스, 양모, 아마, 향수 등은 끊임없이 오스티아와 같은 이탈리아의 항구로 흘러들어갔다.

옥타비아누스의 이러한 조처에 따라 그 뒤 이집트는 로마가 쓰러질 때까지 제국에 우유를 공급해주는 암소와 같은 역할을 수백년 동안 하게 되었다.

아기 예수의 피난길:
(BC7년 경)

 신약성경 마태복음 2장 13절에서 15절에는 아기 예수의 가족이 이집트로 내려온 사실이 언급되어 있다. 동방박사 세 사람을 통해 위대한 인물이 출생했음을 안 유대 왕 헤롯은 그 아이를 찾아서 죽이려고 한다. 하지만 헤롯의 의도를 신의 사자를 통해 알게 된 아기 예수의 가족은 나귀를 타고 이집트로 피난을 떠난다.

 그들은 당시 대상들이 이용하던 길을 따라서 이집트로 왔다. 그 여로를 잠시 살펴보면 베들레헴을 떠나 아쉬케론으로 갔다가 다시 동쪽의 헤브론으로 움직인 후, 서쪽의 가자로 와 여기서 대상들의 통행로를 따라 오늘날 이집트와 이스라엘의 접경지점인 라파를 통과해 엘 아리쉬에 이른다. 거기서 아기 예수의 가족은 이집트 본토로 들어가는 입구이자 중요한 항구였던 펠루시움으로 가서 그곳에서 얼마간 쉰 것으로 추측되고 있다.

 이렇게 나일 계곡의 델타지역으로 들어온 아기 예수 가족은 이 지역의 여러 곳을 쉬면서 통과한다. 이들은 또 이집트의 남부지방으로 여행을 하게 되는데, 베니 핫산을 지나 알 쿠시아 마을까지 갔다. 그리고 여기서 비교적 오랜 시간을 보낸 아기 예수의 가족은 사시 신의 사자가 현몽하여 드디어 헤롯

이 죽었음을 알리자 왔던 길을 되짚어
서 이스라엘로 돌아간다(마태 2:19~21).

 아기 예수 가족이 이처럼 갑자기 이
집트까지 먼 여행을 하면서 이집트 남
쪽 지방까지 내려갈 수 있었던 것은,
동방박사 세 사람이 선물로 가져온 황
금과 유향과 몰약과 같은 것이 있었기
때문이었다고 말하는 사람들도 있다.
아무튼 아기 예수의 이집트 행은 말 그
대로 헤롯의 살인적 마수를 피하기 위
해 쫓기는 피난길이었다. 그리고 그 가

이집트로 피난을 가는 아기 예수

족이 지나갔던 길에는 지금 수많은 교회와 수도원이 건립되었고, 기독교도
들은 그곳들을 순례지로 삼고 있다.

마가의 복음 전도와 순교:
(AD68년)

기독교 복음 전도사 마가는 예수 그리스도의 12제자 중의 한 사람은 아니지만, 70인 전도 대원 중의 한 명이다. 예수의 최후 만찬이 그의 집에서 이루어졌고, 그의 집은 항상 초대 기독교회의 집회소였다. 바나바의 생질이었던 그는 사도 바울과 베드로를 따라서 열성적으로 전도 여행을 다녔다. 전승에 따르면 마가는 로마에 있었을 때 천사의 지시를 받고 이집트로 오게 되었다고 한다. 또 알렉산드리아를 방문하여 복음을 전하면서 알렉산드리아 교구를 세웠는데, 68년 5월 8일에 이교도들의 박해로 인해 순교하였다는 것이다. 4세기 초 기독교회사를 쓴 유세비우스는 이 전승을 언급하면서 마가가 이집트 알렉산드리아에 도착한 것은 로마 황제 클라우디우스 재위 3년째 되는 해라고 밝히고 있다. 그것은 41~42년 혹은 43~44년에 해당되는데, 만약 이것이 맞다면 마가는 알렉산드리아에 그렇게 오랜 기간 체류한 것은 아니라는 결론이 나온다. 왜냐하면 그는 46년에 안티오키아에 있었으며, 그 다음해에는 키프로스에 있었기 때문이다. 49~50년 그는 다시 안티오키아에 돌아와 있었고, 58~62년 동안은 바울과 함께 로마로 전도 여행을 떠났었다. 그런데 신약 성경이 50~62년 동안 마가에 대하여 침묵하고 있는 것으로 보아 아마도 그 기간 중(50~58, 8년 간) 그가 알렉산드리아에 체류했을 가능성이 짙다. 바울은 62년 로마에서의 첫 번째 구금상태에서 풀려났는데, 이때 마가는 바울의 새로운 여행에 동행하지 않은 것으로 나타난다. 아마도 마가는 로마를

마가, 산타 마리아 노벨라 성당에 있는 프레스코화

떠나 바로 알렉산드리아로 온 것이 아닌가 추측된다. 이집트 기독교도들인 콥트들은 가장 권위 있는 복음서를 쓴 마가가 그들 교회의 설립자이며 콥트 교회의 117명의 대주교들 중에 첫 번째 인물로 꼽고 있다. 그리고 이것을 자랑스럽게 여긴다. 그러나 다른 자료들과 비교해볼 때 그가 이집트에 와서 기독교의 복음을 전한 것은 사실이지만, 그가 언제 왔는지에 대해서는 아직 논의가 많고, 또 그가 이집트에 최초로 교구를 만든 것은 사실이지만, 콥트들의 주장대로 그를 콥트의 첫 번째 대주교로 말하는 것은 정확한 주장이라고 할 수 없다.

그가 이집트에 와서 최초로 복음을 전한 사람은 구두장이 아니아누스였다. 마가는 알렉산드리아의 어느 돌길을 걷다가 신발끈이 다 헤진 것을 발견하고는, 구두장이 아니아누스에게 가서 수선을 부탁하였다. 그런데 아니아누스가 구두를 수선하다가 송곳으로 자기 손을 찔렀다. 이때에 아니아누스는 "하나님은 하나다"라고 자기도 모르게 소리쳤는데, 이를 지켜본 마가는 그의 부상을 치료해주면서 그에게 예수의 복음을 전하기 시작했다.

아니아누스는 그리스 철학에 관한 지식은 조금 갖고 있었으나, 성서에 대해서는 아무것도 아는 것이 없었다. 그는 마가가 전한 기독교의 복음을 곧 받아들였으며, 가족들도 그의 뒤를 따랐다. 그 이후 알렉산드리아에서 기독교도의 수는 급속히 늘어나기 시작했으며, 나중에는 알렉산드리아의 총독

오빌로까지 개종하기에 이른다.

마가는 여러 명의 사제와 부제, 주교들을 양성하고, 교회 건물을 세웠다. 이와 같이 갑자기 커가는 기독교회에 대하여 알렉산드리아의 기득권층 사람들은 질시와 함께 커다란 위협을 느꼈다. 68년, 기독교도들이 부활절 행사를 치르고, 이교도들이 세라피스에서 축제를 벌이던 날, 드디어 이교도들은 행동을 개시하였다. 부코리아의 교회에서 예배를 보고 있던 마가를 불시에 붙잡아, 가축에 목줄을 매듯이 그의 목에 밧줄을 묶은 후 길거리로 끌고 다녔다. 그리고 밤중에는 그를 옥에 가두었다. 그는 감옥에서 천사를 보았으며, 천사는 그가 순교할 것임을 예언하였다.

다음 날 아침 무지한 우상숭배자들인 이교도들이 다시 그를 길거리에 끌고 나왔다. 그는 지칠 대로 지쳐서, 결국 절명하고 만다. 그러나 광분한 이교도들은 이에 만족하지 않고, 그의 시신을 태워버리려 했다. 그들이 시신에 불을 놓자 갑자기 천둥과 번개가 치면서 폭우가 쏟아졌다. 그러자 이때 마가를 쫓던 신도들이 모여들어 재 속에서 그의 시신을 꺼냈다. 기적적으로 시신은 아무 이상이 없었다. 신도들은 시신을 교회로 운구하여 기도를 드리고, 수의를 입힌 후 기독교 의식에 맞추어 장례를 지냈다. 신도들은 그의 순교가 길이 기억되기를 기원하면서 교회 동편에 그를 묻었다. 9세기 그의 유체가 발견되어 수로를 통해 베네치아로 운반할 때에 여러 기적이 일어났다는 얘기도 전해지고 있다.

수력을 이용하는 기중기를 발명한 헤로:
(80년)

지중해의 학문의 중심지가 된 알렉산드리아에서는 축적된 과학지식을 실용적으로 활용할 줄 아는 인물들이 속속 출현함으로써 과학이 발전하고 또 많은 발명이 이루어졌다.

그중에서도 가장 두드러진 인물로는 단연 헤로Hero(또는 Heron)를 꼽는다. 그는 형形, 피라미드, 원통, 원구, 프리즘 등의 부피 계산법, 측정법 등을 만들고 발견하여 과학의 발전에 크게 이바지했다. 뿐만 아니라 측량 작업에 필수적인 디옵터 Diopter(광선의 굴절을 측정하는 기계)라고 불리는 기기를 만들어내어 지면의 경사각도를 측정할 수 있게 했고, 천문학에도 조예가 깊어 월식이 각 지역에 나타나는 시간 차이를 계산해내고, 이를 이용해 알렉산드리아와 로마 사이의 거리를 측정해내기도 했다.

헤로가 발명한 애오리필(회전장치)

그는 또 당시에는 상상조차 할 수 없었던 신기한 물건들을 많이 만들어냈는 데, '말의 목을 베는 장난감', '포도주가 나오는 기적의 주전자', '진공의 신비를 밝히는 기기', '불로 제사주를 붓는 기기', '기어로 불의 밝기를 일정하게 유지하는 램프', '물로 움직이는 파이프 오르간', '알렉산드리아의 화재 진화기', '불로 문이 자동으로 열리고 닫히는 신전' 등 그의 발명품들은 이루 헤아릴 수가 없을 정도였다.

이처럼 수많은 발명품 중에서도 가장 괄목한 만한 것은 보일러에서 나오는 수증기의 힘을 이용해 회전구가 회전하도록 정교하게 고안된 '애오리필 Aeoliphile'이라는 기계이다. 이것은 인류의 산업혁명을 가능케 했던 증기 기관의 원형이라고 볼 수 있다.

알렉산드리아에서 일어난 폭동들:
(115 ~ 116년, 172년)

이집트가 로마의 속주가 된 후 알렉산드리아는 로마 제국의 제2의 수도이자, 로마제국 동부의 정치·경제·문화의 중심지 역할을 했다. 따라서 이집트를 지배하는 자는 로마 제국의 중앙정부에 적지 않은 영향력을 미칠 수 있었으며, 로마 제국의 정치흐름 또한 자연스럽게 알렉산드리아 통치에 커다란 영향을 주었다. 다시 말해, 빈발했던 로마의 정세 불안은 그대로 알렉산드리아에 악영향을 끼치면서 치안을 불안하게 만들었고, 때로는 사태가 더 악화되어 내란이 일어나기 일쑤였다.

알렉산드리아는 여러 인종이 뒤섞여 사는 인종의 도가니 같은 도시였다. 도시의 하층계급은 시민의 대다수를 이루고 있는 토착 이집트인들이었다. 이들 위에 그리스인과 일부 유대인들이 상층민으로 살고 있었다. 그리스인들은 프톨레마이오스 조 때부터 지배계층에 속했기 때문에 과거의 전통을 내세우며 여전히 도도했고, 일부 유대인들은 자신들이 쥐고 있는 상권을 바탕으로 고압적인 자세를 가질 수 있었다. 이들 말고도 유민流民들이 있었는데, 이들은 대부분이 제국의 동부 국경에서 빈번하게 일어나던 전쟁을 피해 알렉산드리아로 흘러 들어온 유랑민들이었다.

언제나 북적대는 알렉산드리아로 몰려드는 사람들 중에는 상당수의 병사들처럼 군에 귀속되어 일자리가 확실한 정착민들도 있었으나, 대체로 먹을 것이나 일거리를 찾아 헤매는 사람들이 많았다. 또 많은 수의 선원들이 항상 시내를 왔다갔다 배회하기도 했다.

알렉산드리아는 이처럼 주민 구성부터 다인종인데다, 떠도는 유민들까지 몰려들어 치안이 조금만 불안해도 각종 사고가 일어날 소지가 높았다. 더욱이 로마는 프톨레마이오스 조에 비해 알렉산드리아를 다소 느슨하게 지배했던 터라 사고나 폭동이 빈번했고, 한번 폭동이 일어나면 대형 유혈사태가 발생하고 나서야 진정되곤 했다.

거기다가 그리스인과 유대인의 대립과 반목은 폭동이나 난동사건이 일어나는 한 주요 요인이 되었다. 그들은 어느 한 쪽이 다른 쪽을 지배하기 전에는 가까이 붙어서 살 수 없을 정도로 서로 사이가 나빴다. 요세프스는 〈유대인들의 전쟁〉에서 다음과 같이 말하고 있다.

> "알렉산더 대왕은 이집트를 정복한 후, 이집트인들을 지배하는 데에 유대인들이 자신을 기꺼이 도우려 한다는 사실을 발견하고는 그들에게 그리스인과 똑같은 특권을 허용했다."

유대인에게 그리스인과 똑같은 특권을 허용함으로써 알렉산드리아시는 상업적으로 번성할 수 있었다. 그러나 양측의 힘이 비슷하게 커가면서 항상 경쟁관계에 있다 보니 서로가 으르렁거리며 싸울 수밖에 없었다. 이들간의 싸움은 트리야누스 대제(98~117년 재위) 때에 절정에 이른다. 서기 116년에 일어난 폭력사태로 참혹한 희생을 치른 뒤, 유대인들은 알렉산드리아에서 자취를 감추고 말았으며, 그 이후로 이집트의 경제적 성장은 현저하게 떨어지기 시작했다.

이때의 참화가 무엇 때문에 일어났는지는 정확하게 밝혀지지 않았다. 단지 당시에 양측이 로마 정부에 파견한 대표단끼리 적대행위가 있었는데, 그것이 충돌을 촉발시킨 주된 요인이 된 것으로 알려져 있다. 그러니까 115년

에 양측간에 충돌이 일어나 폭동으로
확대되었는데 이 폭동이 쉽사리 진압되
지 않았다. 그 전에도 폭동사태가 잦았
지만 그때마다 로마군이 출동하여 진압
하곤 했는데, 이때는 이집트에 주둔하
고 있던 로마군이 파르티아와의 싸움을
위해 출정 중이라 비어 있었던 것이다.
결국 양측이 로마로 대변자를 보냈는데
그곳에서 다시 싸우게 된 것이다.

먼저 유대인들이 이집트뿐 아니라 키
레나이카, 키프로스에서 전면적으로 폭
동을 주도해나갔다. 그들은 알렉산드리

로마의 황제는 로마인의 얼굴과 머리의 모습을
지닌 파라오로 이집트를 지배했다.

아 밖에 살던 그리스인들을 기습해 무작정 학살했다. 유대인들의 무자비한
학살행위를 피해 그리스인들은 알렉산드리아 시내로 쏟아져 들어왔다. 그들
은 공포와 증오 속에서 자신들이 당한 일을 과장해서 떠벌렸다. 그러자 이번
에는 그리스인들에 의해 유대인에 대한 잔혹한 복수극이 시작되었다. 유대
인들은 남녀노소 할 것 없이 그리스인들에게 칼 세례를 받아야 했다. 시내의
유대인 구역은 약탈당하고 불탔으며, 파괴되고 남은 가재도구들은 호수로
던져졌다. 그 양이 너무나 엄청나 호수가 다 메워질 정도였다. 불행히도 로마
수비대는 거리 곳곳에서 벌어지는 이런 폭력사태를 제압하기에 역부족이었
다.

이렇게 하여 유대인들은 알렉산드리아시에서 거의 제거되고 말았다. 반면
에 도시 밖에서는 유대인들이 우세해 그리스인들을 닥치는 대로 살해했다.
그리고 이집트, 키레나이카, 키프로스 전체에서 게릴라전 형태의 전투가 계
속 진행되었다. 로마인들은 이런 광란의 폭동사태를 진압하기 위해 제3자인
이집트인들을 필사적으로 무장시켜나갔다.

폭동이 진정되고 나서 반세기가 흐른 후에 디오카시우스는 그의 저서《로
마사》에서 다음과 같이 썼다:

"그동안 키레네 가까이 거주하던 유대인들은 안드레아스를 그들의 지도자로 세운 후에 로마인들과 그리스인들을 살해하기 시작했다. 그들은 희생자들의 살을 먹고, 희생자들의 내장으로 벨트를 만들어 썼으며, 그들의 몸에 다가 희생자의 피를 발랐다. 몇몇 잔혹한 자들은 희생자를 머리 가운데부터 발끝까지 두조각을 내었다. 또 다른 희생자들이 야생동물에게 던져졌고, 어떤 포로들은 검투사로서 서로가 싸울 것을 강요받았다. 이렇게 해서 22만 명이 학살되었다. 아르티미오노스 지휘하에 이집트와 키프로스에서 그들은 비슷한 짓을 했다. 거기서 그들은 25만 명을 살해했다. 이런 이유로 말미암아, 그후 어떤 유대인도 그곳에 발을 못 붙이게 되었다."

폭동이 일어난 지 반세기가 지났다지만 이 글은 의심할 여지없이 그리스적 입장이고 로마인 편에서 쓰였음을 알 수 있다. 따라서 이 글은 비판적으로 읽어야 할 것이다. 특히 18년간이나 계속되었던 2차 푸닉 전쟁에서 희생자 수가 15만 명이었다는 기록을 감안할 때, 이 폭동에 의한 희생자 수는 엄청나게 과장되어 있다는 점도 숨길 수 없는 사실이다. 또한 디오 카시우스는 유대인의 만행만 이야기하고, 그리스인에 의해 자행되었던 만행에 대해서는 침묵을 지키고 있다. 이 폭동으로 인해 유대인들이 알렉산드리아에서는 거의 살 수 없게 되었다는 사실도 잊어서는 안될 것이다.

공정한 입장에서 이 폭동은 야만적인 전투행위가 자행되었던 내란과 같은 성격의 것으로, 알렉산드리아와 그 주변지역에 늘 상존해오던 인종간의 충돌이었다. 하지만 폭동의 결과는 심각했다. 오랜 세월이 흐른 뒤에까지 알렉산드리아시는 곳곳에 폭동의 흔적이 남아 있었으며, 여러 세기 동안 누려왔던 국제 무역거래에서의 우월성도 상실해버렸다.

이 상처는 하드리안 황제(117~138년 재위)가 등극하고, 알렉산드리아를 다시 재건하면서 비로소 치유되기 시작했다. 130년에 알렉산드리아를 방문한 하드리안이 이 도시의 아름다움에 반해 도시를 재건하는 데 후원자가 되어 나선 것이다.

대규모의 폭동은 그 뒤 마르쿠스 아우렐리우스(161~180년 재위) 때도 있었다. 172년에 일어난 이 폭동은 과거처럼 알렉산드리아 주민들에 의해서가 아니라 이집트 델타 지대의 부코리아라는 곳의 토착 농민들이 주도했다. 이 시도루스라는 사람의 지휘하에 봉기한 이들의 분노는 로마인들을 향해 터져 나왔고, 분노의 원인은 로마 정부의 가렴주구 때문이었다. 이집트 농민들에게 약탈에 가까운 중과세를 부과했던 것이다.

이시도루스는 계략이 뛰어났다. 그는 부하들을 여장시킨 후에 남편을 석방할 몸값으로 황금을 가지고 왔다면서 부코리아를 담당하고 있던 로마 백부장에게 다가가게 했다. 그리고는 백부장과 그의 부하들을 단숨에 처치하고서 수비대를 장악했다. 이렇게 시작된 농민들의 봉기는 얼마 지나지 않아 알렉산드리아와 그 주변으로까지 급격히 확산되었다. 폭동이 일어나는 지역마다 여지없이 반란군의 손에 넘어가자, 사태의 위급함을 알아차린 로마는 시리아로부터 증원군을 받아 반란을 진압하려고 했다.

로마군 사령관 아비디우스 카시우스는 승승장구하는 대규모의 반란군과 정면으로 대결하는 것은 위험천만하다는 사실을 간파하고 계책을 썼다. 반란군 대열에 자꾸 불화와 갈등을 조장하여 그들을 분산시킨 다음에 그들을 각개 격파한 것이다.

이 폭동은 인종간의 분쟁이 아니라 농민들이 생존권 차원에서 일으킨 것으로, 알렉산드리아의 중상층만 빠진, 그야말로 기층민중들의 반란이었다. 따라서 이 폭동은 농민들에게 혁명의식을 고취시켰다는 점에서 역사적 의의가 있다. 그렇지만 폭동으로 인해 알렉산드리아와 그 주변 지역은 또다시 황폐화되었다.

로마의 기독교도들에 대한 탄압:
(250 ~ 251년, 303 ~ 311년)

로마 제국 치하에서 알렉산드리아시가 발전하고 있는 동안 제국 내에서는 통치질서의 근본을 바꾸고, 인류의 사고를 변화시킬 수 있는 거대한 힘을 가진 새로운 세력이 자라고 있었다. 그것은 로마 군단이 검으로 막을 수 없는 세력이었다. 그 세력은 물질적인 것이 아니었고, 전투 능력도 없었다. 다름 아닌 기독교회의 발전이었다.

기독교는 처음에 유대교의 한 분파에 불과했다. 그러나 세월이 흐르면서 로마 제국 곳곳에 퍼져 나갔고, 제국의 박해를 피해가면서 오직 신앙 하나만을 위해 움직이는 교회라는 조직을 만들었다. 제국 정부도 탄압으로 일관하지는 않았다. 때때로 기독교를 용인하고 관용을 베풀기도 했던 것이다. 이와 같은 환경 속에서 기독교회는 국가로부터 분리하여 고유한 구조와 조직, 그리고 자신들만의 위계질서를 가질 수 있었으며, 박해를 받으면 받을수록 그것을 이기고 자라나는 끈질긴 생명력의 조직체로 성장했다.

기독교회에게 가혹한 시련을 안겨준 로마의 박해 중에서 가장 규모가 큰 두 사건은 데시우스 황제(249~251년 재위)와 디오클레티아누스 황제(284~305년 재위)가 행한 탄압이다.

데시우스 황제는 처음으로 기독교도에 대한 탄압을 대대적으로 가했는데, 정부의 주도하에 조직적으로 전국에 걸쳐 이루어졌다. 그 이전에도 네로, 셉티미우스 세베루스 등에 의한 박해가 혹독하게 자행되었으나, 데시우스의 탄압은 그 규모나 정도가 과거와는 차원이 달랐다.

알렉산드리아에 있는 로마 시대 지하교회

몇몇 사가들은 데시우스의 기독교도에 대한 탄압이 로마의 위대한 법률과 로마 고유의 종교를 회복시키고자 하는 열망에서 비롯되었다고 말하고 있다. 그는 제국이 윤리적으로 붕괴되고 정치적으로 부패되었다고 판단하고, 그것을 척결하기 위해서는 과거 영광스러웠던 로마 고유의 미덕으로 돌아가야 한다고 보았다. 그리고 과거의 전통과 종교로 돌아가기 위해서는 전 제국에 퍼져가고 있는 기독교를 박멸할 필요가 있다고 생각한 것이다.

데시우스는 기독교도의 모든 예배 행위를 근절시키려 했다. 250년에 발표된 법령은 현존하지 않지만 거기에서 그는 기독교 신앙체계를 비난하고, 고대 로마인들의 신앙으로 돌아갈 것을 주장했다고 사가들은 말하고 있다. 그러나 많은 수의 기독교인들이 그의 명령을 거부하자 곧 탄압 명령이 내려졌다. 교회는 순식간에 파괴되고, 셀 수 없이 많은 기독교도들이 처형되었다. 공포의 통치가 제국을 뒤덮었고, 박해와 탄압의 과정에서 인간에게 잠재되어 있는 무모한 잔인성이 아무런 제어장치 없이 그대로 드러났다.

우리는 이때 기독교도들에게 가해졌던 탄압이 늘 전란 속에 살았던 고대시대에서나 가능한 일이라고 생각할 수 있다. 그러나 데시우스의 잔인한 칙령은 그 후에도 '이단심판'이라고 명칭만 바뀌어가면서 매 세기마다 계속되었다. 더욱이 20세기에 나치에 의해 자행되었던 탄압은 중세의 '이단심판'보다 더 잔인하고 규모도 훨씬 컸다. 이같이 인간이 인간에 대해 저지르는 잔인한 박해와 탄압 행위는 검은 실타래처럼 모든 인류 역사를 통해 진행되었다.

데시우스의 명에 따라 알렉산드리아에서도 기독교도에 대한 탄압이 대대적으로 행해졌다. 에우세비우스의 교회사에서 알렉산드리아의 주교 디오니시우스는 다음과 같이 이야기하고 있다.

"우리들에 대한 탄압은 황제의 명령이 있기 1년 전에 이미 시작되었다. 이 도시의 사악한 마왕은 이교도 대중을 선동하여, 그들 사이에 미신의 불길이 타오르게끔 불을 붙였다. 마왕의 세력에 의해 흥분된 대중들은 사악한 짓들을 자행하고, 우리를 살해하려는 행위를 곧 그들의 악마를 위해 행하는 경건한 행위로 간주했다. 그들은 메트라스라는 한 노인에게 그가 믿는 신을 부인하고 욕할 것을 명령했다. 그러나 그가 말을 듣지 않자 곤봉으로 매질을 가한후에 날카로운 꼬챙이로 그의 얼굴과 눈을 찌르더니, 시외로 끌고 가 돌로 쳐서 죽였다. 또 그들은 쿠인타라는 한 경건한 여인을 그들의 우상 앞에 끌고와서는 우상에게 경배할 것을 강요했다. 그녀가 혐오스러워하며 이를 거부하자, 그들은 그녀의 다리를 묶은 채 거리로 끌고 다니며 사정없이 채찍질을 가했다. 그녀가 거의 기진한 상태가 되자, 그들은 메트라스를 돌로 쳐죽였던 바로 그 장소로 그녀를 끌고가 역시 돌로 쳐죽였다. 흥분한 대중들은 기독교도들이 사는 집으로 몰려갔다. 그들은 그들의 이웃 중에 알고 있던 신도들을 끌어내고, 그들의 집을 부수고 약탈했다. 사악한 이교도들은 신도들의 재산 중에 가치 있는 것들은 가져가고, 보잘것없는 것들은 거리에서 태워버렸다."

데시우스의 대대적인 탄압은 251년, 그가 고트족에게 살해되면서 마치 거대한 폭풍우가 몰아쳤다가 어느 한순간에 소진된 것처럼 사그라졌다. 그러나 그것은 일시적이었다. 세계의 새로운 질서를 원하는 기독교도와 과거의 영광과 전통을 회복하고자 하는 우상숭배자들 사이에서는 그칠 줄 모르고 피비린내 나는 싸움이 계속되었다.

이런 피의 제전은 디오클레티아누스 황제 때에 다시 한번 벌어졌다. 그가 왜 기독교도들을 살육하라는 명령을 내렸는지에 대해서는 많은 사가들이 의문을 제기하고 있다. 왜냐하면 그는 비상한 능력과 덕을 겸비한 자였고, 황제로 등극하여 처음 18년 동안에는 기독교도에게 호의를 보였기 때문이다.

그래서 비난의 화살은 주로 디오클레티아누스의 사위이자 후계자였던 갈레리우스에게 쏟아졌다. 그가 철저히 반기독교주의자였기 때문이다. 하지만 많은 사가들은 디오클레티아누스 황제의 기독교도 탄압은 측근의 영향력보다는 데시우스 황제와 같이 로마의 전통과 종교를 부흥시키고, 기독교회의 정치 세력화를 막고자 했던 것이 주원인이었다고 보고 있다.

이유가 무엇이든 간에 황제는 303년 2월에 모든 교회를 파괴하여 땅과 같이 평평하게 만들고, 성서는 모두 불사를 것을 명령했다. 그는 또한 명예를 얻은 자 중에 기독교를 고집하는 자는 그 지위를 격하시키고, 집안의 하인이 그럴 경우에는 그의 자유를 박탈하라고 명했다. 이때의 박해는 디오클레티아누스가 재위에서 물러나고 죽은 후에도 계속되다가 311년, 신앙의 자유를 묵인한다는 법령이 발표된 후에야 누그러졌다.

디오클레티아누스 황제에 의한 탄압이 전 로마 제국에서 진행되면서 알렉산드리아를 중심으로 한 이집트에서도 많은 기독교인들이 죽어갔다. 그리고 기독교에 대한 열정이 제국 내 어느 다른 지역보다 높았던 만큼 순교자도 당연히 많이 나왔다. 오늘날에도 이집트의 콥트 교회에서는 그때의 고난을 기리기 위해 '순교의 기간'을 정해놓고 있다.

예수의 신성론에서 앞장서간 알렉산드리아의 신학파:
(381년)

비잔틴 로마 제국이 311년에 기독교를 공인하기 전까지 기독교는 통일성을 유지하고 있었다. 그러나 기독교가 제국의 인정을 받자 기독교회의 역사적 통일체는 박해로부터의 해방이라는 기쁨보다도 분열이라는 또 다른 시련에 처하게 되었다.

기독교회의 계속된 분열은 교회의 결속을 통해 제국의 통일을 유지하고자 했던 콘스탄티누스 1세와 그의 후계자들을 당황하게 만들었다. 기독교회의 분열과 논쟁을 더 이상 방치할 수 없었던 콘스탄티누스 1세는 325년에 니케아에서 제1차 공의회를 소집했다. 니케아 공의회는 삼위 일체의 세 위격(位格)은 완전히 동등하다고 결정을 내리고, 동시에 세 위격이 한 분인 하나님을 구성한다는 것을 재확인했다. 소위 삼위일체론이 기독교 교리의 정론으로 확립된 것이다.

그러나 유일신론과 삼위일체의 결합은 단지 말의 결합일 뿐이었다. 니케아 공의회의 현실적 결론은 성자를 성부 다음의 두 번째 지위인 신 위치로 끌어올린 것이었다. 이와 같이 성자의 신성을 높였다는 것은 한마디로 말해 알렉산드리아 신학파의 승리를 의미했다. 그러나 알렉산드리아 교회의 성직자였던 아리우스는 성자라 해도 하나님에 의해 피조되었기 때문에 성부와 동시적이 아니며 또 대등할 수도 없다고 주장했으나 니케아 공의회의 결정에 의해 결국은 배척을 당했다. 그런데 아리우스의 주장은 사실 안티오키아 신학파의 주장과 같은 것이었다.

431년과 449년에 알렉산드리아 신학파들은 에페수스에서 또 다시 승리를 거두었다. 그들은 431년에 콘스탄티노플의 총주교 네스토리우스에 대해 이단 판결을 내리도록 했다. 네스토리우스는 마리아를 '신의 어머니'로 지칭하는 관행을 반대함으로써 성자의 인성만을 재강조했었다. 때문에 네스토리우스파는

기독교 단성론을 따르는 이집트의 콥트 교회

기독교 양성론자(성자는 통일되어 있지 않은 2개의 본성을 지니고 있다고 믿는 신자들)라는 낙인이 찍히고 말았다.

네스토리우스파의 패배는 곧 로마 제국 내에서 안티오키아 신학파의 최종적인 패배를 뜻했다. 그리고 449년, 알렉산드리아 신학파는 그들의 주장을 한 단계 더 끌어올려, 성자는 인간의 몸으로 있는 동안에도 오직 하나의 본성, 즉 신성만을 지니고 있다는 교리를 세우고 강조했던 것이다.

그러나 451년에 소집된 칼케돈 공의회에서는 449년 에페수스 공의회의 이런 결정을 무효로 한 뒤, 성자는 2개의 본성, 즉 신성과 인성이 한 몸속에 통일되어 있다고 선언했다. 결국 그리스도 단성론(Monophysite)을 주장했던 알렉산드리아 신학파는 네스토리우스파나 아리우스파와 같이 교회분열론자라는 낙인이 찍히고 만 것이다. 그러나 그들이 당장에 탄압을 당하지는 않았다.

어떻든 예수의 신성론에 앞장서는 그들의 주장은 기독교 단성론으로 그

절정에 이르렀던 신학적 대중운동이었다. 이 운동은 성자의 인성을 강조하는 기독교 신학의 본거지인 시리아를 자기 편으로 끌어들였고, 아르메니아도 같은 편이 되었다. 또 그들은 누비아인들과 오늘날 에리트리아에 위치했던 악숨 왕국도 기독교 단성론으로 개종시켰다. 다시 말해 네스토리우스파는 시리아에, 단성론파는 이집트에 퍼져 있었는데, 네스토리우스파는 비잔틴 로마 제국의 탄압으로 사산 조 이라크로 이동해갔고, 단성론자들은 탄압에도 불구하고 교세를 제국 내의 시리아뿐 아니라 누비아와 에치오피아 쪽으로 신장시켜 뻗어나가는 데 성공한 것이다.

알렉산드리아의 여성 철학자, 하이페티아:
(395년)

알렉산드리아 학교에서 수학과 철학을 배우던 학생들 사이에서는 한 아름다운 여인이 스승으로서 대단한 인기를 누렸다. 하이페티아라는 이름을 가진 이 여인은 당대 최고의 수학자 테온의 딸로서, 그녀의 강의를 듣기 위해 그리스를 비롯해 로마의 전역에서 수많은 학자들이 몰려들었다.

그녀의 강의는 깊이가 있고 웅변적이었으며, 기지에 차 있었다. 그녀는 프라토와 프로티누스의 철학을 완벽하면서도 상세하게 풀이했는데, 그녀의 밑에서 강의를 듣는 학생들 가운데에는 알렉산드리아의 주지사 오레스테스와 키레네 출신으로 부와 명성을 함께 지니고 있던, 프톨레마이오스 교구의 기독교 주교 시네시우스가 있었다.

흔히 '기르는 이' 혹은 '철학자'라고도 불리던 하이페티아는 아테네에서 프루타키와 그의 딸 에스클레피제네이아 밑에서 공부했었다. 그때부터 그녀는 이미 수학자로서 명성을 날리기 시작했으며, 알렉산드리아로 돌아온 후에는 학교의 요청으로 철학과 함께 기하학과 천문학, 그리고 그 당시로서는 새로운 학문인 대수代數를 가르쳤다.

그녀는 또한 천체관측의와 평면천체도라는 두 가지 천문학 기기를 발명하는 큰 업적을 남기기도 했다. 과학자였기 때문에 그녀의 철학사상은 당연히 과학적인 증거를 요구하는 합리주의를 신봉했고, 그것은 기독교의 교리에 상반되었다.

그러자 광신적인 알렉산드리아의 주교 키릴은 그녀를 타협할 수 없는, 악마의 지식을 전하는 마녀로 간주해 도시에서 쫓아내거나 제거할 기회만 엿보고 있었다. 당시 기독교는 그 힘이 날로 강성해져서 알렉산드리아의 주교가 추종자들을 모아, 로마 제국의 주지사 오레스테스에게 폭력을 가하고도 아무 탈이 없을 정도였다(물론 이때는 로마 제국이 기울어가던 막바지 무렵이었다).

이 광신적인 주교는 415년 3월에 드디어 일을 저지르고 말았다. 키릴의 사주를 받은 광신도 집단이 학교에서 집으로 가던, 아름답고 고결한 이 여성학자를 참혹하게도 사지를 찢어 불 속에 던져버린 것이다.

불에 타버린 그녀의 육체와 함께 알렉산드리아에서 자라던, 합리적 사고를 바탕으로 한 과학적 탐구정신과 이성주의도 소진되고 말았다.

이집트,
비잔틴 제국의 영토가 되다:
(395년)

388년, 테오도시우스 1세에 의해 로마는 재통일되었지만, 395년에 테오도시우스의 두 아들 아르카디우스와 호노리우스 사이에 또다시 분할되고 말았다. 260년 로마의 황제 발레리아누스가 페르시아 황제 샤푸르 1세에게 참패를 당해 포로가 된 이래 로마 제국의 분할은 가끔씩 있었던 일이었다. 그러나 분할된 후에는 매번 재통일이 되곤 했다. 때로는 자발적으로 분할되기도 하고 때로는 강제적으로 분할되기도 했지만, 얼마 지나지 않아 곧 재통일되곤 했던 것이다.

제국의 분할과 재통일이 자주 반복되다 보니 395년의 분할도 영구적으로 지속되리라고는 아무도 예상치 않았다. 그러나 이미 쇠퇴의 길로 접어든 로마 제국으로 쏟아져 들어오는 만족들의 물결은, 제국을 영원히 동과 서로 갈라놓고 말았다.

더구나 만족이 몰고온 풍랑 속에서 서로마 제국은 끝내 헤어나지 못하다가 476년, 만족 출신의 로마군 보병대장 오도아케르에 의해 황제 로물루스가 폐위됨으로써 그 운명을 다하고 말았다. 그리고 동로마 제국은 살아남았지만, 외세의 압력에 시달리기는 서로마 제국과 별 차이가 없거나 오히려 더

비잔틴 제국 최고의 황제 유스티아누스와 그의 고관들

강했다.

그러나 동로마 제국은 서로마 제국보다 사회·경제적으로 훨씬 안정되어 있었다. 이런 내부적인 안정 때문에 동로마 제국은 비잔틴 제국으로 불리면서 명맥을 유지할 수 있었던 것이다. 동로마 제국의 사회·경제적인 안정은 만족에 물들지 않고, 무엇보다도 경제적으로 부유했던 이집트와 시리아 같은 동부의 제주諸州가 온존하게 보존되어 있었기 때문이었다.

서로마 제국이 사라진 뒤, 이런 현실을 잘 파악하고 있던 동로마 제국은 518년까지 그들의 발원지였던 이탈리아를 탈환하기보다 이집트와 시리아의 안정과 보존에 힘을 쏟았다. 이제 동로마 제국, 즉 비잔틴 제국의 영토가 된 이집트는 3개의 주로 나누어졌다. 서부 델타와 알렉산드리아를 포함하는 조비아 이집트, 동부 델타와 중부 이집트를 포함하는 헤르쿨리아 이집트, 남부 이집트를 포함하는 테베 주로 나누어 다스려졌던 것이다.

알렉산드리아는 비잔틴 제국의 수도 콘스탄티노플 다음가는 도시였으며, 이집트는 비잔틴 시대에도 여전히 가장 부유하여 제국의 재정을 살찌우는 암소 같은 역할을 했다. 이집트는 밀, 린넨, 파피루스, 상아, 향수, 향신료 등을 수출했으며, 은, 주석과 같은 광물, 포도주, 비단, 향신료, 향수 등을 수입했다. 이집트는 동서 국제무역의 중계지 역할을 계속했으며, 그중에서도 알렉산드리아는 언제나 그 중심에 있었다.

사막의 배, 낙타:
(520년)

기원전 6세기나 7세기경에 아시리아인들이나 페르시아인들에 의해 이집트에 소개된 낙타는 그 당시까지 쓰이고 있던 말을 대신해, 사막을 지나다니는데 있어서 가장 중요한 교통 수단이 되었다. 등 위의 육봉에 지방을 저장해 수일간 음식을 먹지 않고도 견디는 낙타는, 콧구멍을 자유롭게 개폐하는 등 사막 생활에 더 없이 적합한 동물이었다.

낙타는 중국과 고비 사막, 아프가니스탄 등에 사는 털이 많은 쌍봉 낙타와 아프리카, 아라비아, 소아시아, 페르시아, 서북인도 등에 사는 털이 짧은 단봉낙타로 구분된다. 이집트에 사는 낙타는 털이 적은 단봉낙타이다.

낙타의 목과 발은 길며, 발가락은 2개로 측지가 전혀 없다. 앞니가 위턱에 있고, 송곳니가 상·하 양턱에 나 있으며, 또 위가 3개의 주머니로 되어 있다. 또 뿔이 없으며, 눈썹은 길고 2열로 되어 있어서 모래먼지가 들어가는 것을 방지해준다. 그런가하면 나뭇잎이나 가지를 먹고, 가시나무도 잘 먹는다. 수일간 먹지 않고 일을 할 수 있는 데, 이때 지방덩어리인 육봉이 점점 작아져서 납작해진다. 육봉에 있는 지방을 분해해서 부족한 영양분을 보충하기 때문이다. 그러니까 낙타의 등뼈는 육봉의 굴곡에 따라 구부러져 있는 것이

피라미드 주변의 낙타와 낙타 몰이꾼

아니라 다른 척추동물과 마찬가지로 일직선이다.

이와 같이 낙타는 사막에서 음식물의 공급 없이도 장기간 버틸 수가 있고, 사막에서 자라는 가시 돋친 식물을 먹을 수 있는, 강한 생명력을 가진 동물로 인간에게 매우 유용한 가축이 되었다. 비록 움직임은 말처럼 빠르지 않으나, 인간이 낙타를 소유하고 사육할 수 있게 되면서부터 낙타에 의지해 넓은 사막을 횡단하며 생활할 수 있었다.

거기다가 낙타는 영리하면서도 충실하고 순종적인데다 지구력 또한 대단했다. 말이나 다른 동물은 도저히 버틸 수 없는 모래 바람, 뜨거운 태양 따위의 혹독한 기후조건에서도 사람을 태우고 120km까지 갈 수 있다. 그뿐 만 아니라 똑바로 서 있기조차 힘든 사막에서 낙타는 150kg의 짐을 실을 수도 있다. 길이 나쁘지만 않으면 더 무거운 짐도 실어나른다.

이집트 역사에서 낙타의 역할은 지대했다. 낙타가 있느냐 없느냐에 따라 전쟁의 승패가 달라지기도 했고, 이집트 상인들은 낙타 덕분에 남쪽으로 아프리카 깊은 곳까지 들어갈 수 있었다. 그리고 이슬람이 나일강 유역에서 서아프리카로 전파될 때에 낙타는 마치 대양을 건너는 배와 같은 역할을 수행했다. 아프리카의 이슬람 팽창에 가장 중요한 역할을 했던 것이다.

이렇게 사막의 삶에 필수적이고 유용한 낙타지만 사실 낙타는 토끼를 보고 놀라고, 파리를 보고도 울부짖으며, 자갈 무더기만 봐도 내빼는 대단한 겁쟁이다. 늘 흠칫거리며 슬픈 듯한 표정으로 살아가는데, 기이한 것은 죽을 때가 되면 스스로 모래 위에 조용히 드러누워 죽음을 기다린다는 점이다.

낙타는 죽어도 버릴 것이 하나도 없다. 가죽은 벗겨져 여러 용도에 쓰이고 고기는 음식으로 먹는다. 특히 베두윈들에게 젖을 주고 삶의 동반자가 되어준다. 이렇게 낙타는 태어나서 죽을 때까지 사람을 위해서 봉사한다. 그러나 대체로 사람들은 이런 낙타에게 애정을 베풀지 않는다. 오히려 도살장에 끌고갈 때까지 채찍질을 가할 따름이다.

지금도 낙타는 이정표가 없는 사막에서 여행자에게 길을 안내해준다. 이집트의 사카라나 멤피스, 기자 부근에서 피라미드나 고대의 유적지들을 순방하려면 낙타를 이용하는 것이 편리하다.

제3장

이슬람 시대
(641년 ~ 1798년)

EGYPT

아므르 이븐 알 아스의
아랍·이슬람군, 이집트 정복하다:
(641년)

아랍 · 이슬람 제국은 비잔틴 제국으로부터 시리아를 빼앗았다. 그러자 비잔틴군은 이집트에서 시리아를 자주 침범했다. 이슬람 제국의 제2대 정통 칼리파 오마르는 비잔틴군이 자꾸 그들을 귀찮게 하자, 오랜 주저 끝에 아므르 이븐 알 아스에게 4,000명의 군대를 주어 이집트를 정벌토록 했다.

639년, 아므르 이븐 알 아스가 이집트를 침입할 당시에 이집트인들은 경제적으로나 종교적으로 매우 어려운 곤궁 속에 빠져 있었다. 20가지 이상이나 되는 과중한 세금이 주민들에게 강요되었고, 기독교 단성론을 신봉하던 대부분의 이집트 주민들은 비잔틴 제국이 공인한 기독교 교리인 칼케돈파나 멜키트파와 다르다는 이유로 탄압받았던 것이다.

때문에 이집트인들은 속으로 비잔틴 제국의 지배를 증오했다. 거기다가 비잔틴 제국의 정규군은 오랜 전쟁에 지쳐 있던 터라 멀리 떨어져 있는 속주에 대해서는 지원능력이나 방어능력이 극도로 떨어져 있는 상황이었다. 그럼에도 불구하고 이집트 땅은 여전히 비옥했고, 오랫동안 축적되어온 풍부한 부는 다른 곳과 상대가 안될 정도로 훌륭했다.

이런 상황을 잘 파악하고 있던 아므르 이븐 알 아스는 칼리파에게 여러 차

례 이집트 정복을 간청하
던 터였다. 당시 이슬람군
은 시리아 지역과 페르시
아, 아라비아 반도 세 지역
으로 갈라져 있었기에 군
대를 다시 집결시킨다는
것이 쉽지 않은 일이었다.
뿐만 아니라 시리아 같이
이슬람 영토로 편입된, 새

아무르의 아랍군과 비잔틴군이 싸우던 바빌론 성의 모습

로운 지역의 통치도 안정되지 않은 상태였다.

　그러나 아므르는 줄기차게 칼리파를 설득했다. 그는 이집트 정복은 무엇
보다 이슬람 전파와 국가 팽창에 커다란 의의가 있음을 강조했다. 우선 시리
아와 팔레스타인에서의 아랍·이슬람 통치를 더욱 공고히 해줄 뿐 아니라,
그곳을 기점으로 마그립 지역(서북부 아프리카)으로 이슬람을 팽창시킬 수 있
는, 지정학적으로 매우 중요한 요충지라는 것이었다.

　아므르의 설득과 간청에 못이긴 칼리파는 4,000명의 병력을 내주면서 한
가지 조건을 달았다. 그 조건은 메디나 원로들과 슈라(협의)를 열어 이집트
원정이 결정될 때에 최후통첩을 받으라는 것이었다.

　칼리파는 다음과 같이 아므르에게 지시했다.

　　"메디나로 돌아가서 원로들과 의논해본 후에 확답하마. 허락이 되지 않을 경우,
　　만약 나의 사자가 이집트 국경에 그대가 도착하기 전에 당도했다면 곧 회군하라.
　　그러나 그 땅을 침입한 후라면 알라에게 도움을 청하고 알라의 가호를 기원하라!"

　칼리파는 그 말을 던지고는 메디나로 돌아가 원로들과 의논을 했다. 그런
데 결론은 이집트 원정은 위험이 따르니 불가하다는 것이었다. 칼리파는 아
므르에게 사신을 보내, 이집트 침공을 중지하라는 내용의 서신을 전하도록
했다. 아므르는 이집트 국경을 넘기 직전에 칼리파가 보낸 사신을 영접했다.

아랍 전사의 모습

그러나 그는 사신이 전한 서신을 개봉하지 않고 가슴 깊이 간직한 채 국경을 넘었고 그 뒤에야 뜯어보았다. 그는 서신이 어떤 내용이든 이집트를 침입할 작정이었던 것이다. 이때가 639년 12월이었다.

아므르는 지략과 대담성에서 '알라의 검'이라 불리던 이슬람 세계의 최고 명장 칼리드 빈 알 왈리드와 쌍벽을 이루는 장수였다. 그는 칼리파 오마르의 우려와 주저와는 달리 큰 어려움 없이 이집트 땅을 차례차례 점령해 나갔다. 그는 무역대상로를 따라서 시나이 반도를 통과한 후, 펠루시움(알 파르마)에서 비잔틴군의 첫 번째 저항에 부딪혔다. 그러나 한 달 만에 비잔틴군을 격파한 그의 아랍군은 계속 진군해 오늘날의 카이로에서 약 30km쯤 떨어진 빌바이스를 포위하고, 여기서도 한 달 만에 항복을 받아냈다.

640년 초, 아랍군은 마침내 비잔틴 제국 최후의 보루였던 바빌론 성까지 육박했다. 그리고 6월에는 주바이르 빈 알 아왐의 지휘하에 칼리파가 보낸 증원군이 지금의 카이로 근방 헬리오폴리스에 도착했다. 여기서 아랍군은 비잔틴군을 대패시키고, 그들을 바빌론 성으로 몰아넣었다. 그리고는 이슬람으로의 개종이냐, 인두세 지불이냐, 전쟁이냐, 이중에서 한 가지를 택할 것을 요구하면서 9개월간 성을 포위 공격했다.

외부의 원조 가능성은 거의 희박한데다 지칠 대로 지친 비잔틴군은 641년 4월, 결국 인두세를 지불한다는 조건으로 성을 아랍군에게 내주고 말았다. 바빌론을 차지한 아랍군은 이번에는 알렉산드리아로 진군해 그곳마저 장악하고, 이집트 내 다른 지역으로 공격을 확대했다. 일부 아랍군은 남부 지방의 테베까지 쳐들어갔다. 더 이상 승산이 없다고 판단한 로마 총독 키루스는 641년 11월, 다음과 같은 조건으로 아랍군과의 종전에 동의했다.

⑴ 자신의 신앙을 지키려는자는 인두세를 지불한다.
⑵ 알렉산드리아는 매달 공물을 바쳐야하며, 150명의 병사와 50명의 시민을 인질로 아랍 측에 인계한다.
⑶ 아랍은 기독교회나 기독교도의 일에 개입하지 않는다.
⑷ 아랍은 비잔틴 로마군이 알렉산드리아시에서 완전히 철수할 수 있도록 11개월동안 성 밖으로 멀리 떨어져 대기한다. 비잔틴군은 642년 9월까지 알렉산드리아시를 떠나는 그들의 배에 승선해야 한다.

아므르 이븐 알 아스는 비잔틴군 장병들이 종전에 동의한 후에도 몇몇 지역에서 아랍군에게 저항하는 통에 이집트를 완전히 정복하기까지는 한 해가 더 걸려야 했다. 그렇지만 그동안에 그는 리비아로 진격해 키레나이카와 트리폴리를 정복했고, 일단의 그의 병사들은 남쪽으로 진격을 계속해 수단 북부까지 쳐들어갔다.

이집트의 새 수도,
푸스타트의 건설:
(642년)

아므르 이븐 알 아스는 이집트를 정복했지만 마음대로 지배할 수 없었다. 이집트 총독 자리와 군사지휘권은 칼리파 오마르의 권위하에 위임되고 허락되었기 때문이었다.

아므르는 파로스 등대가 있고, 대리석이 깔린 넓은 도로가 서로 교차하는 알렉산드리아의 매력에 흠뻑 빠져버렸다. 그래서 그는 알렉산드리아를 이집트의 수도로 정하려고, 칼리파에게 알렉산드리아를 찬양하는 글을 보냈다.

> "알렉산드리아에는 4,000개에 달하는 궁전, 4,000개의 목욕탕, 1만 2,000명의
> 기름 파는 상인들, 1만 2,000명의 정원사, 인두세를 지불할 4만 명의 유대인,
> 400개의 극장과 오락장들이 있습니다!"

그는 이미 오래 전에 기독교인들이 이단자의 저서라고 해서 70만 권의 책들을 버리고, 수차례의 내란으로 화재에 휩싸였던 그 유명한 알렉산드리아의 도서관에 대해서는 언급도 하지 않았다. 그러나 그는 다른 곳의 작열하는 태양과 뜨거운 여름의 더위와 견주어 알렉산드리아의 푸른 바다와 시원하고

아므르 이븐 알 아스 모스트 내부

도 감미로운 미풍을 묘사하는 것을 빼놓지 않았다. 그러면서 알렉산드리아
가 이집트의 수도가 되어야만 한다고 보고했다. 그러나 칼리파의 답은 냉담
했다.

"그럴 경우 나와 아랍군 사이를 물이 가로막지 않겠는가?"

사려 깊은 아므르는 칼리파의 우려와 지적을 직시하고 이를 부정하지 않
았다. 알렉산드리아는 좁은 길이 길게 동과 서로 늘어져 있고, 마레오티스호
에 의해 이집트 본토와 차단되어 있는 터라 단지 운하에 의해 나일강의 서쪽
지류와 연결되었던 것이다. 그리고 나일강이 홍수로 범람할 때에 델타 지역
은 호수가 되었고, 도시는 내륙으로부터 분리되었다. 따라서 알렉산드리아
는 나일강이 범람할 때마다 이슬람 제국의 수도 메디나와 육로로 통하는 길
이 완전히 두절되는 경우가 많았다.

또 알렉산드리아는 도시의 북쪽면이 바다와 접해 있어, 당시 해군을 보유
하고 있지 않던 아랍군에게는 치명적으로 위험한 지형이었다. 만약 비잔틴
군이 반격해온다면 배를 타고 북쪽 해안을 따라 쳐들어오기 십상이었다. 실
제로 몇 년 후, 오마르의 후계자 오스만이 칼리파가 되었을 때에 비잔틴군이
알렉산드리아 북쪽 해안을 통해 알렉산드리아를 잠시 점령하기도 했다. 그
때는 아므르가 총독직을 그만둔 뒤였는데, 그가 복직되고서야 다시 탈환할

수 있었다.

아므르는 칼리파 오마르가 알렉산드리아를 이집트의 수도로 탐탁치 않게 여기자, 고대 이집트의 수도였던 멤피스 근교에 새로운 도읍지를 세우기 위해 예하 부대를 이끌고 바빌론 성으로 돌아왔다. 나일강이 범람하더라도 아라비아 반도와 육상교통이 두절되지 않게 하기 위해서는 수도를 나일강 동쪽 둑 너머에 건설해야 했다. 아므르는 기왕에 행정수도를 새로 세울 바에야 끝까지 개종을 거부하며 인두세를 내는 피정복민들과 도시를 분리하여, 사막과 농경지의 중간에 아랍 전사들이 거주할 수 있는 병영도시를 건설하고 싶어했다. 그것은 아랍 전사들이 농경지에서 살다 보면 나중에 농민들에게 동화되어 상무정신마저 상실하는 것을 막기 위한 조처이기도 했다.

이런 조건을 충족시킬 만한 곳을 찾던 아므르는 바빌론 성을 공략할 때 그들이 야영했던 평원을 주목했다. 그곳은 나일강과 가까운 바빌론 북쪽에 있었다. 이 지역은 서쪽으로는 나일강이 방어해주고, 남쪽으로는 바빌론 요새가 있었으며, 북쪽과 동쪽으로는 하천과 운하가 있어 그야말로 천연적인 지형으로 보호되어 있었다. 그뿐만 아니라 이집트의 북쪽 중앙에 위치하고 있어서 전국을 효과적으로 통제할 수 있었으며, 아라비아 반도의 이슬람 제국의 수도 메디나와도 길이 연결되었다. 대상로가 바빌론 성 동쪽으로부터 수에즈 만까지 연결되었는데, 거기서 길이 분리되어 하나는 팔레스타인과 시리아로 향하고, 다른 하나는 남쪽으로 아라비아 반도의 수도 메디나와 연결되었던 것이다.

그곳을 흐르는 운하는 로마 제국의 트리야누스 황제(98~117년 재위)에 의해 크게 보수되고 유지되었기에 암니스 트리야누스라고 불렸다. 일부가 메워져 있었으나 쉽게 복구될 수가 있었다. 그러니까 이집트의 잉여곡물은 이 운하를 통해 아라비아 반도로 운반할 수가 있었다. 특히 이곳은 몇 개의 교회와 수도원을 제외하고는 아무것도 없는 황량한 들판이라 아랍 전사들이 거주할 병영도시를 세우기에는 아주 적합했다. 아랍 전사들은 부족에 따라 서로 반목하고 질시하는 경향이 짙었다. 이것을 막으려면 서로 구역을 분리하여 같은 부족끼리 살도록 해야 했다. 그러자면 상당히 넓은 면적의 도시 터가 필요했던 것이다.

아므르는 그곳을 면밀하게 돌아본 뒤, 비둘기가 둥우리를 틀고 있던 곳을 성스러운 장소로 선언하고, 그 비둘기를 조용히 떠나게 만든 다음 그곳에 모스크를 세웠다. 가로 95피트, 세로 56피트의 직사각형의 공간에 건축된 이 모스크는 640~641년 사이의 겨울에 건립되었다. 벽은 거친 진흙 벽돌을 써서 만들었고, 기둥은 대추야자 나무로 세웠으며, 천장은 대추야자 나무 조각과 잎사귀, 회반죽으로 만들어졌다. 이 모스크는 오늘날 무슬림 사원에서 기본적으로 갖추고 있는 안뜰, 첨탑, 예배보는 방향을 가리키는 미흐랍과 여러 장식 등이 없었다. 바닥은 자갈로 덮여 있었고, 메카를 향한 벽면을 제외하고 각 면에 2개의 문이 있었다. 이 모스크는 여러 번 재건축되고, 또 수리 되어 오늘날까지 그 자리를 지키고 있어 관광객들의 발길을 끌고 있다.

모스크를 세운 아므르는 푸스타트라고 명명된 새 도시를 본격적으로 건설하기 시작했다. 이렇게 세워진 병영도시(암사르라고 부름) 푸스타트는 969년, 파티마 조에 의해 알 까히라(카이로)가 새로 세워져 수도가 옮겨질 때까지 3세기 동안 이집트의 수도 역할을 했다.

아므르에 의해 세워진 이 신도시는 오래지 않아 이슬람 제국의 주요 도시 중 하나가 되었다. 처음에는 주로 단순한 단층 건물들이 들어섰으나 점점 번화해지면서 규모가 커지고 5층, 7층짜리의 높은 건물도 세워졌다. 이 도시는 행정수도로서뿐만 아니라 상업의 중심지로도 발전해 수많은 가게가 들어서고, 나일강을 통해 유통되는 상품들을 저장하는 창고들이 즐비하게 세워졌다. 한편 도시의 주요지역은 방어를 목적으로 일부가 요새화되었고, 당시 유럽에서는 생각지도 못했던 상하수도 시설과 위생시설이 모두 갖추어져 있었다.

이슬람 제국의 속주가 된 이집트:
(642 ~ 868년)

로마와 비잔틴 제국에 이어 이제 이슬람 제국의 한 속주가 된 이집트는 물론 칼리파가 임명하는 총독에 의해 다스려졌지만, 여전히 아랍·이슬람 제국 내에서도 가장 중요하고 큰 주였다.

아랍 정복 초기에는 상·하이집트가 주영토였으나 나중에는 누비아와 시나이가 편입되고, 후일 바르카가 추가되었다. 이렇게 하여 우마이야 조 (661~750년)까지는 위의 지역을 한 사람의 총독이 지배했다. 그러다 750년에 아바스 조(750~1258년)가 들어서면서 이집트는 여러 행정구역으로 나누어졌고, 지역마다 총독이 따로 임명되었다. 총독은 자신의 지역을 독립적으로 통치하면서 금요예배를 인도하고, 지역의 군대와 경찰을 지휘했으며, 토지세를 거두어들였다.

우마이야 조까지는 대부분의 총독이 칼리파의 아들이나 형제들이었다. 그러나 아바스 조로 들어서면서 중앙정부가 약해지고, 특히 튀르크인들이 군부 세력을 휘어잡으면서부터는 튀르크인 장수가 총독이 되어 이집트에 왔다. 이집트는 다시 상·하이집트로 나누어졌고, 로마 제국 때처럼 그 아래가 하위 행정단위로 쪼개지고, 다시 마을로 세분화되었다. 그리고 마을은 다시

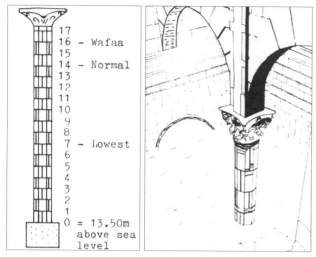

17
16 - Wafaa
15
14 - Normal
13
12
11
10
9
8
7 - Lowest
6
5
4
3
2
1
0 = 13.50m
above sea
level

아바스 조 때 나일강의
수위를 재기 위해 세워
진 나일로 미터

조그만 구역으로 나누어졌다.

　행정관리는 비잔틴 로마인이나 이집트인이 맡았으나, 대개 로마인이 자리를 물러나면 그 자리는 곧 이집트인에게 돌아갔다. 특히 이집트 기독교도인 콥트교도 출신의 행정관리들이 많았다. 그러나 법관은 칼리파에 의해 직접 임명되었고, 총독에 대해 독자적으로 재판권을 행사했다.

아랍인의 이집트 정착과
이집트의 아랍화, 이슬람화:
(809 ~ 868년)

아므르는 푸스타트를 세우고서 자신을 따라 이집트 정복에 참여했던 대다수의 아랍 군인들을 이 새로운 도시에 정착시켰다. 푸스타트는 그 후 점점 강성해지던 아랍·이슬람 제국의 가장 중요한 변방의 병영도시로 성장했다.

아바스 조의 아랍 기수병

그리고 1세기 반이 지난 뒤, 아바스 조의 칼리파 마아문(809~813년 재위)은 이집트에서 일어난 반란을 진압하러 왔다가, 휘하의 병사들을 이집트의 여러 마을에 나누어 정착시켰다. 이때에도 많은 수의 아랍 카이스족이 나일강 동쪽 둑에 있는 와디 호아프에 정착했다. 아랍인들은 이런 식으로 오랜기간에 걸쳐 이집트에 정착하고 이집트 신민이 되어 갔다.

아랍인들은 이집트를 정복한 뒤 처음에는 정치적·정신적으로 꼭 필요한 직위만 차지하고, 일반 행정직은 콥트교도들에게 맡겼다. 그러나 점차 아랍인들이 행정업무에도 익숙해지자 콥트교도들이 차지하던 자리가 아랍인이나 아랍·이슬람화된 이집트인으로 대체되었다.

이에 불만을 품은 콥트교도들이 한때 반란을 일으키기도 했으나 곧 진압되고 말았다. 그리고 그들도 관직을 얻기 위해서 아랍어를 배우기 시작했다. 아랍어는 공식적인 행정공용어였다. 그뿐만 아니라 지배계층에 오르기 위해 많은 콥트교도들이 자신의 종교를 버리고 이슬람으로 개종했다.

개종한 사람들은 코란을 이해하기 위하여 아랍어를 배우고, 아랍 여인들과 결혼했다. 이렇게 되자 이집트에서 아랍어와 이슬람이 급속도로 확산되었다. 그리고 얼마 지나지 않아 아랍어와 이슬람은 이집트인 다수의 언어와 종교가 되었다. 콥트어는 이제 콥트 교회의 제례용어로만 사용되고, 콥트교는 소수 종교로 남게 되었다.

이슬람 국가, 이집트에서의 콥트교도들:
(809 ~ 868년)

아랍이 이집트를 정복하기 이전에 비잔틴 제국은 이집트의 콥트교도들이 비록 기독교도들이기는 하지만 자신들의 공식 교리인 칼케돈 파와 다르다는 이유로 가혹한 종교적 탄압을 일삼았었다. 그러나 이집트를 정복한 아랍인들은 이슬람 팽창의 대원칙에 의해 콥트교도들이 이슬람의 우위성을 인정하고, 이교도가 내야 하는 일정의 세금만 내면 이들의 신앙을 자유롭게 인정해주었다. 그러니까 이들의 종교생활은 비잔틴 제국 때보다 훨씬 자유로워진 셈이었다.

그 이후 이집트는 무슬림이 지배하는 이슬람 국가가 되었음에도 불구하고, 대체로 콥트교도들에게 신앙의 자유가 보장되었다. 콥트교도들도 아랍의 지배정책에 적극 협력했다. 특히 이슬람 제국의 지배 초기, 아랍군의

콥트 수도사

정복전쟁이 활발했을 때에 콥트교도들은 적극적으로 아랍군을 도왔고, 행정이나 재무운영에 어두운 아랍인들을 대신해 이집트 국정의 각 분야를 그 들이 맡음으로써 사회적으로 갖가지 혜택을 누리기도 했다.

그러나 무슬림이 점차 늘어나고 이집트 사회에서 다수가 되면서 콥트교도들이 누리던 혜택은 줄어들 수밖에 없었다. 거기다가 강자인 무슬림들이 약자인 콥트교도에 대해 저지르는 횡포도 늘어만 갔다. 특히 가장 손쉬운 세원稅源의 하나였던 콥트교도들에게 부과되는 세금이 무겁게 책정되는 경우가 있었으며, 설사 지배자가 적당한 세금을 부과했다 해도 악독하고 탐욕스런 세금징수자들이 중간에서 규정 이상으로 세금을 갈취하기 일쑤였다.

이에 불만을 품은 콥트교도들이 총독의 강압적 통치에 반기를 들곤 했지만 그때마다 무자비하게 진압되었을 뿐이었다.

독립왕조, 툴룬 조의 성립:
(868년)

아바스 조가 쇠약해지면서 칼리파 가문의 왕족들이 차지하던 이집트 총독직을 튀르크족 군벌세력들이 물려받기 시작했다. 그러나 이들 튀르크족 무인 총독들은 이집트에 가지 않고 언제나 대리인을 보내 통치했다. 권력을 유지하고 중앙정부에서 자신의 입지를 넓히기 위해 바그다드나 사마라의 칼리파 궁에 머물렀던 것이다.

그러한 튀르크계 총독의 대리인으로 이집트에 들어온 인물 중에 아흐마드 빈 툴룬이 있었다. 원래 그의 아버지는 중앙 아시아의 부카라 지사에 의해서 여러명의 다른 젊은 튀르크 노예들과 함께 칼리파 마아몬에게 노예로 보내진 인물이었다. 835년에 출생한 그는 칼리파 곁에서 고위관리가 된 아버지 덕에 아랍어·코란·신학·이슬람법 등을 배웠고, 한때 아바스 조의 수도였던 사마라에서 정통 엘리트 군사교육을 받아, 말 그대로 문무를 겸비한 출

이집트 기병과 보병

중한 인재로 성장했다.

868년, 총독의 대리인으로 이집트에 파견되자 그는 잠재되어 있던 정치적 능력을 발휘하여, 잘못된 이집트의 정치·경제 상황을 바로잡아가면서 자신의 통치 기반을 다져나갔다. 그는 아바스 조의 중앙정부가 쇠약하고, 이집트와 칼리파가 멀리 떨어져 있다는 점을 십분 이용하여 이집트를 자신의 독립된 영지로 만들어갔던 것이다.

그는 칼리파와 와지르(수상)가 내린 소환명령에 따르지 않고 이를 거부했으며, 중앙정부에서 보낸 재정관도 몰아내 버렸다. 그래도 당시 아바스 정권은 정치적인 혼란기를 겪고 있던 터라 툴룬을 무력으로 제압할 능력이 없었다. 그러는 사이에 툴룬은 대상로를 따라 점점 자신의 영지를 확장해갔다. 그렇지만 그는 금요예배 때마다 아바스 칼리파의 이름을 창도케 했으며, 또 칼리파에게 조공을 바침으로써 아바스 칼리파의 종주권을 인정했다. 툴룬은 이렇게 아바스 칼리파를 섬겼지만 그것은 어디까지나 형식일 뿐, 883년 사망할 때까지 사실상 그는 이집트를 독립적으로 통치했다. 그리고 그의 아들 쿠마라와이흐에게 통치권을 넘겨줌으로써 실제로는 자기 가문의 왕국을 이집트에 세운 셈이었다. 이 왕조가 바로 툴룬Tulunid 조(868~905년)이다.

툴룬은 조세정책을 현명하게 쓰고 행정조직을 과감하게 개혁하는 한편, 10만에 이르는 강력한 정규군을 양성하여 이집트를 번영으로 이끌었다. 툴룬 조가 들어서면서 이집트는 그동안 아랍·이슬람 제국의 속주로서 엄청난 산물들을 중앙정부로 보내야 했던 관행을 뒤엎고, 이제는 그 부를 자신들을 위해 쓰면서 번영의 황금시대를 열어갔다. 거기다가 툴룬 조가 통치하던 시절에는 나일강의 범람이 적당하여, 내내 작물이 풍년이었다. 다만 안타까운 것은 그 기간이 너무 짧았다는 점이다.

툴룬 조는 아흐마드 빈 툴룬의 아들 쿠마라와이흐가 896년에 시리아의 다마스커스에서 급사하면서 후사문제로 내란이 일어났고, 그 틈을 이용하여 바그다드의 칼리파가 재빨리 군대를 파견하여 툴룬 조를 멸망시키고 말았다. 이렇게 하여 툴룬 조의 영화는 끝나고 이집트는 다시 아바스 조의 통치 하에 놓이게 된다.

장엄한 건축미를 자랑하는 이븐 툴룬 모스크:
(876년)

이븐 툴룬과 그의 후계자들이 카이로에 세운 호화로운 궁전과 건축물들은 안타깝게도 복수심에 불타는 아바스 조에 의해 대부분 파괴되고 말았다. 온전하게 남아 있는 것 중에서 툴룬 조의 예술과 번영을 보여주는 건축물은 신에게 바쳐진 이븐 툴룬 사원뿐이다.

이 사원은 당시까지 이집트에 세워진, 역사적으로 기억될 만한 3개의 모스크 중에 하나이다. 첫 번째 것은 아므르 이븐 알 아스 사원으로 전화를 입고 이미 소실되었으나 지금 그 자리에는 후대에 세운 건축물이 들어서 있다. 두 번째 모스크는 아바스 사원인데, 그것은 현재 아무 흔적도 남아 있지 않다. 그리고 세 번째 모스크가 바로 이 이븐 툴룬 사원이다.

빼어난 미와 웅장한 위용을 자랑하는 이븐 툴룬 사원은 그 동안 첨탑이 개축되고, 안마당에 세정용 분수대가 더 설치되기는 했지만 오늘날까지 원형이 그대로 잘 보존되어 있다. 그런데 그 건축 양식은 완전히 아바스 사원을 그대로 복원한 아바스 모스크의 복사판이다.

이븐 툴룬은 이집트 수도에 당대 최고의 모스크를 세워 독립국가로서의 위상을 드높이고 싶어했다. 이의 실현을 위해 그는 아바스 조의 수도였던

이븐 툴룬 사원의
첨탑

사마라에서 최고 명인인 기독교도 건축예술가를 데려왔는데, 당시의 금화 12만 디나르를 썼다고 한다.

그는 아바스 조에 보낼 공물과 세금을 보내지 않고, 사원을 건축하는 데 드는 비용으로 썼다. 그리고 국민들에게는 파라오 시대의 무덤에서 발견된 보물들로 그 재원을 충당했다고 말했다. 지금까지 남아 있는 사원의 기념비에 따르면 876년에 건축이 시작되어, 879년 3월에 첫 번째 예배를 드림으로써 이 모스크는 역사적인 완공을 본 것으로 되어 있다.

이븐 툴룬 사원은 웅대함과 장엄함과 섬세함이 합쳐진 위대한 걸작품으로 평가받고 있다. 또 이라크 건축술과 예술의 영향을 가장 많이 받은 것으로 알려져 있다. 이븐 툴룬 사원에서 이슬람 이전 시대의 건축 양식의 특색이 엿보이는 곳은 모스크 건물 외벽 세 방면 쪽에 외부 공간을 두고 바깥 울타리를 쳤다는 것이다.

메카를 향해 있는 네 번째 방면은 모스크와 정부청사가 문으로 연결되어 있다. 앞의 세 방면의 장소에 외부 공간을 두어 비어둔 것은 모스크와 주변의 주택들이 너무 밀접하게 붙는 것을 방지하기도 했는데, 이 공간이 바로 고대 셈족들이 성스러운 구역을 건물 외벽 안쪽에 두던 것과 일치하고 있는 것이다. 이븐 툴룬의 기마대는 이 빈 공간을 둘러싸고 있는 거대한 울타리를 군마를 매어두는 장소로 사용했다. 그리고 훗날에는 이 공간이 바자bazar(시장)로 이용되었다.

모스크에서 가장 독특하게 이라크 적인 것은 첨탑, 미나렛minaret이다. 이븐 툴룬 시절까지 모스크의 첨탑은 대개 원시적인 형태를 벗어나지 못했었다. 초기의 첨탑은 나무로 된 단 위에서 무앗진(예배시간을 알리는 '아잔'을 외치는 사람)이 신도들에게 예배를 보라고 외칠 수 있게 만든 단순한 형태의 것들이었다. 그런데 이 모스크의 첨탑은 규모나 건축술이 전의 것과는 비교가 안 되게 크고 뛰어났던 것이다.

한편 어떤 이들은 모스크 첨탑의 원형이 14세기에 지진으로 완전히 파괴된 알렉산드리아의 파로스 등대가 아닐까 추측하기도 한다. 왜냐하면 아랍어 '미나라(미나렛의 원형)'는 불이나 등대지기가 있는 장소를 가리키기 때문이다. 그렇지만 사마라 사원의 그 유명한 미나렛 건축양식이 파로스 등대를 모방한 것은 물론 아니다. 사마라 사원은 층층이 겹쳐진 지구라트로서, 기품이 있는 거대한 나선형의 첨탑을 소유하고 있다.

이븐 툴룬 사원의 원래 첨탑은 나선형으로 만들어졌다고 한다. 이븐 툴룬이 종이를 겹쳐 말은 형태로 첨탑을 세울 것을 건축가에게 지시했다는데, 이것은 그 유명한 사마라 사원의 첨탑을 모델로 했기 때문인 것이다. 그런데 훗날 이 첨탑을 수리하면서 원래의 나선형은 무뎌지고 흐릿해지고 말았다. 그렇지만 이라크 풍의 건축예술 양식은 이 첨탑에 여실히 살아 있고 이븐 툴룬 사원 전체에서도 잘 풍기고 있다. 또한 당시의 것으로 밝혀진 이집트의 또다른 많은 예술품들에서도 절정기 이슬람 예술의 극치를 잘 보여주고 있다.

이븐 툴룬 사원은 거의 정사각형 모양의 안뜰을 가지고 있다. 한 변의 길이가 약 92m에 이르고, 사면은 벽돌 회랑으로 둘러싸여 있다. 2개의 통로가 두 변을 뚫고 지나가며, 메카 쪽의 한 변은 5개의 통로가 나 있다. 회랑은 예배자들뿐 아니라 이슬람법과 신학을 공부하는 학생들, 그리고 사원에 거주하면서 금욕적 종교생활을 하던 수도자들이 햇볕을 피하는 그늘이나 휴식 공간으로 이용했다. 이 벽돌 회랑을 받치고 있는 기둥들은 그 형태나 재질이 파라오나 콥틱 시대의 것과 흡사하지만 그때의 것을 그대로 가져다가 다시 쓴 것은 아니었다. 모스크는 전체가 붉은 벽돌을 써 세워졌는데, 벽돌은 다시 치장용 벽토로 덮였다. 회랑의 각주는 둥근 기둥 형태를 취하고 있고, 그 건축 양식은 코린트 식이다. 오늘날에도 이 사원 안으로 들어서면 시끄러운 카이로 시내의 소음이 홀연히 한순간에 사라지고, 마치 다른 차원의 세계에 들어와 있는 것처럼 적막하고 경이로운 느낌을 갖게 한다.

이런 뛰어난 건축술의 역사적인 모스크가 오늘날까지 그대로 남아 있다는 것은 사실 기적에 가까운 일이다. 모스크는 여러 번 수리되고 개축도 종종 이루어졌지만, 거의 1200년 동안 장엄하고 아름다운 미를 그대로 유지하고 있다.

다시 말해 이븐 툴룬 사원은 카이로에 남아 있는 수많은 이집트 문화유산 중에서도 가장 자랑할 만한 것들 중의 하나이다. 클레오파트라의 죽음 이후 최초의 독립 왕조를 세웠던 툴룬 조가 카이로에 남긴 중세 이집트의 대표적인 건축예술인 것이다.

파티마 조, 이집트를 정복하고 새 수도 카이로를 건설하다:
(969년)

　무슬림 중에서 시아Shi'a파는 예언자 무함마드의 사위이자 사촌 동생인 알리의 후손만이 칼리파가 될 수 있다고 주장하고 있다. 그들 중에서도 이스마일을 시아파의 제7대 이맘imám(시아 교권의 수장, 정통파 순니의 칼리파와 같은 지위)으로 간주하는 분파를 이스마일파라고 한다.

　이스마일파의 지도자들 중의 한 사람인 사이드 빈 후세인은 893년에 메디나에서 북부 아프리카로 그의 선전요원을 파견하여 베르베르 케타마족의 지지를 얻는 데 성공했다. 그리고 이것을 바탕으로 909년에는 베르베르족의 도움을 받아서, 그 지역을 차지하고 있던 아글라브 조(800~909년)를 뒤엎고 새로운 나라를 세웠다.

　이렇게 파티마 조(909~1711년)가 출현하게 되었는데, 이 왕조는 아바스 제국으로부터 떨어져 나가 독립왕조를 세운 당시의 무슬림 군소왕국들 중에서도 가장 강력한 국가로 성장하여 좁게는 이집트 역사에서, 넓게는 이슬람 역사에서 매우 중요한 한장을 차지하게 된다. 파티마 조를 연 이븐 후세인은 자기가 이맘 이스마일의 직계 후손이라고 주장했다.

　파티마 조는 921년에 모로코에 있던 이드리스 조마저 무너뜨리고, 북아프리카의 서부 아랍 영토의 대부분을 차지했다. 무엇보다 파티마 조는 정통파 순니가 아닌 시아 이스마일파였으므로 아바스 조의 칼리파를 형식상으로도 인정하지 않았으며, 오히려 타도의 대상으로 간주했다. 그리고 오로지 자신들만이 이슬람 공동체의 합법적인 지도자들이라고 주장했다.

파티마 조의 푸투흐 성문

이처럼 급진적이고 강경했던 파티마 조는 기회만 닿으면 아바스 조가 다스리고 있던 영토를 빼앗으려고 달려들었다. 그들은 다른 어느 지역보다 이집트를 노렸다. 이집트의 풍부한 재원을 탐냈던 것이다. 그들은 이집트를 차지하기 위해 수차례 원정군을 보냈다. 그러나 그때마다 번번이 실패로 끝나고 말았다.

그런데 아바스 조의 제4대 칼리파 알 무이즈 때에 이집트에 심한 기근이 덮쳤다. 이로 인해 당시 아바스 조 아래에서 이집트를 지배하고 있던 이크쉬드 조(935~969년)가 급속히 쇠약해졌고 군사력도 크게 떨어졌다. 파티마 조는 그런 호기를 놓치지 않고 이집트로 쳐들어갔다. 가우하르 장군은 정예군사 10만을 거느리고 이집트로 진격하여, 963년에 푸스타트를 점령함으로써 이집트를 완전히 정복하는 데 성공한다. 가우하르는 여기서 그치지 않고, 승승장구하며 북진을 거듭해 시리아마저 장악하고 더 나아가 이슬람의 요람인 히자즈 지방까지 정복했다. 그리고 나서 그의 군주를 이집트로 모셔온다.

이집트를 정복한 파티마 조는 높은 성벽으로 둘러싸인 요새도시 알 까히라(카이로)를 세웠다. 승리를 뜻하는 이름의 이 도시는 각 변의 길이가 약 1km 정도의 직사각형 모양으로 된 성곽도시였다. 도시의 성벽에는 4개의 문이 있었는데, 그중에 주웨일라 문, 나스르 문, 푸투후 문은 오늘날까지 남아

파티마 조 궁전의 폐허에서 나온 목판화 조각, 창과 방패를 든 보병, 말은 탄 기병이 새겨져 있다.

있다. 훗날 외국인들에게 카이로로 알려진 이 요새도시는 본래 파티마 조의 칼리파와 그의 가족, 하인, 신하들이 사는 곳이었다. 따라서 실제적으로 이집트의 수도 역할을 하는 곳은 여전히 푸스타트였다. 대다수의 중류층이 모여 살고, 일반백성들은 그곳에서 활발하게 상공활동을 하며 살았던 것이다.

신도시의 성벽 안에는 큰 궁전과 작은 궁전이 마주보고 있었는데, 두 궁전은 지하로 연결되어 있었다. 각 궁전은 자체의 출입문과 높은 담을 가지고 있었고, 삼엄한 경비 아래 다른 지역과 철저히 분리되었다. 이처럼 알 까히라의 성벽을 높이 쌓고 경비를 삼엄하게 한 것은 외적의 침입을 막기 위해서라기보다는 푸스타트의 주민들이 알 까히라의 주민들과 뒤섞이는 것을 막기 위해서였다. 그래서 알 까히라의 사대문은 동이 터서 해가 질 때까지만 개방되었고, 나머지는 관의 허가 없이는 어느 누구도 출입할 수가 없었다.

알 까히라의 두 궁전 사이에는 거대한 경기장이 있어, 그곳에서는 한꺼번에 만 명 가까운 병사들의 사열을 받을 수 있었다. 그리고 일반주택가는 왕궁에서 떨어져 있었고, 인종과 부족에 따라 거주지역이 달랐다. 일반주택은 단순한 형태의 작은 성채를 연상시켰는데, 외부만 보아서는 부자인지 가난한지를 구별할 수가 없었다. 주택의 높이는 대략 4~7층이었고 14층이나 되는 건물도 있었다. 대부분의 가구마다 온수가 배급되었고, 수도와 낙타를 이용해 식수가 공급되었다. 또한 알 까히라시는 놀랍게도 하수구 시설이 갖추어져 있었다.

처음에 알 까히라의 인구는 1만 8,000명 정도였다고 한다. 그러나 도시가 점차 북쪽으로 확장되면서, 인구도 당시 이슬람 세계의 어느 도시보다 급격히 팽창해, 약 20~30만 정도를 헤아렸다고 한다.

한편 남쪽에 있던 구도시 푸스타트는 1160년, 십자군들이 카이로를 향해 진격해오자 파티마 조 정부에서는 전 도시에 불을 질러버렸다. 이방인의 약탈을 미리 예방하고 알 까히라의 방어를 도모하기 위해서였다. 그때 이후로 푸스타트는 폐허가 되어버렸다.

알 아즈하르 사원의 건립과
알 아즈하르 대학의 개원:
(969년)

　파티마 조는 역사에 남을, 위대한 학문과 교리의 전당을 세웠다. 시아 이스마일파의 교리를 가르치고 전하는, 신앙과 지성의 센터인 알 아즈하르 대사원을 972년에 세운 것이다.

　이집트를 정복한 용장 가우하르는 970년에 파티마 조 칼리파의 궁전 북쪽에 그들의 신앙의 센터가 될 알 아즈하르 대사원을 세우기 시작했다. 카이로 신도시의 건설이 파티마 조의 승리와 서부 이슬람 세계의 통치 주권을 상징한다면, 알 아즈하르의 건설은 파티마 조가 쫓던 시아 이스마일파 교리의 종교적 지배와 그 권위를 상징했다.

　처음에 알 아즈하르 사원의 이름은 새 수도의 이름을 따라 알 까히라 사원이라고 했다. 그러나 언제부터인지 알 아즈하르로 동시에 불리다가, 나중에는 알 아즈하르가 사원의 정식 명칭이 되었다. 알 아즈하르라는 이름이 언제 어떻게 생겼는지에 대해서는 이견이 많다. 많은 사람들은 파티마 조의 궁전을 가장 많이 세웠던, 칼리파 알 아지즈 빌라히 재위(975~996년) 시절 이후에 그 이름이 나타났다고 말한다. 한편 알 아즈하르의 어원은 '가장 개화한'이라는 뜻을 가지고 있다. 따라서 일부 사가들은 사원이 대학으로 발전한 후에 학문이 그곳에서 꽃처럼 만발하기를 바라면서 붙여진 것이라고 말한다. 그러나 또다른 사가들은 알 아즈하르의 어원이 사원 주변에 있던, 궁전의 이름인 '알 자히라'나

알 아즈하르 사원 내부에 앉아 있는 학생들

무함마드의 딸 중의 한 명인 '파티마 알 주흐라'에서 비롯되었다고 주장한다.

알 아즈하르 사원은 건립과 동시에 파티마 조를 대표하는 공식적인 모스크가 되었다. 파티마 조의 칼리파는 그곳에서 금요예배와 이슬람에서 가장 중시하는 두 명절, '금식종료절(라마단 금식월이 끝나는 날부터 약 3일간 축제를 지냄)'과 '희생절(하지 순례의 달 10일째 되는 날부터 약 5일간 축제를 지냄. 아브라함이 아들 이스마일을 대신해 하나님께 양을 바쳐 제사한 것을 기념함)'의 예배를 인도했다. 또 사원을 운영하는 관리를 칼리파가 직접 임명할 정도로 사원에 각별한 관심을 기울였다.

사원을 운영하고, 설교를 하면서 이스마일파의 교리를 전도하는 전임 선교요원들은 처음부터 파티마 조의 원래 고향인, 오늘날의 서부 아랍 지역 마그립에서 직접 데려왔다. 전통적으로 이슬람 사원들은 교육기관의 역할을 겸해왔는데, 특히 알 아즈하르 사원은 이스마일파의 교리를 전파하기 위해 세워진 것이었다.

위대한 시아 이스마일파의 전도사 이븐 알 누으만이 975년에 그의 부친의 역작 〈알 이크타사르〉를 가지고 최초로 강의를 한 곳이 바로 이곳, 알 아즈하르 사원이었다. 그리고 칼리파 알 아지즈의 재상 이븐 알 킬리스는 988년에 칼리파의 허락을 받아, 알 아즈하르를 대학으로 공식 선포하고 조직적 교육기관으로 만들어갔다. 그는 35명의 이슬람 법학자들을 알 아즈하르 대학의 교수로 임명하고는, 월급을 주고 사원 주변에 숙소까지 제공했다.

교수들은 금요일 정오예배와 오후예배 사이에 아부 야꾸브 까디 알 칸다크의 주재 아래 교육에 관한 제반문제들을 놓고 정기적으로 토의를 했으며,

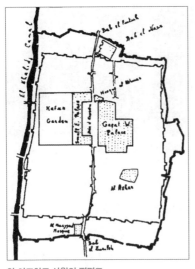

알 아즈하르 사원의 평면도

그들이 체계적으로 짜놓은 교육과정에 따라 강의가 펼쳐지고 많은 사람들이 수강을 했다. 알 아즈하르는 처음부터 이슬람 법학과 신학을 전공과정으로 두었으며, 일정 수준에 이른 학생에게는 학위증을 주었다. 이처럼 알 아즈하르는 지금부터 천년 전에 벌써 명실공히 대학으로써의 역할을 다하고 있었다. 일부 알 아즈하르의 출신 학자들은 이런 교육체계를 갖춘 대학의 역사가 982년부터 시작되었다고 말하고 있다.

파티마 조는 특히 이스마일파 교리의 전파를 위해서 알 아즈하르 발전에 특별한 관심을 기울였다. 사원은 주기적으로 확장되었고, 칼리파는 물론 고위관리와 부유한 이스마일파 대상인들이 알 아즈하르에 경쟁적으로 재산을 기진寄進했다. 또 그들은 알 아즈하르가 대학으로써의 역할을 다할 수 있도록 교수와 학생들을 위한 주택과 기숙사를 지어주었고, 경제적으로 구애받지 않고 오로지 가르치고 공부하는 데에만 전념할 수 있도록 일정한 액수의 급료, 생활비, 학비를 제공했다.

이런 환경 속에서 알 아즈하르는 시아 무슬림 신학의 중심 센터로 확고하게 자리잡게 되었을 뿐만 아니라, 신학 이외에도 역사, 철학, 수학, 아랍어학, 천문학 분야에서도 눈부신 업적을 남겼다. 그러나 이러한 학문의 업적은 파티마 조가 시아 이스마일 종파와 교리에만 지나치게 집착을 하면서 점차 퇴색되어갔다. 자유로운 분위기 속에서 학문의 발전을 도모해가던 모습은 점점 사라지고, 단지 이스마일 종파의 교리에만 얽매여갔던 것이다.

1171년, 십자군과의 오랜 전쟁을 승리로 끝낸 뒤, 이집트로 돌아와 허약해질 대로 허약해진 파티마 조를 접수한 전쟁영웅 살라흐 알 딘 알 아이유비

(일명 살라딘)는 샤피학파(이슬람 4대 법학파의 하나)의 독특한 순니 정통파 교도였다. 따라서 그는 순니 교리에 대해 적대적으로 가르치고 있던 알 아즈하르가 달가울 리 없었다.

그는 정권을 확고하게 장악한 뒤에 알 아즈하르에서 시아 법학자들을 추방해버렸다. 그리고 대신에 순니 법학자들을 그 자리에 대체해 앉혔다. 물론 이스마일파 교리에 따른 예배의식과 교육은 전면 금지되고, 정통파 순니 교리만 가르쳤다. 그뿐만 아니라 알 아즈하르 사원에서의 설교를 금해 그곳에서 행해지던 금요예배가 한동안 정상적으로 근행될 수 없었다. 그의 뒤를 이은 후계자들도 다른 이슬람 사원이나 교육기관을 많이 세웠지만 알 아즈하르는 계속 배척했다.

이같은 아이유브 조의 억압정책으로 알 아즈하르의 활동은 극도로 침체되어 있었다. 그렇다고 완전히 정지된 것은 아니어서 그 동안에도 의외로 많은 이슬람 신학자, 법학자, 천문학자, 수학자, 사학자들을 계속 배출했다. 아이유브 조로부터 박해를 받았던 알 아즈하르는 그 뒤 세월이 지나면서 시아파적인 요소가 완전히 사라지고, 순니 세계의 대표적 사원이자 이슬람 교육기관으로 바뀌어갔다. 그러다 아이유브 조의 뒤를 이어 튀르크계, 노예들이 세운 맘루크국(1250~1517년)이 들어서면서 다시 융성기를 맞는다. 이슬람권 대학의 역사는 르네상스 이전 이슬람 문명이 여러 분야에서 유럽보다 앞서 있던 것처럼 유럽의 대학들보다 오래되었고 전통이 깊다. 그러나 13세기 몽골의 침입 이후, 이슬람 문명권의 정체현상과 더불어 대학은 점차 사라지고 학문활동도 현저히 둔화되었는데, 특히 근세에 이르러서는 유럽식 교육제도와 대학들이 생기면서 전통적인 이슬람 교육이 서구식 제도에 흡수되고 많은 교육과정들이 서구화되었다. 그러나 유일하게 알 아즈하르만큼은 예외로 남았다. 세계에서 가장 오래된 대학으로 존중받고 있는 이 대학은 이슬람 학문의 본산이자 권위의 상징으로 지금도 그 역할을 변함없이 수행하고 있다.

기인 칼리파 알 하킴:
(996 ~ 1021년)

　996년, 알 하킴이 파티마 조의 제6대 칼리파가 되었을 때 그의 나이는 불과 11살이었다. 그가 방대해진 제국을 다스리기에는 너무 어렸으므로 섭정들이 국정을 대행했다. 그러다 섭정들 사이에 권력 투쟁이 일어나 결국 모두가 물러나고 칼리파인 알 하킴이 직접 나라를 다스리게 되었는데, 그는 통치 초기 때부터 이상한 행동을 하기 시작했다.

　우선 그는 낮보다 밤을 더 좋아했다. 밤에 매사를 보려 하고 또 칼리파가 밤거리를 자주 돌아다니자, 백성들은 칼리파에게 잘 보이기 위해 집과 거리에 밝게 조명등을 달았고, 가게들도 밤늦게까지 문을 열었다. 칼리파는 야경을 즐기면서 조명등 아래에서 국정을 집행하기 일쑤였다.

　알 하킴의 기이한 명령들은 도무지 이해할 수 없고 지킬 수 없는 것들이 많았다. 예를 들면 그는 여인들이 집 밖으로 외출하는 것을 금했고, 그래서 신발 제조공들에게는 여인들의 외출용 신발을 일체 만들지 못하게 했다. 장기의 일종인 체스놀이도 금지되었다. 음식과 음료수에도 전에 없던 법이 만들어져 엄격하게 적용되었다. 맥주는 금지되고, 포도주는 모두 몰수되었다. 심지어는 건포도까지 먹는 것을 금하고 포도나무를 잘라버리기까지 했다.

뿐만 아니라 꿀도 압류되어 나일강에 버려졌고, 이집트인들이 즐겨 먹는 무루키야molokhiya국도 먹을 수 없었다.

무루키야국을 금한 것은 순전히 우마이야 조(661~750년)의 초대 칼리파인 무아위야가 평소 즐겨 먹었다는 이유 때문이었다. 무아위야는 알리를 죽게 만든 장본인이므로 시아들이 가장 증오하는 인물이었다. 알리는 시아들 누구나가 예언자 무함마드 다음으로 중요시하는 시아 종파의 시조이고, 오직 그와 그의 자손들만이 칼리파(또는 이맘)가 될 수 있다고 시아들은 생각한다. 그런데 무루키야국은 우리의 된장국처럼 지금도 이집트인들이 가장 좋아하는 수프 중의 하나이다.

이슬람 제국의 지배기간 내내 매우 온건한 대우를 받아온 기독교도들이 칼리파 알 하킴에 의해 심한 박해를 받게 되었다. 교회는 파괴되고, 경작지와 재산은 몰수되었으며, 각종 탄압이 5년간(1007~1012년)이나 지속되었다. 기독교도들은 무슬림으로 개종하거나, 아니면 파티마 조의 영토를 떠나야 했다. 그렇지 않으면 거동하기 불편할 정도로 크고 무거운 십자가를 목에 걸고 다녀야 했다. 이때의 박해를 이겨내지 못하고 많은 기독교도 농부들이 무슬림으로 개종했다. 그런데 그렇게까지 기독교도들을 박해하던 알 하킴이 어느 날 갑자기 기독교인들의 신앙을 허가하고, 그들의 재산을 돌려주었을 뿐 아니라 교회를 다시 세워주기까지 했다.

더욱 기이한 일은 알 하킴이 자신을 신의 화신이라고 믿었고, 그것을 믿는 신도들이 생겨났다는 사실이다. 알 하킴의 신하 중에 다라지라는 페르시아인이 있었는데 그가 칼리파 알 하킴을 신의 얼굴의 화신이라고 주장하자, 알 하킴도 그 말을 받아들여 이것을 세상에 전파토록 했다.

철저하게 유일신을 믿는 무슬림들로서는 알 하킴의 이러한 이단행위는 아무리 그가 칼리파라 할지라도 결코 용납될 수 없는 일이었다. 더구나 그가 만든 여러 기이한 법령으로 인해 경제적 고통까지 겪고 있던 카이로 시민들은 마침내 튀르크계 군대와 함께 봉기했다. 결국 다라지와 그의 추종자들은 카이로를 탈출해 시리아에 가서 자리를 잡았는데, 이들이 곧 오늘날의 드루

알 하킴 사원

즈파 교도들이다. 그러나 알 하킴의 기행은 여전히 계속되었다. 그러다 1021년 2월 13일, 평소같이 나귀를 타고 카이로 근교의 언덕을 방황하던 그가 홀연히 사라져버렸다. 나귀는 불구가 되어 돌아왔지만 그의 시체는 어디에서도 발견되지 않았다.

그러자 드루즈파 교도들은 알 하킴이 사라진 것을 두고, 최후 심판의 날에 진실을 밝히고 안내자로서의 역할을 하기 위해 그가 다시 세상에 재림해 나타날 것이라고 주장했다. 그리고 이것 또한 그들 신앙의 일부가 되었다.

그러나 카이로의 대다수 사람들은 알 하킴의 누이가 베르베르의 군대와 짜고서 그를 제거했을 것이라고 믿었다. 알 하킴의 계속되는 기행으로 인해 왕조의 존망이 위태로워지는 것을 염려한 누이가 그의 아들 자히르를 칼리파로 대신 세우려 했던 것이다.

칼리파의 기행 때문에 사회적으로 혼란이 있었음에도 불구하고 이집트는 비교적 번영을 누리고 있었다. 많은 수의 모스크가 세워졌고, 도서관, 연구원, 교육기관들이 설립되어 학문의 발전에도 크게 기여했다.

시인 쿠스라우가 본
파티마 조의 번영:
(1047년)

나시르 쿠스라우는 원래 쿠라산의 한 공직자였다. 그가 관리직을 사임하고 종교생활에 전념하면서 여행을 다니다가 카이로에 체류한 것은 1046년부터 1049년까지였다.

그는 카이로와 푸스타트에 대해 흥미 있는 기록을 남겼는데, 특히 푸스타트에 대한 그의 기록은 매우 가치가 있다. 그의 기록 후 얼마 지나지 않아 도시 전체가 불타서 폐허가 되어버렸기 때문이다. 그의 기록에 따르면 당시 카이로에는 약 2만 가구가 있었고, 집은 거의 전부가 벽돌로 지어졌으나 외견상으로는 마치 석재로 지은 것처럼 보였다. 건물들은 5층 내지 6층으로 이루어졌으며, 주변은 정원이나 과수원으로 둘러싸여 있었다고 한다. 카이로의 가게들은 대략 2만 개였는데, 가게들은 지배자의 소유물로 간주되었으며, 가게에서 나오는 연간 총수입은 125만 디나르에 달했다고 한다.

푸스타트는 카이로에서 약 1.5km 떨어진 곳에 위치해 있었다. 그런데 나시르 쿠스라우의 눈에는 푸스타트의 건물들이 7층에서 14층으로 보일 정도로 약간 높은 고지에 위치했다고 말한다. 그중의 몇몇 건물은 한 건물에 약 350명이 거주할 정도로 컸다고 한다. 그리고 일부 거리는 포장되어 있었고,

파티마 조의 병사

램프 등이 가로등처럼 켜 있었다.

시장에는 쿠스라우를 놀라게 할 만한 값진 물건들이 수없이 많았다. 이슬람에 서는 금은용기를 식기로 사용하는 것을 금하고 있었기 때문에, 대신에 금은 세공품을 모조한 금속류의 그릇들과 세공품들이 광택을 빛내고 있었으며, 그밖에 반투명의 신비한 도기류, 투명하면서 절묘한 모양의 유리잔 등, 각양각색의 물건들이 즐비했다. 보석상이나 환전상 가게는 지키는 사람이 없어도 도둑을 맞는 일이 없고, 물건은 모두 정찰제로 팔았는데, 행여 고객을 속이다가 적발되면 가게 주인은 대로에 끌려나와 대중들에게 모욕을 당했다.

푸스타트에는 하수구 시설이 정교하게 되어 있어, 이로 인해 도시 전체의 공기가 항시 맑고 청결했다. 하수구 입구가 곳곳에 설치되어 있어, 그곳을 통해 날마다 소독용 석회분을 쏟아부었다. 쿠스라우는 카이로를 방문하기 전에 이미 페르시아(오늘날의 이란)와 이라크의 화려한 도시와 문화생활에 익숙해져 있었다. 그러나 파티마 조의 카이로가 이슬람 세계의 어느 도시보다 가장 화려하고 번화했다고 자신의 경험담을 말하고 있다.

그의 기록에서는 그가 파티마 조와 똑같이 시아 교리에 충실히 따랐던 때문인지 카이로를 신앙의 중심지로 묘사하고 있다. 그리고 파티마 조의 칼리파가 이슬람 세계의 수장이 되어야 한다는 주장도 담겨져있다.

쿠스라우가 카이로에 체류하던 때는 파티마 조의 칼리파 알 무스탄시르가 이집트를 지배하던 시절이었다. 그는 이슬람 세계의 어느 칼리파보다도 재위 기간이 길었던 인물이다. 쿠스라우는 칼리파와 왕궁과 그 주변을 퍽 자세히 묘사했다. 칼리파 궁에는 12개의 별관과 10개의 문이 있었으며, 3만 명의 하녀가 있었다고 한다. 또 카이로시는 10개 지역으로 분할되었는데, 칼리파

궁은 그 중심부에 자리잡고 있었다. 칼리파의 경호원은 기마병 500명과 일반 군인 500명 등 1,000명 이상으로 구성되어 있었다. 이들은 저녁예배가 근행될 때 트럼펫과 드럼, 심벌을 울리면서 칼리파의 행차를 옹위했고, 야간에는 새벽녘까지 칼리파 궁을 원을 그리며 경비했다.

카이로에서 열린 운하 기공식에서 칼리파 알 무스탄시르가 손수 착굴했던 장면을 이 시인은 다음과 같이 전하고 있다.

파티마 조 시대에 만들어진 카이로 시내의 거리. 19세기 그림.

"칼리파는 1,000명의 기마병들을 앞세우고 행사장으로 떠났다. 칼리파가 탄 말은 화려하게 치장되어 있었다. 기마병들은 장식품을 가득 단 낙타와 금박의 갑옷을 입힌 노새들을 타고 끌면서 칼리파를 동행했다.

칼리파는 우아한 모습으로 깨끗하게 수염을 다듬었고, 하얀 색깔의 긴 예복을 입고 있었다. 신발을 신지 않은 300명의 페르시아인들이 그리스에서 들여온 화려한 비단옷을 입고 칼리파를 호위하고 있었다. 고관들은 칼리파 옆에서 햇볕을 가리기 위해 양산을 받치고서 있었으며, 내시들은 양손에 향을 피우는 향료를 들고 있었다. 칼리파가 운하 입구에 세워진 천막에 들어서자 모든 사람이 고개를 숙였고, 칼리파가 창을 댐에 던지자 모두가 곡괭이와 삽을 들고 달려나갔다. 그리고 나일강물이 흘러 들어왔다. 얼마 후 행운을 기원하는 귀머거리와 벙어리를 태운 배 한 척이 강을 항해했다."

십자군을 물리친
무슬림 세계의 영웅, 살라딘:
(1192년)

파티마 조는 칼리파 알 무스탄시르(1036~1094년 재위) 집권 말기부터 기울어지기 시작했다. 1058년, 알 야주리 재상이 사망한 뒤로 9년 동안에 무려 40명이나 되는 재상이 임명된다.

아카의 아르메니아인 총독 바드르 알 가말이 시리아 군대를 끌고 들어오면서 얼마간 질서를 회복했으나, 그를 계승한 용병과 수단군 사이에 당파 싸움이 치열하게 일어났고, 관료계급은 서로 반대편을 제거하기 위해 음모와 분열로 시간을 보냈다. 거기다가 빈번하게 발생하는 기근과 페스트가 이집트를 더욱 쇠약하게 만들었다.

전략상 어느 곳보다 중요하고 자원이 풍부한 이집트가 이렇게 흔들리자, 외부 세력들은 기회를 놓치지 않고 이집트를 차지 하려고 들었다. 특히 시리아의 십자군 세력이나 반십자군 세력의 선봉에 서 있던 누르 알 딘의 내정간섭은 파티마 조 멸망의 화근이 되었다. 파티마 조의 재상 샤와르와 디르감은 서로 권력을 차지하기 위해, 샤와르는 누르 알 딘에게, 디르감은 예루살렘의 십자군왕에게 원조를 청했는데 이것이 파티마 조의 종말을 부채질하는 빌미가 되었다.

카이로의 살라딘 성곽과 그 내부

이 권력투쟁에서 샤와르가 승리하기는 했으나, 자신을 과신한 나머지 누르 알 딘과의 약속을 저버리고 마음대로 행동하다가 그만 살해당하고 만다. 이렇게 되자 파티마 조의 칼리파 알 아디드는 1169년, 누르 알 딘의 대리자 쉬르쿠를 재상으로 임명해야 했다. 그러나 쉬르쿠는 두 달 뒤에 갑자기 죽고, 그를 따라 이집트에 와 있던 조카 살라흐 알 딘 유스프 빈 알 아이 유브가 뒤를 이어 재상이 되었다. 이 사람이 바로 유럽의 역사책에 등장하는 살라딘이다.

그는 쿠르드족 출신의 독실한 순니 무슬림이었다. 그는 주군 누르 알 딘의 명을 받아 예배를 드릴 때에 파티마 조 칼리파의 이름 대신에 아바스 조 칼리파의 이름을 창도하는 혁명적인 일을 시행했다. 이것은 시아의 지배시대가 끝나고, 이집트는 순니 국가가 되었음을 공식으로 선포하는 것과 다름없는 일이었다. 병상에 누워 있던 칼리파 알 아디드는 1171년, 그런 사실조차 모른 채 사망했고, 이미 무너져버린 파티마 조를 되살리려 하는 어떤 부흥 운동도 일어나지 않았다. 그리고 1174년에 살라딘은 명목상의 주군이었던 누르 알 딘이 죽자 즉시 독립해, 이집트에 아이유브 조(1169~1252년)를 창시했다.

십자군을 물리친 영웅 살라딘은 공정하고 관대한 영도자로서 이슬람 세계에서뿐 아니라 서구에서도 많은 사람들의 존경을 받고 있다. 그의 기사도적

살라딘이 하틴 전투 승리 후에 예루살렘 왕 기 드 뤼지낭을 석방하고 있다.

인 행동은 이슬람 세계를 공격했던 서구에서 오히려 더 높이 평가되었다. 단테의 〈신곡〉에는 소크라테스, 플라톤과 함께 가장 가벼운 벌을 받는 고결한 이교도로 그가 등장한다.

예루살렘을 탈환했을 때, 살라딘은 살육과 파괴를 철저히 금지시켜 무슬림 병사들에 의한 학살과 폭행이 전혀 일어나지 않게 하였다. 이것은 제1차 십자군이 예루살렘에서 이슬람교도와 유대교도들에게 가했던 잔인한 살생과 약탈행위와는 너무나 대조적인 것이었다.

살라딘은 항복의 조건대로 포로들이 몸값을 치르면 풀어주었고, 가난한 자는 그 조건과 상관없이 몸값조차 받지 않았다. 그는 참된 용기와 두터운 신앙심을 가진 의로운 전쟁영웅이었다. 그런가 하면 전투 중에 조카가 죽었다고 엉엉 울었고, 아이를 유괴당한 기독교도 어머니의 하소연에 하염없이 눈물을 흘렸던 소박한 인간애의 소유자였다. 그는 물질과 돈에 초연했고 무관심했다.

무슬림들에게 살라딘은 이상적인 군주의 전형이었으며, 본받아야 할 인간상의 소유자였다. 그런 그도 정치적으로는 야심이 많았다. 시리아에 있던 그의 주군 누르 알 딘의 대리자로 이집트에 왔으면서도 주군의 지시대로만 움직이지 않았고, 이집트의 통치권이 완벽하게 자기 손에 들어올 때까지 기회를 신중하게 기다리기도 했었다. 또 명예욕이 강해 쉽게 자신의 잘못이나 실수를 인정하지 않는 면도 있었다.

시아의 파티마 조가 쓰러지고, 그에 의해 아바스 칼리파를 따르는 순니의 아이유브 조가 시작됨으로써 이슬람 세계는 다시 바그다드의 아바스 칼리파 한 사람의 권위 밑으로 통일되었으며, 이러한 통일은 침입자 십자군을 물리치는 원동력이 되었다.

이집트를 수중에 넣은 살라딘은 오래지 않아 시리아의 모든 무슬림 세력까지 자신의 지배하에 두게 되었다. 이렇게 십자군을 내몰 수 있는 저력을 확보한 살라딘은 10년 동안 결전의 날을 손꼽으며 힘을 키워나갔다. 그 사이에 이탈리아의 여러 도시와 군수물자를 수입하는 계약을 맺기도 했다.

그럴 즈음 십자군의 무장 루노가 메카를 공격하려다가 미수에 그치는 사건이 터졌다. 이 사건으로 무슬림들의 분노가 하늘을 찌를 듯 높아지자, 살라딘은 이제야말로 오랜 숙적 십자군을 격파할 결정적인 시기가 왔다고 판단하고 본격적으로 공격에 나선다. 그의 이런 주도면밀함은 전쟁을 대승으로 이끌었고, 십자군을 지중해 해안가로 밀어낼 수 있었다. 1192년 기독교도들과 휴전협정을 맺은 그는 다음해에 다마스커스에서 병사했다.

그는 기독교도들이 예루살렘의 주권이 그에게 있음을 인정하는 한, 기독교도들의 예루살렘 순례를 막으려 하지 않았다. 이러한 관용적인 자세가 휴전협정에도 그대로 반영되었다. 그것은 이슬람의 주권을 인정하는 한, 이교도들도 보호해야 한다는 이슬람의 대원칙을 그대로 따른 것이었다.

알 카밀과
프레데릭 2세 간의 평화조약:
(1229년)

살라딘이 사망하자 그의 동생 알 아딜이 시리아 북부를 제외한 나머지 영
토를 지배했다. 한편 십자군은 이집트가 무슬림 세계의 새로운 심장부라는
것을 새삼 깨닫고, 이집트를 정복해야만 팔레스타인을 재탈환할 수 있다고
생각했다.

이에 따라 십자군은 세 겹으로 요새화된 다미에트로 진격해 왔다. 치열한
공방전 끝에 다미에트는 십자군에게 넘어가고, 알 아딜은 사망하고 말았다.
이 때가 1218년이었다. 알 아딜의 뒤를 이어 술탄Sultan 자리에 오른 알 카밀
은 아버지의 유언대로 작전을 폈다. 그 작전은 바로 나일강의 범람을 이용해
적을 공격하는 것이었다. 작전은 주효해 십자군을 궁지에 몰아넣을 수 있었
고, 알 카밀은 피나는 고생 끝에 십자군을 물리칠 수 있었다. 8년간의 평화조
약을 체결한 후, 1221년에 드디어 십자군을 이집트에서 몰아냈다. 그러나 이
평화조약이 또다른 십자군의 침입을 막아내지는 못했다.

독일의 황제 프레데릭 2세는 십자군 원정대를 이끌고 팔레스타인에 들어
와, 예루살렘의 상속자 장 드 브리엔느 왕의 딸과 결혼했다. 그러나 부인은

3년 후에 사망하고 만다. 이때 프레데릭 2세는 죽은 아내의 상속권을 이용해 예루살렘 왕국의 통치권을 넘겨받았다. 그는 과학과 수학을 사랑하는 매우 합리적이고도 이성적인 인물로, 종교에 맹목적으로 매달리는 그런 사람이 아니었다. 개방적이며 상당히 현실적인 인물이었다. 그는 십자군을 이끌면서도 교황의 명에 구속받지 않으려 했다.

그러자 교황 그레고리 9세는 프레데릭 2세를 가리켜 예수의 병사가 아니라 해적이나 무함마드의 추종자와 다름없는 사람이라면서 그의 십자군 운동을 금해버렸다. 이 때문에 그의 십자군의 입지가 위태로워졌다. 더구나 그의 군

유대교, 기독교, 이슬람의 성도인 예루살렘. 그림에 다윗의 탑, 바위의 돔, 성묘가 보인다.

사력은 무슬림군에 비해 너무나 허약해져 있었다. 한편 이집트의 지배자 술탄 알 카밀은 그의 형제 무아잠을 항상 경계해야 했다. 무아잠이 알 카밀의 통치권을 빼앗으려고 기회만 노리고 있었기 때문이다.

그런데 여기서 주목할 만한 사실은 알 카밀 역시 프레데릭 2세와 같이 학문과 과학을 사랑하고, 성격 또한 용감하면서도 외교적 안목이 매우 높은 인물이었다는 점이다. 결국 두 사람은 서로간에 이해관계가 맞아떨어지고 성격 또한 비슷해, 종교가 다름에도 불구하고 우정이 싹트게 되었다. 그리하여 알 카밀과 프레데릭 2세는 그 당시로서는 도저히 받아들일 수 없는 희대의 협상을 벌인 끝에 1229년에 다음과 같은 내용의 평화조약을 맺었다.

1) 베들레헴, 나사렛, 야파, 아카에 이르는 순례길을 포함한 예루살렘은 황제가 관리하며, 오 마르사원을 포함한 이슬람의 성역은 무슬림이 관리한다.
2) 기독교인 죄수는 모두 석방된다.

3) 황제는 술탄을 공격해오는 모든 적으로부터 그를 보호한다.

4) 이 조약은 2년간 유효하다.

이 조약은 당시의 종교관념상 도저히 용납될 수 없는 것이었다. 따라서 예루살렘의 일부를 다시 잃게 된 무슬림들은 물론이고, 기독교도들도 크게 분노했다. 프레데릭 2세의 십자군 왕국은 옛 라틴 왕국이 무슬림의 수중에 넘어갔기 때문에 유럽 국가들의 지원을 받을 수가 없었다. 그럼에도 양측은 이 조약을 성실하게 준수해갔다. 그것은 무엇보다 알 카밀과 프레데릭 2세 간의 정치적 이해 관계가 돈독한 탓 때문이기도 했지만, 두 사람 사이에 피어났던 우정과 시대를 앞서간 두 인물의 개방성이 큰 역할을 했다는 사실을 부인할 수 없을 것이다.

포로가 된 프랑스 왕 루이 9세와
최초의 무슬림 여왕 샤자르 알 두르:
(1249년, 1250년)

　살라딘이 기독교도들로부터 예루살렘을 되찾아가자, 유럽에서는 그 후 계속 새로운 십자군을 보내자는 열기가 드높았다. 후일 성왕聖王이라고 불릴 정도로 독실한 기독교도인이었던 프랑스 왕 루이 9세도 십자군 운동을 열렬히 지지하던 인물이었다.

　그는 1244년에 말라리아를 심하게 앓았는데, 이때에 신에게 자신의 병이 나으면 누구보다 먼저 선두에 서서 십자군을 지휘하겠다고 맹세했다고 한다. 그리고 병에서 낫자 그는 자신의 맹세를 실천으로 옮기게 되었다.

　1245년 6~7월 사이에 로마 교황 인노센트 4세가 주재한 회의에서 루이 9세는 새로 파견될 십자군의 지휘자로 뽑힌 것이다. 그는 3년 동안의 준비 끝에 1248년 8월, 십자군을 이끌고 프랑스를 떠났다. 그리고 키프로스를 거쳐 이듬해 6월에 이집트의 다미에트 서쪽 바닷가에 상륙했다.

　십자군은 곧 다미에트 지역 일대를 점령하고, 술탄 알 살리흐의 군대를 제압하면서 만수라에서 불과 6~7km 떨어진 곳까지 진출하게 되었다. 만수라의 후방 강변에 있던 술탄의 궁전이 거의 함락될 지경에 이르자, 술탄 알 살리흐는 심한 중병을 앓고 있음에도 불구하고 혼신의 힘을 다해 십자군의 공

아이유브군과 십자군의 전투

격을 막아내고 있었다. 이때 이집트의 역사를 바꾸어놓는 새로운 군 세력이 등장한다. 튀르크족 맘루크들이 바로 그들이었다. 이들은 용감하고 뛰어난 전투력을 가진 군사 전문 용병들이었다.

튀르크계의 백인 노예병들인 이들 바흐리 맘루크는 바리케이트가 설치되어 있는 만수라의 좁은 거리로 십자군을 유도했다. 그리고는 창문과 지붕 위에 배치된 궁수들이 루이 9세의 형제를 비롯하여 성당의 기사, 영국인 병사 등 무려 1,500명의 십자군을 사살함으로써 십자군 전력에 결정적인 피해를 주었다.

맘루크 병사들이 만수라로 들어갈 때 술탄 알 살리흐는 병을 이기지 못하고 끝내 운명하고 말았다. 하지만 술탄의 아내 샤자르 알 두르는 병사들의 사기가 떨어질 것을 염려해 술탄의 사망 사실을 숨기고, 한편으로는 알 살리흐의 장남이며 황태자인 투란샤가 술탄의 계승자임을 분명히 밝히면서 군 지휘관들에게 충성의 맹세를 요구했다.

군지휘관들은 충성을 맹세했다. 하지만 이때 투란샤는 멀리 시리아 북부 디야르 지방에 소재한 키파 성에 있었다. 그런 사실들을 숨기기 위해 궁중에서는 술탄이 살아 있는 것처럼 움직였다. 평상시와 같이 술탄의 밥상이 차려지고, 모든 공문서에는 술탄의 직인이 찍혔다. 샤자르 알 두르는 믿을만한 고위 지휘관들의 자문을 받아가면서 국정을 이끌었던 것이다.

그녀는 술탄이 병상에 있을 때부터 국무회의를 주재하고, 장관들과 군지휘관들을 수시로 접견하여 내외 업무를 챙기고, 만수라 지역에서 벌어지고 있던 십자군과의 전쟁을 직접 지휘하기도 했다. 그녀는 위기에 처한 국가를 구해내고 보기 드문 정치적 능력까지 발휘한 이집트 역사상 가장 뛰어난 여성 군주 중의 한 사람이었던 것이다.

포로가 된 성왕 루이 9세

이집트에 돌아와 술탄 자리에 오른 투란샤는 만수라 성을 지휘본부로 삼았다. 그는 자신의 할아버지 술탄 알 카밀처럼 나일강의 흐름을 최대한 이용하는 전술로 적을 괴롭혔다. 그의 특공대는 십자군 함대의 보급선을 급습해 군수물자를 가로챔으로써 십자군의 전력을 무너뜨렸다.

보급이 제대로 이루어지지 않자 십자군은 다미에트 지역에서도 후퇴하지 않을 수 없었다. 루이 9세는 견고하게 요새화된 다미에트 지역을 넘겨줄 테니 예루살렘을 돌려달라고 이집트 측에 요구했다. 그것은 30년 전 투란샤의 할아버지 알 카밀이 십자군 측에 제시했던 조건과 같은 것이었다.

그러나 이집트 측은 승리가 거의 확실한 상황인지라 그 조건을 받아들이지 않았다. 루이 9세는 하는 수 없이 다미에트로 후퇴했다가, 1250년 4월에는 파리스쿠르까지 밀려나 그곳에서 대부분의 병사를 잃어버렸다. 그리고 그 자신은 열병에 걸린 채, 다미에트 동부해안에 있는 무니 아비 압둘라라는 조그만 마을에서 이집트군의 포로가 되고 말았다. 하지만 술탄 투란샤는 포로가 된 루이 9세를 이국의 군주로서 정중하게 예우했다.

루이 9세는 투란샤와 여러 차례 만나 다미에트를 포기하고, 1,000만 프랑에 해당되는 금을 보석금으로 지불하되, 그중 반은 이집트를 떠나기 전에 지불한다는 조건으로 석방되어 팔레스타인의 아카로 떠났다.

샤자르 알 두르는 투란샤가 안전하게 왕위에 오르게 하는 데에 결정적 역할을 했을 뿐 아니라, 술탄 알 살리흐의 사망으로 생긴 권력의 공백기에 국가적 어려움을 잘 극복해낸 여걸로 기록되었다. 또 맘루크 바흐리야들 역시 이때에 뛰어난 전투능력으로 나라를 구하고 십자군에게 패배를 안겨주는 데 결정적인 역할을 했다.

그러나 술탄이 된 투란샤는 키파 성에서 데려온 자신의 부하들만을 요직에 앉히고, 맘루크들에게 감사하기는커녕 오히려 그들을 그의 권좌에 위협이 되는 불순세력으로 몰아붙여 추방하거나 체포했다. 그는 또 샤자르 알 두르가 가지고 있던, 부친 소유의 값진 보물들을 모두 내놓으라고 그녀에게 강요했다.

이에 분노한 맘루크 바흐리야의 지휘관들은 투란샤를 제거하기로 결정했다. 그리고는 1250년 어느 날, 그들은 식사중이던 투란샤를 급습했다. 투란샤는 부상을 입고서 탑 꼭대기로 도주했다. 맘루크들은 그를 추격해, 탑에 불을 놓고 화살을 퍼부어 그를 떨어뜨리려고 했다. 투란샤는 막판에 탑에서 뛰어내렸으나 다행히 죽지 않고, 나일강을 타고 도주할 수 있었다. 맘루크 바흐리야들은 화살을 퍼부으며 그를 추격하다가 여의치 않자 강물 속으로 뛰어들어가 끝까지 추적한 끝에 그를 죽이고 말았다. 투란샤의 시체는 3일동안 강변에 방치되었다. 그러나 누구도 감히 그의 시체를 치우지 못했다. 여러 날 뒤에야 아바스 조 칼리파가 보낸 사신의 중재로 강변 한쪽에 겨우 매장되었을 뿐이다.

투란샤를 처단하고 권력을 잡은 맘루크 바흐리야들은 샤자르 알 두르를 그들의 술탄으로 선포했다. 그런데 앞에서도 보았지만 파티마 칼리파 조가 붕괴되고 아이유브 조가 시작된 이래 술탄들은 바그다드에 있는 아바스 조의 칼리파로부터 통치의 권위를 위임받고 정통성을 인정받으려고 노력을 해왔었다. 알 살리흐는 병중에 있으면서도 바그다드 아바스 칼리파에게 자신의 뒤를 이을 새 술탄의 승인을 얻기 위해 다음과 같은 충성의 맹세를 했었다.

"내가 사망할 경우 아바스 칼리파 무스타심 빌라의 인증이 있기 전에는 이 나라의 통치권을 어느 누구에게도 넘기지 말라. 그 분이 최선의 방법으로 결정할 것이다!"

이것은 아이유브 조의 술탄들이 비록 정신적이고 명목상일지라도 종주권자인 바그다드의 칼리파에게 얼마나 충실히 승복했는가를 잘 보여주는 말이다. 샤자르 알 두르가 술탄으로 선포되었을 때에도 이집트에서는 주화의 앞면에는 바그다드의 아바스 조 칼리파 무스타심 빌라의 이름을, 그리고 뒷면에는 무슬림들의 여왕이며 술탄 알 살리흐의 아내 샤자르 알 두르의 이름이 새겨져 주조되었었다.

아이유브 조가 이집트를 지배하고 있을 때 사실상 바그다드의 아바스 조 칼리파들은 아무런 힘이 없었다. 실질적인 통치권을 셀주크 술탄에게 빼앗기고 그저 상징적인 이슬람 세계의 최고 종주권자로 남아 있었을 뿐이다. 따라서 이집트 내정에 거의 개입이나 간섭을 할 형편이 아니었다.

그럼에도 불구하고 아이유브 조는 순니 이슬람 세계의 수장으로 아바스 칼리파를 떠받들어왔다. 이런 일은 아이유브 조뿐만 아니라 아바스 제국의 구영토 안에서 독립적 왕조를 세운 여러 무슬림 군주들이 통치의 합법성을 갖기 위해 전통적으로 실행하고 있던 관행이었다. 이 전통은 초기 맘루크 바흐리아에 의해서도 지켜졌다. 맘루크 지도자들은 바그다드에 사절단을 보내 샤자르 알 두르를 이집트의 술탄으로 승인해줄 것을 요청한 것이다. 그러나 바그다드의 칼리파는 다음과 같은 답신으로 이것을 정중하게 거부한다.

"만일 그대들 중에 진정 이집트를 통치할 남자가 없다면, 내가 한 사람을 보내도 되겠는가?"

칼리파의 회신을 받아든 맘루크들은 은밀히 기쁨을 감추지 못했다. 그들이 이집트를 직접 통치할 수 있는 절호의 기회가 온 것이다. 그들은 당시 이집트군의 총사령관으로 있던 잇자 알 딘 아이벡을 그들의 술탄으로 추대하고, 또 샤자르 알 두르와의 결혼을 서둘러 아이벡이 그녀의 남편이 되게 했다. 이렇게 해서 무슬림 세계에서 최초로 여성 술탄이 되었던 샤자르 알 두르는 80일 만에 그 자리를 내놓았다.

비록 80일간 술탄의 자리에 올라 있었지만 그녀의 통치능력은 탁월했다. 그 짧은 시일 동안 그녀는 각 지역 총독들에게 봉토를 주어 격려하는 한편 세금을 완화해 백성들의 마음을 사로잡았었다. 또 그녀가 보여준 정치력은 여성의 정치활동을 탐탁치 않게 여겨왔던 이슬람 전통사회에 귀감이 되었고 새로운 사고를 낳게 했다. 그 뒤 무슬림 세계에서 여성 통치자의 출현을 가능하게 만든 계기가 되었을 것이다.

노예 출신 술탄들이 통치한
맘루크국의 등장:
(1250년)

이슬람 세계에서는 노예제도가 19세기 중반까지 인정되었다. 초기에는 이슬람 이전의 사회관습을 일부 계승해, 전쟁포로와 여자 노예의 아이가 노예로 인정되었었고, 또 그 밖에 약탈과 매매를 통해서도 많은 수의 노예가 생겨났다. 10세기 경부터는 상인들이 무역 수입품의 하나로 노예를 들여왔다. 상인들의 활동범위가 매우 넓었던 터라 노예의 출신지는 아시아와 유럽, 아프리카 등 다양했다.

유럽과의 교역에서 무슬림 상인들은 향신료와 비단, 도자기, 사탕 등의 소비재를 팔았으나, 당시 유럽이 수출할 수 있었던 것은 목재와 철 따위 말고는 노예밖에 없었다. 유럽에서 수입되는 백인 노예는 대개 약간의 롬인(원래 로마를 뜻하나, 대체로 그리스인)과 이태리, 프랑스인을 제외하고는 거의가 슬라브인이었다.

무슬림 사회에서 노예는 매매, 상속, 증여의 대상이 되었다. 그러나 노예에게도 결혼과 재산축적, 신앙의 자유가 인정되었다. 인격의 전부가 소유당하는 존재가 아니었던 것이다. 코란에서 학대는 엄격히 금했으며, 신분의 해방이 선행으로 장려되었다. 또 노예에서 해방되면 자유인과 거의 같은 권리를

창을 들고서 적을 공격하는 18세기 맘루크 기병

가졌으며 그런 경우에도 전주인과는 대등할 수 없었다.

그들은 가사 노예와 군인 노예로 많이 쓰였고, 농업 노예는 흔하지 않았다. 무슬림 사회에서는 노예가 하는 일에 명확한 제한을 두지 않고, 여러 분야에서 그들의 장점을 살리도록 했다. 따라서 기회를 얻으면 높은 교양을 쌓을 수도 있었고, 국가와 사회의 요직에도 등용되었다.

또 여자 노예한테서 태어난 칼리파도 적지 않았다. 아버지가 인정하면 어머니가 노예일 지라도 완전한 자유인이 될 수 있었기 때문이었다. 예를 들면, 재위기간 동안 이슬람 문명의 꽃을 활짝 피웠던 아바스 조의 제7대 칼리파 마아몬은 본래 페르시아 여자 노예의 소생이었다.

이런 제도와 전통 때문에 사회적으로 성공할 기회가 주어진다면 자청해서 자기의 아이를 노예로 파는 부모도 있었다. 그것을 굳이 잘못되었다고 생각할 수 없었다. 그런가 하면 이슬람 공동체 사회에는 노예가 세운 왕조가 흔히 존재했다. 예를 들어 이집트의 맘루크국(1250~1517년), 아프가니스탄의 가즈나 왕조(977~1186년), 인도의 노예 왕조(1206~1290년) 등이 대표적인 경우이다. 그중에서도 이슬람 정치사에 가장 큰 발자취를 남긴 왕조가 이집트의 맘루크국이다.

맘루크는 아랍어로 남자 노예를 뜻하지만, 역사적으로는 특히 튀르크인과 체르케스인, 슬라브인 출신의 '백인 노예'를 말한다. 그들은 다수가 군인 용병으로 충당되었는데, 특히 튀르크인은 말 위에서 자유자재로 활을 쏠 수 있는 기마 전사로 남다른 기량을 발휘했다.

무슬림 세계 여러 곳에서 군주가 된 노예는 바로 이런 군노들, 즉 맘루크 출신 군인들이었다. 이미 우마이야 조 때부터 칼리파와 유력한 지방군주가 사병으로 이들을 채용해 썼지만, 아바스 조에 와서는 맘루크 군단이 조직적으로 편성되었고, 칼리파 알 무스타심은 무려 7,000기의 맘루크 용사들을 친위대로 두었다고 한다.

맘루크 궁기병과 중기병

광대한 이슬람 제국의 최고 통수권자로서의 권위를 유지하기 위해 칼리파는 유능하고 충성스런 군대가 필요했는데, 맘루크들은 그런 요구들을 충분히 만족시켜주었다. 그들은 거의 모두가 이슬람으로 개종해 노예신분에서 벗어난 해방노예가 되었지만, 주인에 대한 충성심만은 끝까지 잃지 않았다. 그리고 아바스 조의 권세가 약화되어 부와이흐족의 침입을 받고, 바그다드가 부와이흐 아미르amir(군주)들의 손아귀에 놓인 부와이흐 왕조 이후의 군인정치 시대에는 무인들이 통치대권을 쥐게 되고 군사력이 갖는 의미가 더욱 커지면서 이슬람 세계에서 맘루크의 역할도 점점 더 중요해졌다.

맘루크들은 특정한 개인이 맡아 길렀기 때문에 주인과의 유대가 깊었다.

하지만 자신들을 위협하는 세력에는 과감하게 칼을 뽑는 일이 많았다. 아이유브 조 말기에 술탄 알 살리흐가 육성한 맘루크 군단이 새 술탄 투란샤의 탄압에 그를 죽이고, 알 살리흐의 후궁이었던 샤자르 알 두르를 술탄으로 선포한 것이 그 대표적인 경우이다.

그러나 여자를 술탄으로 인정하지 않으려는 아바스 조 칼리파의 태도로, 앞에서도 보았지만 맘루크의 사령관 아이벡이 샤자르 알 두르와 결혼한 다음에 술탄 자리에 올랐다. 이것이 이집트 맘루크국의 시작이었다.

노예 출신들이 이집트의 지배자가 되자 저항이 뒤따랐다. 하지만 그들은 후일 몽골군을 물리치고, 멸망한 아바스 조 가문의 왕자를 모셔와 카이로에서 아바스 칼리파제를 복원한 공적 등으로 인해, 무슬림 공동체에서는 무슬림들의 긍지를 살리고 이슬람의 전통을 지킨 칼리파제의 수호국으로 받아들여졌다.

노예가 술탄이나 왕이 될 수 있었던 것은 아마도 이슬람 세계가 다른 어떤 세계보다 일찍부터 외부의 사람들을 격의 없이 받아들이고, 인종이나 피부색에 관계없이 누구나 신 앞에 평등하다는 이슬람의 기본 원리, 평등사상을 지켜왔기 때문이었을 것이다. 게다가 이슬람은 세계화된 종교로서 누구와도 어울리고 어느 문화와도 융화되는 다원과 공존의 열린 세계를 지향했기 때문일 것이다.

아랍 전사들은 이집트를 정복한 뒤에 대부분 그곳에 정착했다. 처음에 그들은 병영도시에 분리되어 살았지만 차차 농사를 짓는 원주민들과 어울리고 그들 가까이 살면서 농사를 짓기 시작했다. 아랍인들은 이렇게 농경민으로 변해갔지만 전쟁이 일어나면 언제라도 동원되어 나라를 위해 싸웠다. 특히 그들은 십자군을 물리치는 데 커다란 역할을 했다.

따라서 이들 아랍인들은 토착 농경민보다 사회 · 경제적으로 우월한 위치에 있었다. 그리고 그들이 생산해내는 농작물 양이나 정부에 내는 세금은, 이집트 국가경제를 살찌게 하고 국민총생산액을 높이는 데 큰 몫을 했다. 그런데 노예병사에 지나지 않았던 맘루크들이 정권을 잡자, 아랍인들로서는 못마땅할 수밖에 없었다. 이슬람 국가의 주인은 의당 아랍 자유민이자 이슬람 제국을 일으킨 자신들이 되어야지, 이슬람 세

중무장한 맘루크 기병

돌격하는 맘루크 궁기병

계 밖에서 데려온 노예들이 갑자기 주인노릇을 한다는 것은 용납할 수 없는 일이었다.

마침내 아랍인들은 맘루크 정권에 대항해, 히슨 알 딘 빈 사으라브의 영도하에 반란을 일으켰다. 이들은 이집트 중부지방과 델타 동부지역에 독립 정권을 세우고, 시리아에 잔존하고 있던 아이유브 가家의 지배자, 알 말리크 알 나시르 유수프에게 도움을 청했다. 그러나 알 나시르 유수프는 그들을 도와주고 싶어도 아바스 조 칼리파의 만류 때문에 도울 수가 없었다.

아랍은 수적으로는 우세했지만 전투력에 있어서는 맘루크와 상대가 되지 않았다. 1253년, 델타 지방 빌바이스에서의 우크타이 지휘하에 벌어진 맘루크와의 전투에서 이들은 대패하고 말았다. 그 뒤 이집트 중부지방에서 계속 세력을 유지하고 있던 반란군들은 술탄 바이바르스 때 술탄의 회유와 꾀임에 빠져 대부분이 항복했고, 나머지는 모두 처형당하고 말았다.

반란 이후로 맘루크 정권은 그들의 통치 기간 내내 농사를 짓고 사는 전사 출신의 아랍 부족들을 가혹하게 대했다. 그들의 생산품은 맘루크들에게만 팔도록 했으며, 물품가격은 맘루크들만 유리하도록 책정되고 또 여러 경제적 제제를 가했다. 그뿐만 아니라 감당할 수 없을 만큼 무거운 세금을 부과해 강제로 걷어냄으로써 아랍인들의 처지를 더욱 어렵게 만들었다.

이 같은 박해를 견디다 못해 아랍인들이 반란을 일으키면 맘루크 정권은 가차없이 무력을 동원해 이를 진압했다. 반란군들 중에 사로잡힌 자들은 발가벗긴 채 끌고 다니다가 가죽을 벗겨 죽이거나 산채로 매장했다. 그리고 죽은 자들은 그들의 목을 베어, 죽은 자의 여인으로 하여금 그 목을 목에 걸고 다니도록 했다. 이처럼 가혹한 형벌은 다시 아랍 부족의 반란을 유발시키곤 했다. 그러나 언제나 맘루크들의 잔혹한 탄압으로 끝나고 말았다.

아인 잘루트 전투:
(1260년)

13세기에 아랍 이슬람 세계에 등장한 몽골은 이 지역의 역사를 바꾸어 놓았다. 몽골의 군대는 그야말로 거침이 없었다. 그들에게 패배란 말은 존재하지 않는 것 같았다. 정치적 테러나 암살을 일삼아, 당시 무슬림 세계에 정치적 불안감을 조성시켰던 이란의 시아 암살단파를 단숨에 멸망시키고, 1258년, 몽골군은 아바스 조의 수도 바그다드의 문턱까지 다가왔다. 쇠약해져 있던 아바스군은 파죽지세로 몰려오는 몽골군을 막아낼 수 없었다. 바그다드는 철저히 파괴되고 무슬림 세계의 정신적 지주인 아바스 칼리파는 몽골에 의해 처형당하고 말았다.

이라크 지역을 굴복시킨 몽골의 훌라구는 이제 시리아와 이집트를 자신의 영토로 만들고자 남진하기 시작했다. 그리스의 알렉산더 대왕과 그 뒤를 이은 로마와 비잔틴 제국이 그랬듯이, 시리아와 이집트의 정복은 곧 세계를 정복하는 길이었다.

당시 시리아는 십자군의 기독교 세력, 아르메니아의 기독교 세력, 아이유브 가家의 무슬림 세력으로 나뉘어 있었다. 그중에 대부분의 기독교 세력은 몽골에 협조하거나 동맹관계를 유지했다. 그러나 무슬림 세력은 서로 싸우

홀라구

느라 사분오열되어 몽골의 침입에 완전히 무방비 상태였다. 한편 이집트는 군노였던 맘루크들이 정권을 잡고 있었으나 아직 안정되지 못한 형편이었다.

1259년, 아제르바이잔을 출발한 몽골군이 시리아로 남하하기 시작하면서 마야파리낀, 아미드, 알레포, 다마스커스 등이 차례로 함락되거나 스스로 항복했다. 많은 제후들이 몽골군과 싸우다가 죽거나, 스스로 항복해 홀라구의 부하가 되었다.

이집트의 입구라고 할 수 있는 가자 지역까지 내려온 몽골군은, 두 번에 걸쳐 맘루크들에게 사신을 보내 복속할 것을 요구했다. 몽골의 침입 앞에 이집트는 공포에 떨었다. 그러나 이집트의 지배자인 술탄 쿠투즈는 몽골의 거대한 힘을 알면서도 항복은 안된다고 생각했다. 그는 무슬림의 자존심을 걸고 사력을 다해 싸울 태세였다.

이 절대절명의 순간 뜻하지 않게, 몽골의 대칸인 몽케가 사망하면서 상황은 급변했다. 장례를 치르기 위해 홀라구가 몽골의 주력군을 이끌고 동쪽으로 이동하기 시작한 것이다. 그리고 얼마 지나지 않아서는 코카서스 지방으로 쳐들어온, 같은 몽골 제국의 킵차크 칸국國의 군대와 싸우기 위해 주력군을 그곳에 묶어두어야 했다. 이 때문에 시리아에는 지대 병력인 키트 부카 휘하의 부대와 몽골의 소수 동맹군들만이 남게 되었다.

술탄 쿠투즈는 이 같은 상황을 파악하고는 몽골의 사신을 처형한 뒤에 출정할 채비를 차렸다. 그는 이슬람 세계의 최후 보루가 된 이집트를 어떻게든 지켜내고 싶었다. 그러나 대부분이 사막이나 평야지대인 이집트는 빠른 몽골군의 기병대를 상대로 싸우기에는 적당한 장소가 아니었다.

그는 무엇보다 먼저 이집트 병력의 주력이 보병인데 반해 몽골군은 빠른 기동력을 자랑하는 기병이라는 점을 생각했다. 또한 몽골군의 주력이 시리아에서 빠져나갔고, 소수의 지대 병력만이 남아 있다는 사실을 재확인했다.

그는 몽골군의 기동력을 둔화시킨 채, 수적인 우세를 바탕으로 근접전을 펼쳐 적을 격파할 수 있는 전투지형을 찾았다. 그런 전투지형으로 가장 적당한 곳이 아인 잘루트였다.

쿠투즈는 몽골군을 아인 잘루트로 유인했다. 유인작전은 바이바르스가 이끈 맘루크 기병대가 맡아 수행했다. 아인 잘루트에서 맞붙은 양군은 결국 쿠투즈의 작전계획대로 맘루크의 승리와 몽골의 대패로 끝났으며, 이 전투는 세계전사에 기록되어 있다.

이 싸움의 승리로 이슬람 세계는 몽골의 파괴와 정복에서 벗어날 수 있었다. 그 이후에도 훌라구가 세운 일 칸국國은 수차례에 걸쳐 이집트 쪽으로 몽골의 지배 영역을 확장하려고 했지만 크게 성공하지 못했다. 한마디로 아인 잘루트 전투로 이슬람 세계는 기사회생되었다. 또 승리를 거둔 맘루크국의 수도 카이로는 무슬림 세계의 중심지로서 과거의 바그다드의 역할을 대신하게 되었다. 그러나 대부분의 이슬람 세계가 몽골의 통치하에 놓이게 된 이때 이래 이슬람 세계는 전반적인 정체기에 들어갔고, 맘루크국은 이슬람 세계를 이끌고 발전시키지는 못했지만 이슬람의 전통과 문화유산을 지키고 유지하는 데에 나름대로 공헌을 했다.

맘루크들은 문명화되지 못한, 북방에서 데려온 노예 출신이라고 하여 다른 여러 무슬림 공동체에서는 그들을 야만시하는 경향이 있었다. 그런 그들이 이슬람 세계의 종주권과 종교를 보호하는 세력이 되었다는 것은 역사의 아이러니가 아닐 수 없다.

맘루크 술탄,
허수아비 칼리파 제를 세우다:
(1261년)

맘루크국의 실질적 건설자인 알자히르 바이바르스(1260~1277년 재위)는 다른 정적들을 누르고 그의 통치권을 합법화하려고 여러 가지 노력을 기울였다. 그중에서도 칼리파에게 공식적으로 통치위임을 받는다면 그보다 더 합법적인 길이 없다고 생각했다.

그러나 바그다드의 아바스 칼리파는 몽골에 의해 처형된 상태였다. 그는 맘루크들의 모임을 갖고 바그다드 대학살에서 살아남은 아바스 조 최후 칼리파의 한 숙부를 카이로로 모셔와 그를 새 칼리파로 추대했다. 그리고는 그로 하여금 통치의 서임장과 명예의 예복을 수여하도록 했다. 바그다드 대신에 이집트에 새로운 칼리파를 옹립해 아바스 칼리파 체제를 다시 회복시킨 것이다.

이처럼 술탄 바이바르스가 칼리파 체제를 복원한 것은, 종교적인 목적보다는 정치적인 목적을 가진 의미가 더 강했다. 다시 말해, 비록 아바스 칼리파가 이름뿐이라고 해도 무슬림 세계에서는 그들 신앙의 수호자로 간주하고 있었기 때문에, 칼리파를 모셔놓고 칼리파의 지원을 받는 것이 그들 세력을 신장시키는 데 유용하다고 생각했던 것이다.

신학자들은 이제 카이로에 모셔진 새 칼리파를 모든 무슬림 영토의 상징적 통치자로서, 또 무슬림 세계의 정신적 지도자로서 간주하고 그를 '지상에 내려진 알라의 그림자'라고 불렀다. 다른 무슬림 세계의 일부 무슬림 군주들도, 카이로의 새 칼리파가 정치적인 실권은 없을지라도 무슬림 세계의 정신적 지주로서 그들에게 통치권의 서임장과 칭호를 부여해준다면, 그것은 자신들의 통치권을 합법화하는 데 큰 도움이 된다고 보았다.

그런데 아바스 칼리파 체제를 이집트에 세우려고 시도했던 최초의 인물은 사실 바이바르스가 아니다. 툴룬 조를 연 아흐마드 빈 툴룬이 처음이었다. 그는 형제에 의해 권력을 상실하고 권좌에서 밀려난 바그다드의 칼리파 알무타미드(870~892년 재위)를 카이로로 데려와, 아바스 칼리파 체제를 이집트에서 세우고 유지시키려 했었다. 그 뒤 툴룬 조를 이은 이크쉬드 조의 건설자 무함마드 빈 투구즈 알이크쉬드도 944년에 당시 가장 강력했던 지방 정권 함단 조의 횡포와, 아바스 조 내에서 튀르크 군벌 맘루크들의 권력투쟁에 시달리고 있던 아바스 칼리파 알뭇타끼를 구하기 위해 그를 이집트로 초청하려 했었다.

그러나 이런 시도들은 물론 실행되지 못하고 무위에 그쳤다. 비록 바그다드의 아바스 칼리파 제가 쇠퇴기에 들어갔지만 아직 건재하던 때였다. 그 뒤 북아프리카 전역을 파티마 조 깃발 아래 통일하고 강력한 이슬람 국가를 세운 파티마 조의 통치자들은 그들 스스로 칼리파 칭호를 사용했다. 시아들이었던 그들은 동부 이슬람 세계의 바그다드 순니 칼리파에 도전하듯 스스로 서부 이슬람 세계의 칼리파로 자처했던 것이다. 그러나 앞에서도 보았듯 이 살라딘을 비롯한 아이유브 조의 통치자들은 달랐다. 그들은 순니들이었으므로 칼리파 칭호를 감히 참칭하지 못하고 스스로 술탄 칭호를 썼으며, 아바스 칼리파 제의 권위에 복속했던 것이다.

아바스 조 마지막 칼리파의 숙부 아부 알 까심 아흐마드는 상당한 환대 속에 1261년 6월 카이로에 도착, 칼리파 자리에 즉위했다. 그 후 아바스 가의 직계 후손들이 차례로 칼리파 지위를 승계했다. 그러나 그들의 존재는 다만 맘루크 통치의 합법성을 부여하기 위한 것이었다. 격리된 장소에서 무력하고 무가치한 생활을 했을 뿐이다. 다시 말해 맘루크 술탄들에 의해 허수아비로 세워진 카이로 아바스 조 칼리파들은 궁성도 근위병도 없는 신세였으며, 실제로는 맘루크 술탄의 시신侍臣에 불과했다. 그가 하는 일이라곤 술탄의 즉위식에 불려나와 그에게 왕권을 부여하고, 그의 통치에 법적 신성함을 형식상 선언해주기 위해 그에게 통치의 서임장과 권위를 위임해주는 것 뿐이었다.

그러면서도 카이로의 아바스 칼리파 제制는 1517년 맘루크국이 오스만 제국의 술탄 셀림 1세(1512~1520년 재위)에 의해 멸망할 때까지 256년간 지속되었다.

알 아즈하르의 융성과
이슬람 문화의 중심지가 된 카이로:
(1290년)

아이유브 조의 술탄들과는 달리 맘루크들은 알 아즈하르에 대해 깊은 관심을 가졌다. 이제 이집트 사회는 과거 파티마 조 때의 시아적 요소가 아이유브 조를 거치면서 완전히 사라지고, 순니 세계의 일원으로 돌아와 있었다. 맘루크 술탄들은 종교 · 문화 · 학문적으로 무슬림 세계의 어떤 종교기관 보다 수준이 월등히 높은 알 아즈하르가 그들의 정권 유지와 권위의 신장에 여러모로 도움이 될 것이라고 생각했다. 따라서 맘루크 술탄들은 아이유브 조가 알 아즈하르에게 금지시켰던 여러 제제들을 풀어주었을 뿐 아니라 여러 가지 혜택을 베풀었다.

금지되었던 알 아즈하르 사원의 금요예배 때의 설교를 허용함으로써 종교적 역할을 회복시켰으며, 몰수했던 토지를 돌려줌으로써 알 아즈하르의 재정을 튼튼하게 해주었다. 또 허물어지고 낡아진 건물들을 복구하고 증축했다.

맘루크 술탄들의 지속적인 지원으로 알 아즈하르는 활력을 되찾았다. 거기다가 몽골에 의해 동부 무슬림 세계의 중심지였던 바그다드가 무너지고, 서부 무슬림 세계의 문화적 보고였던 안달루시아 역시 기독교도들에 의해

맘루크 술탄 카이
로의 거리(왼쪽), 비
단 시장(오른쪽).

일소되는 바람에, 두 곳의 인적 · 지적 자원들이 맘루크의 수도 카이로로 몰려들었다. 더욱이 맘루크들은 파죽지세로 이슬람 세계를 정복해가던 몽골군을 아인 잘루트에서 격퇴해, 정신적인 면에서도 이제 이집트는 이슬람 세계의 수호자로 우뚝 설 수 있었다.

한편 십자군 전쟁 이후 기독교와 이슬람 세계 간에는 정치적 긴장상태가 계속됨으로써 지중해권과 인도양권의 무역은 거의 중단되어 있었다. 유독 이집트만이 국제무역을 독점하고 경제적인 호황을 누렸는데, 이렇게 되자 카이로는 자연히 정치 · 경제 · 문화의 중심지로 확고하게 자리를 잡게 되었다. 그중에서도 알 아즈하르는 학문과 종교의 전당으로서 이슬람 학문의 센터가 되었다.

맘루크국의 권위가 높아지고 카이로가 융성해지면서 알 아즈하르는 황금기를 다시 맞았다. 이집트에 또 다른 이슬람 종교학교들이 세워졌지만 결코 알 아즈하르의 명성을 따라갈 수가 없었다. 많은 학자들이 알 아즈하르로 가기를 원했으며, 그곳에서 강의하는 것을 큰 영광으로 생각했다. 또 이슬람권의 우수한 학생들은 알 아즈하르에 입학하기 위해 경쟁을 해야 했다. 이런 분위기 속에서 알 아즈하르는 수많은 저명한 학자들을 배출할 수 있었다. 그중에 예를 들면 알누와이르, 이븐 파들라흐 알우므리, 이븐 히샴, 타키 알딘 알스브키, 이븐 ㄷㄲ마ㄲ, 알 깔까신디, 알 마ㄲ리지, 앗시유띠 등 헤아릴 수 없을 만큼 그 수가 많다. 또한 이븐 칼둔, 무함마드 알딘 같은 다른 무슬림 세계의 석학들도 알 아즈하르에 와서 활동했다.

알 아즈하르 출신들은 정부 고위관리나 사회의 지도적 인사가 되었다. 특히 예배 인도자, 코란 독경사, 사원의 관리자, 각종 종교 행사와 의식의 주관자, 종교학교의 교육자 같은 종교 지도자들은 거의가 알 아즈하르 출신들이었다. 한마디로 이들은 이집트 어느 곳에서나 이집트 민중들의 정신적 보호자가 되었다. 그러니까 지배계층인 맘루크와 이집트 민중을 연결해주는 중간다리 역할을 수행했던 것이다.

알 아즈하르의 명성은 오늘날까지 변함없이 이어지고 있다. 아프리카는 물론 아프가니스탄, 파키스탄, 방글라데시, 말레이시아, 인도네시아 등 이슬람 권의 우수한 무슬림 학자들이 이곳에 와서 이슬람 법학, 신학, 역사, 아랍학을 공부한 뒤에 자기 나라로 돌아가 정부의 고관이나 종교 지도자가 되고 있다.

맘루크군, 십자군 세력을
시리아에서 몰아내다:
(1291년)

아인 잘루트 전투에서 승리한 후, 맘루크들이 몽골군을 시리아에서 내몰고 그곳을 지배하게 되자, 이집트와 시리아는 다시 하나가 되어 이슬람 정권 밑에 들어오게 되었다. 이것은 살라딘이 십자군을 몰아내고 시리아를 병합했을 때와 비슷한 상황이었다. 그런데 십자군을 이슬람 세계에서 완전히 몰아내겠다는 의욕은 맘루크들이 아이유브인들보다 더하면 더했지 결코 덜하지 않았다.

이때 시리아에 남아 있던 십자군의 잔존세력은 안티오키아 공국, 트리폴리 공국, 그리고 일부의 예루살렘 왕국에 흩어져 있었는데, 이들은 맘루크의 계속되는 공격에 더 이상 버틸 수가 없었다.

이들을 끝내 몰아내는 데에 주도적 역할을 한 술탄은 바이바르스, 말라운, 알 아쉬라프 칼릴이었다. 십자군을 몰아내면서 맘루크 술탄들은 아이유브인들과는 달리 수단과 방법을 가리지 않았다. 저항이 약한 상대는 먼저 협박으로 땅을 빼앗은 다음 그들을 손쉽게 내몰았고, 저항이 강한 상대는 무력과 온갖 회유책을 써서 결국에는 항복하게 만든 다음 이들을 전원 죽이거나 포로로 잡아갔다.

맘루크들의 전술은 같은 유목민이었던 몽골군의 전술과 많은 부분에서 유사했다. 다시 말해 술탄 살라딘 같은 아이유브인들이 보여주었던 무슬림의 기사도 정신은 거의 찾아볼 수가 없었다. 이슬람의 관용정신에 입각해 적을 용서하고 상대를 포용하는 경우가 극히 적었던 것이다.

패퇴한 십자군

잔존하던 십자군은 외부로부터 원조를 받으려고 온갖 노력을 다 기울였지만 여의치 않았다. 유럽은 이미 오래전부터 새로운 십자군을 파견할 열망도 능력도 없었으며, 몽골도 복잡하게 돌아가는 내부사정으로 이들을 외면했다.

1291년, 술탄 알 아쉬라프 칼릴이 아카와 시리아 연안에 남아 있던 십자군의 성을 마지막으로 점령함으로써, 오랫동안 시리아와 이집트를 침략하고 괴롭혔던 십자군 세력은 완전히 사라졌다.

몽골의 가잔 칸과
맘루크 술탄 나세르와의 대결:
(1299 ~ 1303년)

몽골의 훌라구가 페르시아에 세운 일칸은 가잔 칸의 지배하에서 국력이 더욱 탄탄해졌다. 가잔 칸은 이를 바탕으로 오랜 숙원이던 맘루크국의 정복에 나선다. 1299~1300년 겨울, 10만 명에 가까운 군대를 거느리고 남하하기 시작한 것이다. 이로써 이 지역은 다시 전화에 휩싸이게 되었다. 술탄 가잔 칸은 불교신자로 자라났지만 1295년 권좌에 오르기 이전에 이슬람으로 개종했다. 따라서 그는 즉위 후 마흐무드 가잔이란 무슬림 이름을 가졌으며, 이슬람을 국교로 선포하고 많은 사원들을 신축하는 등 이슬람을 위해 헌신적으로 이바지한 열성적인 무슬림 몽골 군주였다.

한편, 이때의 맘루크국의 술탄은 나세르 무함마드였다. 그는 맘루크 술탄 중에서도 가장 강력했던 인물로 손꼽히는 술탄 깔라운(1280~1290년 재위)의 아들로 두 차례나 술탄 자리(1차 1294~1295년, 2차 1299~1309년)에 올랐으며, 아버지 때와 마찬가지로 재위 기간 내내 강성한 국가를 유지했다. 이집트 맘루크군은 평소 잘 훈련되어 있었는데도 불구하고 홈즈에 있는 마즈마아 무루즈 근교에서 벌어진 몽골군과의 첫 교전에서 패하고 말았다. 몽골군은 시리아와 팔레스타인을 황폐화시키고 그곳 사람들을 공포 속으로 몰아넣었다.

그러나 몽골군은 요새화된 다마스커스를 함락시키는 데에는 사력을 다해야 했다. 병사와 주민들이 한 덩어리가 된 강한 저항에 부딪쳤고, 맘루크군의 정예부대는 예상했던 대로 전투력이 뛰어났다. 어떻든 이 승전은 1260년 아인 잘루트 전투에서 그의 증조부 훌라구 휘하의 몽골군이 맘루크군에게 지고만 굴욕적 패배를 설욕한 일전이었다. 그러나 이집트 맘루크군의 주력부대는 아직 건재했고 강력했다. 더욱이 이같이 중요한 순간에 페르시아에서는 폭동이 일어나고, 내부사정이 어렵게 되어 몽골군은 더 이상 싸움을 지속할 수도, 다마스커스를 지켜낼 수도 없는 형편이 되었다.

결국 가잔 칸은 술탄 나세르의 사절과 협상을 벌이고 정전에 관한 의견을 교환하는 것으로 만족하고서 그의 수도로 귀환해야 했다. 그러나 가잔 칸은 거기에서 멈추지 않았다. 계속 힘을 기르고 군을 재정비한 뒤 1303년에 다시 시리아를 공격하기 시작했다. 진격 도중에 그는 예언자 무함마드의 손자 후세인이 무참히 살해된 카르발라에 들러 그곳에 헌화하기도 했다. 후세인은 우마이야 조에 반기를 드는 모반을 도모했다는 이유로 1680년 이곳에서 우마이야 군대에 의해 가솔들과 함께 처참히 살해되었는데, 이 카르발라 참극은 많은 이라크 주민들을 시아로 만드는 동기가 되었고, 이곳은 후세인이 순교한 거룩한 성지로서 시아 무슬림들의 순례지가 되었다. 가잔 칸은 그의 통치하에 있는 이라크 주민들을 달래고 스스로 무슬림 군주임을 과시하고 싶었다.

그해 3월, 가잔 칸의 몽골군은 홈즈 근처의 수파르 초원지역에서 이집트 맘루크군과 현지 무슬림 지원병으로 구성된 맘루크 무슬림 통합군에게 불시의 총공격을 당해 오히려 심각한 패배를 당하고 말았다. 이렇게 되자 이때도 가잔 칸의 몽골군은 시리아 지역에 대한 침략을 포기한 채 귀국을 해야 했다.

승리를 거둔 맘루크 술탄 나세르 무함마드가 카이로로 개선하자, 국민들은 술탄과 승전군을 열렬히 환영하고 큰 축제를 벌였다. 아인 잘루트 전투 이후 이집트 맘루크군은 또다시 몽골의 침략으로부터 이슬람 세계를 구한 것이다.

이 승전을 계기로 이집트는 더욱 강성한 국가가 되어 계속 번영을 누렸다. 유럽과 아시아의 여러 왕들과 군주들이 다투어 이집트와 우호조약의 체결을 제의해오고, 왕실간의 결혼과 귀한 선물을 주고받으며 이집트와 선린 관계를 맺으려 했다.

비잔틴 로마 황제는 빈발하는 오스만 제국의 침략을 제지하는 방편으로 서둘러 술탄 나세르와 조약을 맺었고, 인도의 무슬림 군주는 몽골을 물리치기 위해 술탄 나세르에게 군사지원을 요청하기도 했다. 반면에 몽골은 계속해서 맘루크에 대한 정벌을 꾀했으나 아무런 결실도 얻을 수 없었다.

티무르렌의 침입:
(1400 ~ 1401년)

1382년, 바르쿠크 알 얄부가위가 튀르크족이 중심을 이루고 있던 바흐리 맘루크 조를 쓰러뜨리고, 시르카시아인과 그리스의 후손들이 주축이 되는 부르지 맘루크국을 열었다.

바흐리 맘루크들은 주로 자손끼리 계승이 이루어졌으나, 부르지 맘루크국은 전통적으로 가장 강한 자가 통치권을 이어받았다. 술탄 자리에 오르는 자가 곧 맘루크들의 최고 권력자였던 것이다. 권력을 키워 일인자가 되면 술탄을 퇴위시키고 스스로 권좌에 올랐던 것이다.

이렇게 이집트에서는 정권의 승계가 변화무쌍하게 이루어지고 있는 동안 멀리 동부 이슬람 세계의 중앙 아시아 초원에서는 티무르렌이라는 새 정복자가 나타났다. 그는 몽골의 전통과 이슬람의 신앙과 윤리를 결합한 강한 정신력의 강력한 군대를 만들어, 러시아 대륙에서 북인도까지, 또 중국의 변경에서 시리아와 소아시아 반도에 이르는 방대한 땅을 정복했다.

칭기즈칸 이래 무적·무패의 새로운 정복자가 세계 역사에 다시 등장한 것이다. 티무르렌은 그가 스스로 진정한 칭기즈칸의 후예임을 내세우면서 순식간에 몽골의 차카타이 칸국, 일 칸국의 영토를 차례로 병합하고 아나톨

공포의 정복자 티무르렌(오른쪽)과 티무르렌에게 치욕적인 패배를 당하고 나서 그의 포로가 되어 비참한 최후를 맞은 바예지드 1세(왼쪽)

리아로 공격해왔다. 그리고 또 침략의 화살을 맘루크국이 있는 이집트 쪽으로 돌렸다.

맘루크국은 주변의 국가들과 동맹해 티무르렌에 대항하려고 했다. 그러나 막 떠오르고 있던 신생 오스만이 티무르렌의 적수가 될 수 없었다. 그런데도 부르지 맘루크국을 새로 연 술탄 바르쿠크의 아들로 당시 맘루크국의 술탄이었던 나세르 파라즈는 세상 돌아가는 판도를 제대로 읽지 못해, 처음에는 티무르렌이 보낸 사절을 박대하고 구류시키는 등 승승장구하던 티무르군에 대항하여 강경하게 맞서려 했다.

티무르렌은 이것을 구실 삼아 이집트 맘루크국 원정에 나섰다. 1400년, 그는 알레포를 공격하고 하마, 에데사, 발바크를 차례로 점령했다. 거침없는 전진이었다. 그리고 1401년 3월에는 드디어 다마스커스를 함락하고서 금요예배 때에 자신의 이름을 창도하도록 했다. 금요예배에서 창도되는 이름은 곧 그 지역의 지배자임을 뜻했다.

상황이 이렇게 되자 맘루크 술탄은 크게 놀라 강경한 자세를 풀 수밖에 없었다. 술탄은 티무르렌에게 귀중한 선물을 보내 우호관계를 탄원했고, 티무르렌은 맘루크 술탄의 청원을 받아들인 뒤에 자기 나라로 회군했다. 말 머리를 돌려 중국을 점령하기 위한 새 원정길에 나선 것이다.

포르투갈, 맘루크 해군을 격파하고 인도양을 지배하다:
(1509년)

15세기가 되면서 잠자던 서구가 눈을 뜨고 다른 문명세계를 기웃거리기 시작했다. 그중에서도 포르투갈과 스페인은 해외로 진출하고자 하는 기운이 남달리 왕성했다. 그들은 동서무역을 통해 이탈리아의 베네치아와 같이 부유해지고 싶어했다.

또한 지중해상의 무역경쟁에서 늘 베네치아인들에게 밀리고 있던 제노아인들이, 거대한 이슬람 문명세계를 거치지 않고 곧바로 인도나 중국으로 갈 수 있는 해상통로를 개척해줄 것을 포르투갈과 스페인에게 종용했다. 당시 이슬람 세계의 해상무역 주도권을 쥐고 있던 맘루크국은 그들의 영역을 통과하는 상품에 대해 엄청난 고율의 관세를 부과해 폭리를 취하고 있었으며, 특히 기독교 국가에 대해서는 늘 적대적이었던 것이다.

한편 스페인과 포르투갈은 일찍이 선진 이슬람 문명의 영향 아래에서 다른 어느 서구 지역보다 먼저 깨어 있었고, 무슬림들의 지배에 대항하여 오랫동안 투쟁해오면서 성전聖戰의식이 강하게 배양되어 있었다. 게다가 인도나 중국에 이를 수 있는 새로운 해상통로가 발견된다면 이슬람 세계의 배후에서 무슬림들에게 정신적 물질적으로 타격을 줄 수 있고, 나아가 이슬람 지역

바스코 다 가마

의 기독교화도 가능하리라고 생각했다. 그래서 스페인은 대서양을 가로질러 중국이나 인도에 다다르고자 했으며, 포르투갈은 아프리카를 돌아서 인도에 이르고자 했다.

1497년 7월, 바스코 다 가마는 십자가와 대포를 장착한 포르투갈 선단을 이끌고 인도에 이르는 새로운 해상로를 개척하기 위해 포르투갈을 출발했다. 포르투갈은 이미 디아스에 의해 아프리카 남단의 희망봉까지 다다르는 길을 개척했으며, 알폰소 디 파비아와 페로 디 코빌함과 같은 유대인들을 이슬람 세계에 파견하여 인도양의 아랍어 지도, 조류, 계절풍, 적도 통과에 관한 지식들을 습득해놓고 있었다.

바스코 다 가마는 희망봉을 돌아 1498년 5월 20일에 인도의 서부 말라바르 해안에 도착했다. 그리고 3개월 반을 인도에서 머문 뒤에 귀환길에 올라, 1499년 9월에 포르투갈에 도착함으로써 그는 위대한 정복자로서 수도 리스본에서 대대적인 환영을 받았다.

이렇게 해서 인도까지의 새로운 무역로를 개척한 포르투갈은 그들이 지나가는 길목마다 교두보를 만들었으며, 그들에게 복종하지 않는 배와 무역 거래지는 가차없이 공격하여 약탈하거나 점령했다. 그들은 또한 인도의 통치자들이 서로 싸우는 것을 교묘히 이용해 인도에서 그들의 영향력을 점점 키워나갔다.

한편 포르투갈의 인도양 진출로 그동안 무역 주도권을 쥐고 있던 이집트 맘루크들은 자신들의 이익을 크게 위협하자 이를 결코 좌시하려 하지 않았다. 오스만 제국으로부터 신형대포를 구입해 장착한 맘루크 해군은 1508년 1월, 오늘날 봄베이에서 남쪽으로 45km 떨어진 쇼울로, 무역거래조약을 맺기 위해 들어가던 포르투갈의 인도 총독 프란시스코 달마이다의 함대를 급습해 쳐부수었다.

그러나 이 싸움은 포르투갈의 패배로 끝나지 않았다. 새로운 지원함대가 인도에 도착하면서 크게 강화된 포르투갈 함대는 1509년 2월, 디우에서 다른 무슬림 지배자의 함대와 연합한 맘루크 함대를 여지없이 격파해버렸다. 디우 전투에서의 패배는 맘루크들에게는 오랫동안 쥐고 있던 인도양에서의 주도권을 잃어버리는 결정적인 전기가 되었다. 그 후 포르투갈은 다른 서구 세력이 진출할 때까지 인도양의 해상왕자 노릇을 하게 된다.

오스만 제국의 이집트 정복:
(1517년)

1497년, 포르투갈이 아프리카의 희망봉을 돌아 인도에 도착하는 해상로를 개척하고 인도양에서의 해상무역 주도권을 쥐게 되자, 그때까지 이집트의 수에즈 해협을 지나가던 선박들이 항로를 바꾸어 더 이상 이집트로 오지 않게 되었다.

맘루크 시대에 들어와서도 자주 발생하던 기근과 페스트로 인한 경제적 피해에도 불구하고 맘루크국이 계속 번성하고 강대국 노릇을 할 수 있었던 것은, 많은 배들이 수에즈 해협을 드나들면서 내놓은 통과세 덕분이었다. 그런데 배들이 이집트를 통과하지 않게 되자 국가 수입이 대폭 줄어들었고, 이것은 곧 맘루크국이 강한 군대를 유지할 수 있는 재정능력을 상실케 했다. 술탄은 국민들에게 더 많은 세금을 부과함으로써 부족한 수입을 보충하려고 했지만 그것도 쉽지 않았다.

나라 살림이 점점 어려워지자 맘루크 정부는 궁여지책으로 위조화폐를 발행하기 시작했다. 그러나 이것은 국가재정을 혼탁하게 하고 사회를 더욱 혼란한 상태로 몰아갔다. 급기야는 군인들의 봉급마저 줄 수 없는 상황까지 이르게 되었다.

맘루크와 오스만 제국과의 크고 작은 분쟁은 맘루크의 술탄 쿠쉬카담 (1461~1467년 재위) 때부터 시작되어 1501년, 알 구리가 술탄이 될 때까지 지속되었다. 그 후 잠시 소강상태로 들어갔지만 1515년, 셀림 1세가 오스만 제국의 술탄으로 즉위하면서 이젠 분쟁이 아니라 국운을 건 전쟁으로 번지게 되었다.

이집트를 정복한 셀림 1세

오스만 제국은 건국 초기 두 세기 동안 넘쳐나는 에너지를 유럽쪽 원정에 쏟았었다. 비잔틴 제국의 콘스탄티노플은 점령되어 이스탄불로 개명되었고, 오스만 제국군은 발칸을 덮어 비엔나를 침공했다. 이러한 선대 술탄들과는 달리 셀림 1세는 그의 관심을 아시아쪽으로 돌렸다. 그는 이슬람 역사에 새 장을 여는 또 한 사람의 정복자였다.

한편 이때, 페르시아에는 사이스마일 영도 아래 사파비 조(1500~1722년)가 세워져 팽창일로에 있었는데, 아시아쪽으로 눈을 돌린 셀림과 이스마일의 충돌은 피할 수 없게 되었다. 셀림 1세와 이스마일은 1514년 타브리즈 근처의 찰디란 계곡에서 역사적인 대회전을 치렀고, 승리는 셀림 쪽이었다. 찰디란에서의 승전 즉시, 셀림은 시리아를 향했다. 맘루크들은 전통적으로 용감한 전사들이긴 했지만 세월이 지나 이젠 나약해질 대로 나약해져서 사기가 충천하고 잘 훈련된 오스만 제국 군대의 적수가 못되었다.

1516년 8월 24일, 알레포 북부 평원의 마르즈 다비끄에서 오스만 제국군과 이집트의 맘루크군은 첫 번째 전투를 벌였는데, 이 전투에서 노령의 맘루크 술탄 알 구리는 전사하고 맘루크 군대는 거의 전멸당했다. 그리고 살아남은 일부 병사들과 함께 남쪽으로 피신하던 카이로의 아바스 칼리파 알 무타와킬(1508~1517년 재위)은 포로가 되어 이스탄불로 압송되었다.

우세한 포와 머스킷 소총으로 무장한 채 조직적으로 싸우는 오스만 제국 군에 비해 기병과 개인의 용병술, 전투력에만 의존하던 맘루크군은 여러 전 력 면에서 처음부터 상대가 되지 않았다. 더구나 맘루크군 내부의 분란에 더 해 시리아 지방을 다스리고 있던 튀르크계 총독 케이베르가 적과 내통하는 통에 맘루크군은 쉽게 패배당하고 말았던 것이다.

마르즈 다비끄 전투에서 승리한 오스만 제국은 시리아에 대한 지배권을 강화하면서 이집트로 남하할 준비를 했다. 카이로로 들려오는 소문은 흉흉 한 것들뿐이었다. 오스만 제국군이 알레포에서 수백 명의 맘루크 병사들을 참수했으며, 이슬람의 성월聖月이자 금식월禁食月인 라마단 기간 동안 비무슬 림, 무슬림 할 것 없이 군인들이 무슬림 사회에서는 금기시하는 술을 마시고, 마약인 하쉬시를 피워댔으며, 길거리에서 여인들을 성폭행했다는 소문들이 떠돌았다.

이런 긴박한 순간에 맘루크들은 그들의 새 지도자를 뽑는 데만 한 달을 보 냈다. 장고와 주저 끝에 영광과 비극의 왕관은 술탄 알 구리의 양자, 투만베 이에게 돌아갔다. 그는 맘루크들이 걸어야 하는 전형적인 인생역정을 거쳐 온 사람이었다. 소년 시절에 노예로서 카이트베이에게 배분되어 그에게서 제복과 말을 받고 맘루크의 길을 걸었다. 그는 남달리 용기가 있고 총명해 이미 30대에 국가 비서직에 올랐었다. 그리고 마침내 맘루크의 우두머리인 술탄이 되었지만 국가의 존망은 풍전등화이고 국고는 텅텅 비어 있었다. 술 탄이 즉위하면서 으레 맘루크들에게 하사해야 하는 돈도 부족했다. 그의 집 권기간은 불과 3개월에 지나지 않았다. 하지만 그 3개월 동안 그는 근엄한 행렬이나 위엄 있는 예배의식 등 모든 것을 예전과 똑같이 행하면서 전통과 기강을 조금도 흩뜨리려 하지 않았다.

그러나 오스만 제국의 시리아 장악은 숨돌릴 수도 없을 만큼 긴박하고 위 태로운 눈앞의 현실이었다. 카이로 시민들은 불안에 떨었으며, 매년 순례 때 가 되면 메카의 카바 신전에 씌울 커버용 천을 이집트에서 보내곤 했는데, 이제 그것도 메카로 보낼 수 없게 되어 태워버려야 했다. 그러나 간간이 희 망적인 소식도 들려왔다. 베드윈들이 곳곳에서 오스만 제국군을 격파했다느니, 오스만 제국군이 페스트로 엄청난 고통을 당하고 있고, 시리아 주민들의 거센 저항으로 오스만 제국군의 무덤이 산처럼 쌓여가고 있다느니 하는 따위의 소문들이었다.

오스만 술탄의 근위대 예니체리

셀림 1세는 투만베이에게 회유와 위협이 반반 섞인 통첩을 보냈다. 항복하여 그의 신하가 되든지, 아니면 그의 발 아래에 짓밟혀 모든 맘루크들이 참수되는 길을 택하든지 결정하라는 것이었다. 투만베이는 오스만 제국군에 대적한다는 것이 현실적으로 불가능하다는 사실을 알고서, 항복하여 이집트를 온전하게 보존하고 싶었다. 그러나 부하 맘루크들이 반대하자 그는 결국 결전을 택하고, 용감히 싸우러 나가는 맘루크들에게 다음과 같이 말했다.

"그대들은 이제 그대들 자신과 처와 자식을 위해 싸워야 한다. 국고에는 디나르도 디르함도 남아있지 않다. 나와 그대들은 똑같은 처지다. 나는 그대들과 끝까지 운명을 같이 할 것이다. 그대들에게 줄 돈은 전혀 없다."

투만베이는 정직하고 곧은 인물이었다. 그의 성실함과 열정에 반한 젊은 맘루크들은 앞을 다투어 술탄 알 구리의 복수를 외치고, 투만베이와 함께 목숨을 걸고 싸울 것을 맹세하며 전의를 불태웠다. 그러나 전선에서 살아온 전투 경험이 많은 고참병들은 달랐다. 투만베이의 호소를 외면한 채, 정당한 보수를 받기 전에는 나설 의사가 전혀 없었다.

다급해진 군지휘관들은 빈자와 고아, 과부들을 위해 예치된 자카트(구빈 종교세, 무슬림은 수입의 1/40을 의무적으로 내야 함) 기금에 손을 대려고 했다. 그러나 투만베이가 이를 허락하지 않았다. 그것은 신과 백성들 앞에 동시에 죄를

맘루크군을 쳐부수는 오스만군

짓는 치욕적인 일로 생각
했던 것이다.

이러고 있는 사이에 가
자에서 적을 맞으려던 당
초의 계획은 수포로 돌아
가고 말았다. 투만베이는
사막에서 적을 맞아, 먼길
에 지쳐 있는 그들을 단
숨에 쳐부수려고 했었다.

적은 어느새 카이로 근교에까지 다가왔고, 옛 헬리오폴리스의 땅 맛타리아
근처에서 운명을 결정하는 전투를 치러야 했다.

투만베이는 그를 따르는 부하들과 용감히 싸웠다. 특히 베드윈들을 독려
해 적을 기습하고, 몇 차례 전세를 뒤엎기도 했다. 그러나 역부족이었던 이집
트군은 결국 피라미드 부근에서 벌어진 전투에서 끝내 패하고 말았다.

투만베이는 사로잡혀 카이로시 주웨일라 문에서 교수형을 당했다. 이 용
감한 술탄은 형장에 모여든 군중을 향해 코란의 개벽 장(章)을 세 번, 같이 암
송할 것을 청했다. 그 청에 따라 군중들이 코란을 낭송하면서 역사적인 형장
의 분위기는 더욱 장엄해졌다. 그런데 교수형이 제대로 이루어지지 않아, 투
만베이가 완전히 질식해 운명할 때까지 로프가 두 번씩이나 끊어졌다고 한
다.

이때가 1517년 4월 14일이었다. 그러나 맘루크국은 그보다 석달 전인
1517년 1월 22일에 공식적으로 패망한 것으로 역사는 기록하고 있다. 이 때
부터 카이로에 있던 이슬람 사원에서는 일제히 금요예배 때마다 술탄 셀림
1세의 이름을 새 칼리파로서 창도하고 있었던 것이다.

알리베이의 반란:
(1770년)

　오스만인들이 맘루크국을 쓰러뜨릴 때 맘루크들 중의 일부 배신자들이 그들을 도왔다. 그리고 이 배신자 중의 한 명이 이집트의 초대 총독으로 임명되었다. 오스만 제국 치하에서 맘루크 제도는 사라지지 않고 이집트에 그대로 존속했다. 맘루크 지도자들이 계속 각 지역의 행정관, 재정 담당관, 순례 집행관 등 여러 요직을 차지했던 것이다.

　그리고 세월이 흘러, 이스탄불의 중앙정부가 서서히 쇠약해지던 17세기 중엽부터 이집트에서는 맘루크들이 다시 득세하기 시작했다. 이때 맘루크 지도층은 대개 총독과 오스만 술탄의 친위대였고, 이집트에 주둔하고 있던 예니체리의 지휘관들이 그 권력을 나누어 가졌다.

　18세기에 들어서면서 오스만 제국의 쇠약함이 눈에 띄게 드러나게 되고, 이집트의 권력을 놓고 정치세력들 간에 파당을 지어 심각한 투쟁을 벌이게 되었다. 이 과정에서 총독은 유명무실한 존재가 되어버렸다. 총독보다 군관구의 고급장교와 고위 행정관료, 군관구 외의 지역군 사령관직을 맡고 있던 맘루크 출신 베이들이 실권을 쥐고 흔들었다.

　카즈두글리야Qazdughliyya는 맘루크 출신 베이들의 한 무리로 17세기 말경에 형성되었는데, 파키리야 맘루크 밑에서 세력을 길렀고, 1748년에 이르러서는 다른 세력의 추종을 불허할 만큼 강력한 파당으로 성장했다.

러시아 · 오스만 전쟁(1768~1774년)으로 오스만이 몹시 흔들리자, 카즈두글리 야파의 지도자 알리베이는 전격적으로 이집트의 독립을 선언하고는 1770년에 군사를 일으켜 시리아로 출병했다. 오스만 제국에 반기를 든 것이다. 그러자 아카에서 반란을 일으킨 자히르 알 우마르와 러시아가 그를 도우려고 했다. 알리베이는 원래 그루지아 출신의 기독교도였으나 맘루크가 된 인물로, 이집트와 시리아 땅에서 옛 맘루크국의 영광과 꿈을 재현하고자 온갖 헌신적인 노력을 기울였다. 한동안 그는 혼미한 국제 정세를 틈타 놀랍도록 세력을 신장시켰다.

하지만 오스만 제국의 맘루크 이간책에 알리베이는 무너지고 말았다. 알리베이에게는 2명의 부장이 있었는데, 이 둘은 맘루크 출신의 아붓 다합과 보스니아 출신의 아흐마드 알자자르로, 오스만인들이 이들에게 회유의 손을 뻗쳐 성공한 것이다. 오스만 중앙정부는 1771년에 시리아 원정을 이 끌었던 아붓 다합을 다마스커스에서 이집트로 되돌아가게 해, 알리베이를 죽이고 이집트 총독의 자리에 오르게 했다.

알리베이의 반란이 실패하면서 그의 원대한 꿈도 수포로 돌아갔다. 그 뒤에도 오스만 제국의 중앙정부는 계속 무력했던 만큼 이집트를 통치하는 튀르크인 지배세력들도 실정만을 거듭했다. 밑에서부터 층층이 부패한 관료들은 국민들에게 가렴주구를 일삼았고, 이권에 눈이 먼 세도가들의 권력투쟁으로 카이로 거리는 자주 피로 물들곤 했다.

술탄이 파견한 총독은 이 같은 무질서를 바로잡을 만한 능력이 없는 사람이었고 실제로 유명무실한 존재였다. 정치적 무질서는 곧 이집트 경제를 흔들고 멍들게 만들었다. 거기다가 빈발하는 각종 사고와 기아 현상이 이집트 사회를 전체적으로 침체화시켰다. 포르투갈이 인도양의 무역권을 잡은 뒤로는 중계무역에 따른 수입이 대폭 줄어들어 이집트의 경제는 점점 더 빈곤 상태로 빠져들었다. 인구가 줄어든 만큼 생산력도 줄어들었으며, 모든 산업이

가라앉아 불황의 연속이었다.

빈곤은 예술과 학문을 빈곤하게 만들었고, 정의를 해쳤다. 부도덕하고 무질서한 사회환경 속에서 공중위생은 어디서 손을 대야 할지 모를 정도가 되었다. 이러한 악조건은 1798년 6월, 나폴레옹이 이집트를 쳐들어올 때까지 계속된다.

아랍의 역사가들은 나폴레옹의 이집트 침입을 아랍 근대사가 시작되는 기점으로 삼고 있다. 또한 오스만 제국이 아랍·이슬람 세계를 지배하는 동안을 아랍 역사의 암흑기로 보고 있다. 이집트 역사도 예외일 수 없었다. 한마디로 말해 오스만 제국 치하의 이집트는 암담한 수렁 속에 깊이 빠져버린 병자였다. 그 수렁의 늪에서 빠져나오기까지는 또 다른 많은 시간을 인내해야 했다.

제4장
현대 이집트
(1798년 ~ 현재)

EGYPT

나폴레옹의 이집트 침입:
(1798년)

18세기에 서구의 두 강대국 영국과 프랑스는 세계 곳곳에서 서로 충돌했다. 그런데 영국이 프랑스보다는 상대적으로 우위를 점하고 있었다. 아프리카 남단의 희망봉을 돌아가는 무역노선을 독점하고 있었으며, 식민지 쟁탈전에서도 앞서갔던 것이다.

식민지 확보에서 영국에게 선수를 빼앗긴 프랑스는 한순간에 판도를 뒤바꿀 꿈을 꾸었다. 그것은 이집트를 정복해 홍해와 지중해를 잇는 무역로를 장악함으로써 영국의 해상무역 독점력을 약화시키고, 동시에 인도를 식민지화하려는 영국의 계획을 수포로 만든 뒤에, 가능하다면 자신들이 인도를 차지하겠다는 생각이었다.

프랑스는 이즈음 비록 소규모지만 이집트 내의 무역거래에서 약간의 특권을 누리고 있었고, 카이로에는 프랑스 신민의 안전을 돌보는 영사관이 주재해 있었다. 이곳을 통해 프랑스는 이집트에 대한 정보를 다방면에서 소상하게 수집했다. 오스만 제국의 유명무실한 통치, 맘루크 세력의 무기력, 불안정한 사회, 낡은 제도하의 군대 등, 이집트의 내부정세를 파악한 프랑스는 그들이 군사 행동을 개시한다면 어렵지 않게 이집트를 손에 넣을 수 있으리라 판단했다.

1798년, 마침내 프랑스의 탈리랑 수상은 나폴레옹 장군에게 대원정 사업을 맡겼다. 그가 나폴레옹에게 이집트 원정을 맡긴 것은 그가 남달리 유능하다는 점도 고려했겠지만, 한편

프랑스 군의 말타 점령

으로는 한참 떠오르고 있던 나폴레옹이 자신의 능력과 인기를 이용해 무력으로 권력을 쟁취하려 할지도 모른다는 우려감 때문이었다. 탈리랑은 나폴레옹을 멀리 이집트로 보냄으로써 그를 중앙 정치무대에서 떼어놓으려는 속셈이었다.

나폴레옹의 프랑스 함대는 13척의 전함과 6척의 프리킷함에 총 3만 명의 병력을 태우고, 1798년 4월에 툴롱항을 떠났다. 이 함대는 이탈리아에 들러 증원군을 태운 뒤, 두 달 뒤인 6월에 말타를 점령했다. 그리고는 호라티오 넬슨의 영국함대를 피해 그해 7월에 알렉산드리아에 출현했다.

나폴레옹은 이집트의 오스만 제국 총독에게 서한을 보내 맘루크들의 정치 공세로부터 그를 보호해주겠다고 했다. 그리고 이집트 국민들에게는 자신은 침입자가 아니라 맘루크들로부터 이집트를 해방시키러 온 해방자라고 선전했다. 또 프랑스군은 기독교인들에게 항상 무슬림들과 싸우기만을 종용했던 교황을 쳐부수었고, 또 프랑스는 언제나 오스만 제국의 적들의 반대 입장에 서왔으므로 결국 프랑스인들은 충실한 무슬림들의 편인 셈이라고 선전했다. 프랑스군은 알렉산드리아 수비군을 간단하게 제압하고서 알렉산드리아항을 점령했다. 이후 프랑스군은 칼을 든 맘루크 기병대나 비정규의 이집트 보병 부대를 물리치면서 카이로로 진격해 들어갔다.

프랑스군의 주적은 적군이 아니라 오히려 급식, 보급, 후생, 병참 등 내부에 있었다. 뜨거운 태양 아래 수많은 델타의 운하와 사막의 황무지를 건너야

프랑스군의 알렉산드리아 점령

했으며, 모기와 이질을 참아내야 했다. 전투보다는 극심한 갈증과 열대성 전염병으로 더 많은 희생자들이 발생했다.

7월 21일, 프랑스군은 카이로 외곽에 있는 피라미드 근처의 임바바에서 맘루크군과 대회전을 치렀다. 이 싸움에서 맘루크군은 총과 포를 앞세운 프랑스군에게 풍비박산이 되고 말았다. 맘루크군은 현대적 무기와 현대전에 관한 전투개념이나 경험이 전혀 없었던 것이다.

대포를 앞세우고 카이로로 입성한 나폴레옹은 스스로 진정한 해방자이며 무슬림이라고 주장했다. 그러나 그의 말을 믿는 이집트인은 아무도 없었다. 나폴레옹은 이집트인의 마음을 사로잡으려고 여러 가지 술책을 써보았다. 심지어는 무슬림 복장을 하고서 알 아즈하르의 종교지도자인 쉐이크들을 자기 편으로 끌어들이려 온갖 노력을 기울였으나 허사였다.

오히려 나폴레옹은 이집트인들과 이집트 내 튀르크인들의 만만찮은 저항에 부딪쳤다. 거기다가 영국의 무력시위와 개입으로 프랑스의 이집트 정복 사업은 난관에 봉착했다. 1798년 8월, 영국함대가 알렉산드리아 근처 아부끼르에 있던 프랑스 함대를 공격하여 전멸시켜버린 것이다. 이로 인해 이집트의 프랑스 원정대는 본국과의 연락이 두절되고 말았다.

한편 오스만 제국은 날로 비대해지는 프랑스 세력에 당황하지 않을 수 없었다. 결국 오스만 제국은 프랑스를 견제하려는 영국·러시아와 동맹을 맺고 프랑스에 선전포고를 했다. 이렇게 어려워진 상황을 타개하기 위해 1799년 2월, 나폴레옹은 시리아로 쳐들어가 시리아의 일부 항구를 점령했다. 그러나 아카에서 영국군의 지원을 받은 오스만 수비대의 강력한 저항에

부딪쳐, 프랑스군은 이집트로 다시 회
군했다.

하지만 갈수록 불리해지는 전황 속
에서도 프랑스군은 오스만 제국군에
게 아카 남부에서 패배를 안겨주었고,
또 이집트를 탈환하기 위해 상륙한 오
스만 제국군을 아부끼르 전투에서 물
리쳤으며, 남부 이집트에서 일어난 폭
동도 제압했다.

나폴레옹은 시리아만 점령하면 인도
도 곧 점령할 수 있으리라고 생각했었
다. 그러나 복잡하게 엉킨 프랑스의 국

이슬람 식 복장을 한 나폴레옹

내 정세가 그를 더 이상 이집트에 머물도록 허락하지 않았다. 그는 클레베르
를 신임 총사령관으로 임명하고, 영국함대의 추적을 피해 몰래 프랑스로 귀
국해버렸다.

클레베르와 그의 후임 므누는 전투와 협상을 수차례 거듭하다가 결국
1801년 9월 조건부 항복을 했다. 그에 따라 이집트를 침입한 지 3년 3개월만
에 프랑스는 이집트를 떠나야 했다. 프랑스로서는 너무나 아쉽고 짧은 점령
기간이었다.

한편, 나폴레옹은 이집트를 침입하면서 수많은 학자들을 대동했다. 이것은
프랑스가 이집트학 분야에서 부동의 위치를 차지하게 만들었다. 그런가하면
나폴레옹의 이집트 침입은 이집트의 지식인층에도 커다란 영향을 끼쳤다.

그들은 이슬람 세계가 중세 내내 서구에 비해 월등한 문명세계였으므로
서구 기독교인들을 폄하해왔었는데, 정치·경제·군사·문화 등 여러 분야
에서 사정이 뒤바뀌어졌음을 알게 된 것이다. 서구에 비해 오히려 물질적, 과
학적으로 한참 뒤떨어진 사실을 깨닫게 되면서, 이집트 지식인들은 무능하
고 잔인한 맘루크의 지배를 더 이상 용인하지 않게 되었다.

특히 이집트 지식인층은 서구의 민족주의 사상을 접하게 되어, 그들의 침입에 반발하면서 민족적 자각을 하게 되었다. 이것은 후일 다른 아랍 국가들의 지식인층이 민족주의 사상을 받아들이게 하는 단초가 되었다.

이집트는 동방과 서방을 연결하는 교량의 위치에 있기 때문에 그 지리적 중요성이 늘 강조되어왔는데, 나폴레옹의 이집트 침입은 이 사실을 더욱 새롭게 일깨워주었다. 앞의 역사에서 보았듯이 이집트는 사실상 인류역사에서 가장 중요한 전략적 요충지의 하나였다. 고대와 중세의 많은 영웅들이 이집트를 정복한 후 세력을 크게 신장시키고, 곧 세계를 지배하는 꿈을 키웠다. 알렉산더가 그랬고 로마와 비잔틴 제국이 또한 그랬다. 그 뒤를 이은 이슬람 제국과 오스만 제국도 마찬가지였다.

근세가 낳은 전쟁영웅 나폴레옹 역시 이집트 정복이 가져다줄 막대한 이득을 누구보다 먼저 깨달은 인물이었다. 그리고 프랑스의 뒤를 이어 이집트에 들어온 영국은 근대 식민제국주의의 패자覇者가 되었다.

영국은 인도로 가는 길목인 이집트를 지키려고 최선을 다했고, 다른 나라가 결코 이집트를 넘보지 못하도록 온갖 방어조치를 다 취했다. 그리고는 소위 팍스 브리타니카(영국의 지배에 의한 평화) 시대를 구가하며 대영제국의 깃발을 세계 만방에 휘날렸다.

나폴레옹에 저항한
알 아즈하르의 쉐이크들:
(1798년)

맘루크의 통치 이래 이집트의 종교지도자들은 맘루크와 민중을 연결시켜 주는 중간고리 역할을 하면서 민중의 신앙생활과 대중언론을 이끌어왔다. 이런 종교지도자들은 거의 알 아즈하르 출신이었고, 또 알 아즈하르는 그들의 지적 · 종교적 활동의 중심체였다.

나폴레옹은 이집트에서 종교가 차지하는 비중과 알 아즈하르를 중심으로 한 종교지도자들의 역할이 무엇인지를 잘 알고 있었다. 이집트 민중들이 지배 세력인 맘루크에 대해서는 조그마한 충성심도 갖고 있지 않으며, 그들을 오히려 증오하고 있다는 사실도 알았다. 그래서 나폴레옹은 자신을 맘루크들로부터 이집트 민중을 해방시키고자 온 무슬림으로 자처했던 것이다.

그뿐만 아니라 알 아즈하르의 고위지도자들을 국가정치위원회인 디완의 위원으로 위촉하여 프랑스인과 함께 참석시켰으며, 그 자신은 알 아즈하르 쉐이크들이 입는 고유의 전통의상을 입고 다녔다. 또한 무슬림들이 매년 기념하는 예언자 무함마드 탄생 축제일에 특별한 관심을 보이고 각종 지원을 아끼지 않았다. 종교정책에 관련된 자문을 얻기 위해 알 아즈하르의 이슬람 석학들과 자주 토론회도 가졌다.

반란이 진압된 후
체포된 알 아즈하르
의 쉐이크들

그러나 그의 행위는 단지 정치적 제스처였을 뿐, 그가 진정한 무슬림이 될 수는 없었다. 더구나 프랑스군의 공개적인 남녀교제와 음란행위, 공공 장소에서의 음주와 술주정에다 이슬람 금기사항들을 함부로 저지르는 불경스러운 행동들은 무슬림들을 분노케 만들었다. 이런 분노가 사회 저변으로 확대되고 있던 터에 프랑스인들이 무거운 세금을 부과하고 혈세를 조직적으로 거두어들이자 알 아즈하르를 중심으로 민중반란이 일어났다.

이 반란은 쉐이크 알 사다트, 쉐이크 알 샤르까위를 비롯한 알 아즈하르의 고위 종교지도자들이 모두 참가했으며, 이들의 지휘하에 곧 카이로 전역으로 확대되었고, 급기야는 카이로를 통치하고 있던 프랑스군의 두피 장군을 피살하는 사태로까지 번졌다.

나폴레옹은 반란의 진원지가 자신이 회유하려 했던 알 아즈하르임을 알자 실망과 분노를 그대로 드러냈다. 그는 카이로 외곽에 붙어 있는 무까담산 위에 포대를 설치하게 한 후, 알 아즈하르 사원에다 맹포격을 가했던 것이다. 그렇게 해서 반란군의 기세를 꺾은 나폴레옹은 총검으로 무장한 군인들을 투입해 사원을 군홧발로 짓밟았다.

이때의 나폴레옹의 행위는 무슬림들에게 예나 지금이나 결코 용납할 수 없는 일이었다. 더구나 아무리 반란군을 진압한다는 명목을 내세웠다지만 군대가 사원으로 쳐들어온 것은 전무후무한 일이었다.

결국 나폴레옹은 그의 정치적 목적을 달성하기 위해 알 아즈하르 쉐이크들을 회유하려 했으나 실패하고 말았다. 그도 맘루크를 누르고 출현한 또 하나의 폭군에 불과했으며, 동시에 무슬림의 눈에는 묵과할 수 없는, 불경스러운 이교도로 비추어졌을 뿐이다.

로제타 석 발견으로
상형문자 해독되다:
(1799년)

 나폴레옹이 이집트를 침공한지 꼭 1년 만인 1799년 8월에 이집트 고대사를 밝혀줄 획기적인 사건이 발생했다.

 당시 프랑스 공병대 소속 병사들은 이집트 북부의 로제타시 근교에 있는 셍쥐리엥 요새 주변에 방어 기지를 구축하고 있었다. 그런데 작업 도중 병사인지 기술자인지 확실치 않지만 어떤 사람이 고대 이집트 비석 하나를 발견했다. 마치 암호처럼 알 수 없는 문자들이 새겨져 있는 것으로 보아, 그 비석이 상당히 가치가 있는 것임을 단박에 알 수 있었다.

 프랑스군은 이집트 유적의 중요성에 대해 이미 교육을 받은 터였고, 고대 유물이 발견되면 즉시 보고하라는 명령이 내려져 있었다. 그에 따라 비석은 발견과 동시에 상부에 보고되어 카이로의 이집트 연구소로 옮겨졌다.

 프랑스 군사령부는 이집트 각지에 흩어져 있던 이집트 전문학자들을 즉시 연구소로 불러들였다. 학자들은 그것이 고대의 비석임을 확인했다. 비석의 윗 부분에는 상형문자(히에로글리프)로 된 문장이, 가운데 부분에는 아랍어 흘림체같이 보이는 초서체 문장(그것은 고대 이집트 민중문자인 데모틱으로 쓰인 문장이었다)이, 그리고 아래 부분에는 그리스어 문장이 새겨져 있었다.

연구소의 학자들은 맨 아래 부분에 새겨진 그리스어 문장이 프톨레마이오스 5세(BC196년)가 내린 칙령의 사본임을 밝혀냈다. 그렇다면 그리스어 문장의 해독은 상단에 새겨진 나머지 두 그룹의 문장을 해독할 수 있는 열쇠였다. 따라서 두 문장의 해독은 시간 문제라고 생각했다.

그러나 그렇지 않았다. 그 뒤로도 20년 이상의 세월이 흐른 뒤에야 해독이 가능했던 것이다. 그리고 이 문장의 해독은

로제타 석

고대 이집트의 문명세계를 밝혀내는 인류문화사의 가장 중대한 사건이었다.

영국과 오스만군의 포위 공격이 계속되자, 프랑스군은 로제타 석을 카이로에서 알렉산드리아로 옮겼다. 영국인에게 빼앗기지 않기 위해서였다. 그러나 전쟁에서 진 프랑스군은 알렉산드리아 항복협정에 따라 이집트에서 수집한 골동품들을 영국군에게 모두 양도할 수밖에 없었다.

처음에 프랑스 측은 고대유물과 골동품의 양도만큼은 완강히 거부했으나 어쩔 수 없었다. 므누 장군은 자신의 저택에 보관하고 있던 로제타 석을 마지못해 영국군 대령 탐킨즈 힐그로브 터너에게 넘겨주었다.

영국군 포병 1개 분대가 와서 로제타 석을 운반해갔다. 이들이 그 엄청난 고대의 보물을 가져갈 때, 프랑스 군인들과 이집트 국민들은 거리에 모여들어, 빼앗기는 서러움 때문에 영국군에게 야유와 욕설을 퍼부었다고 한다.

이집트 고대문화의 유물과 골동품들이 험난한 뱃길을 통해 이집트에서 영국으로 옮겨졌다. 그 과정에서 꽤 많은 유물들이 훼손당했다. 그러나 터너 대령은 로제타 석의 가치와 중요성을 잘 알고 있었다. 그는 이 값진 화물을 특별히 쾌속으로 달리는 범선에 싣고, 자신이 직접 그 배에 탑승했다. 로제타 석이 이집트에서 영국으로 떠난 것은 1802년 2월이었다. 그런데 로제타 석이 얼마나 중요한지를 잘 알고 있던 프랑스 학자들은 그대로 빼앗기지 않았다. 여러 개의 압형押型과 복사본을 만들어 두었던 것이다.

장 프랑소아 샹폴리옹(왼쪽), 이집트 학사원(오른쪽), 프랑스 학자들은 이곳에서 이집트에 대해 연구했다

그리고 프랑스군 샹폴리옹 대위는 여러 개의 복사본 중에 하나를 12살짜리 조카 장 프랑소아 샹폴리옹(1790~1832년)에게 보여주었다.

로제타 석의 사본을 기초로, 고대 이집트의 상형문자 해독에 열중한 학자는 꽤 많았다. 프랑스의 샹폴리옹과 사시, 영국의 영, 스웨덴의 아커블라드 등이 로제타 석 연구에 몰두한 유명한 인물들이다.

그중에서도 샹폴리옹과 영이 탁월한 어학실력을 바탕으로 서로 경쟁했다. 그러나 영은 샹폴리옹과 달리 한 가지 일에만 몰두하는 그런 성격이 아니었다. 그는 언어 연구를 하면서도 한편으로는 의학을 공부해 후일 런던에서 병원을 열었고, 식물학에도 기웃거렸으며, 물리학에도 깊은 관심을 기울여 빛의 파동이론을 내놓아 명성을 얻었다.

그런데 샹폴리옹은 20년 동안 오직 로제타 석에만 헌신적으로 몰두했다. 이런 끈기와 무서운 집념이 그를 최후의 승자로 만들었다.

장 프랑소와 샹폴리옹은 1790년 프랑스의 피젝에서 태어났다. 그는 학창시절에 수학 성적이 유독 나빴는데, 암산이라면 도무지 질색을 했다. 하지만 어려서부터 언어에 관해서만큼은 남다른 관심과 재능을 보였다.

11살 때인 1801년, 맏형 자크 조제프는 그를 그르노블로 데려가 사립학교에 장학생으로 입학시켰다. 훌륭한 언어학자였던 자크는 어린 동생이 라틴어와 그리스어, 히브리어를 쉽게 익히는 것을 보고는 동생을 뒷바라지하기로 작정했다. 자크는 이집트 유적 탐사나 발굴에는 참여하지 못했으나 이집트학에 대한 정열은 누구보다 강했다.

또 샹폴리옹이 장학생이 되도록 도와준 이제르 지사 푸리에는 유명한 고대 이집트학 학자이자 이집트 학사원 사무관이었다. 샹폴리옹은 고대언어에 대한 뛰어난 능력을 인정받아 그의 집에 자주 드나들 수 있었으며, 그에게서 고대 이집트에 대한 새로운 지식도 얻고 이집트학에 대한 관심을 더욱 넓혀 갔다. 또 앞에서 보았듯이 그는 우연히 삼촌이었던 샹폴리옹 대위를 통해 어린 나이에 로제타 석 사본을 본 적이 있었다.

이렇듯 샹폴리옹은 어려서부터 고대 이집트에 대한 관심과 화제가 오가는 환경 속에서 성장했고, 언제부터인가 이집트의 고대 상형문자를 처음으로 해독해보겠다는 꿈을 키워갔다. 이집트 고대 상형문자의 해독이라는 뚜렷한 목표를 세워놓았기 때문에 그는 학교에서도 필수과목인 라틴어와 그리스어 말고도 중동의 언어인 히브리어와 아랍어, 시리아어, 아람어, 칼데아어, 페르시아어, 콥트어 등을 공부했다.

샹폴리옹은 그르노블 대학에서 박사학위를 받은 후 문학부 간사로 임명되었고, 19세의 어린 나이에 그 대학의 역사학과 조교수가 되었다. 샹폴리옹은 다른 학자들의 연구성과와, 그리고 콥트어와 고대 이집트 상형문자들에 대한 자신의 지식을 바탕으로 로제타 석에 새겨진 상형문자의 음가를 하나하나 구체적으로 밝혀가기 시작했다.

이런 헌신적인 노력 끝에 그는 먼저 여러 왕들의 이름을 해독하는데 성공했다. 샹폴리옹은 하나의 꽃 테두리 안에서 볼 수 있는 특정한 기호들은 하나 또는 2개의 서로 다른 철자를 나타내며, 여자 이름 뒤에는 특별한 기호가 사용되었다는 사실을 확인했다. 그리고 왕들의 이름을 표시한 꽃 테두리 안에 들어 있는 것 중 아직 밝혀지지 않은 기호들의 음가는 그 이름에 해당하는 그리스어 철자를 유추해 다시 정확히 연역해낼 수 있었다.

샹폴리옹은 고대 이집트의 언어가 상형문자(히에로글리프), 신관문자(히에라틱), 민중문자(데모틱)라는 세 가지 형태를 가지고 있으며, 상형문자는 그림문자의 특징을 가진 상징문자이자 뜻을 단순화시킨 표의문자이며, 동시에 음가를 지닌 표음문자이기도 하다는 결론에 도달했다.

이러한 이론들을 바탕으로 1822년에 그는 〈디시에 씨에게 보내는 편지, 음운 상형 문자의 자모에 관하여(Lettre a M. Dacier, relative l'alphabet des hieroglyphes phonetiques))라는 논문을 발표했다.

이후에도 샹폴리옹은 연구에 연구를 거듭해 수많은 비문을 계속 검토했고, 그의 연구결과를 실제로 확인하기 위해 1828년 7월 31일, 마침내 꿈에 그리던 이집트행 배를 탔다.

샹폴리옹은 경험이 풍부한 화가 네스토르트와 피에르루, 그리고 제자이자 친구인 로셀리니가 이끄는 이탈리아 탐험대를 따라, 15개월 동안 알렉산드리아에서 아스완까지 이집트 방방곡곡을 뒤지며 여행했다. 그는 가는 곳마다 상형문자로 쓰인 것들을 읽고 번역하고 또 복제해두었다.

1829년 1월 1일에 그는 와디할파에서 다시에게 다음과 같은 편지를 썼다.

"나일강 하구에서 누비아의 제2 폭포까지 강을 따라 여행해본 결과, 〈음운 상형문자의 자모에 관하여〉에서 수정할 부분은 단 한 곳도 없음이 명백해졌다고 자신있게 말씀드립니다. 우리의 해독은 정확했습니다. 로마와 프톨레마이오스 시대에 제작된 이집트 유적의 비문 해석에 꼭 맞아 떨어졌을뿐만 아니라, 더욱 기쁘고 흥미로운 사실은 그것을 파라오 시대에 까지도 적용할 수 있다는 것입니다."

이로써 오랫동안 세상과 단절되어 비밀 속에 감추어져 있던 고대 이집트의 상형문자는 비로소 그 얼굴을 세상에 드러낼 수 있었다.

천재학자 샹폴리옹이 여행을 마치고 프랑스로 돌아오자, 당시 프랑스 국왕 샤를르 10세는 특별한 칙령을 내려, 그에게 이집트학 강좌를 열도록 했다. 하지만 그는 콜레주 드 프랑스의 초대 교수로 취임한 지 얼마 지나지 않아 불치병에 걸리고 말았다. 그리고 1832년 3월 4일, 그는 다음과 같은 말을 남기고 젊은 나이에 세상을 떠났다.

"너무나 이르다. 아직 할 일이 태산같이 많은데…."

근대 이집트의 아버지
무함마드 알리의 등장:
(1805년)

프랑스군을 이집트에서 축출하는 데 공동협력했던 오스만군, 영국군, 맘루크들은 이제 이집트의 지배세력이 되었다. 하지만 영국군은 먼저 철수하고 말았다. 이집트 주재 영국 총사령 관과 콘스탄티노플 주재 영국대사는 중립을 지키면서 오스만 제국과 맘루크들 간의 알력을 중재하려고 여러 차례 시도했으나 끝내 실패한데다, 복잡하게 엉킨 유럽 문제에 몰두하기 위해 1801년에 이집트를 떠났던 것이다.

그러자 오스만 제국과 맘루크들은 이집트의 지배권을 놓고 충돌이 불가피했다. 그래도 큰 사건 없이 1804년까지 이집트는 평화롭게 지낼 수 있었다. 그러나 비록 짧은 기간이었지만 프랑스의 점령 기간 동안에 프랑스의 민중 혁명사상이 이집트로 흘러들어왔다. 이에 영향을 받은 이집트 국민들은 맘루크의 무자비한 통치나 어려운 현지사정을 외면만 하고 있는 오스만 제국의 통치를 다 거부하고 자립을 원했다.

이런 기운에 편승해 이집트 민중이 봉기했다. 1804년 3월, 알 아즈하르의 종교 지도자들을 중심으로 조세납부를 거부하며 일어난 민중봉기는 원한이 맺힌 맘루크 베이들을 카이로에서 몰아내고, 오스만 제국의 이집트 총독 쿠

무함마드 알리

르쉬드에게 조세의 감면은 물론, 국가의 정책결정에 이집트 민중을 참여시켜줄 것을 요구했다. 총독이 이를 거절하자 무장한 민중들은 그를 당장 몰아냈다. 곧 다른 인물이 총독이 되었으나, 그는 별로 힘이 없었다.

이런 와중에서 이집트뿐만 아니라 아랍 근대사에 길이 남을 한 인물이 출현했다. 1805년 5월, 민중의 여론에 따르던 알바니아 여단의 사령관 무함마드 알리가 이집트 민중들에 의해 총독으로 선임된 것이다. 오스만 정부는 세르비아의 반란에 시달리고 있던 터라 이를 인정할 수밖에 없었다. 무함마드 알리는 그 당시로서는 아주 드물게 민중의 혁명과 지지를 등에 업고 정권을 잡았다. 그러나 그는 민중에게 모든 것을 의지하면 오래 정권을 유지할 수 없다는 점을 알고 있었다. 그는 우선 자신의 권력기반을 강화시키기 위해 군대를 중심으로 이집트를 대대적으로 개혁하기 시작했다. 줄기찬 그의 개혁의지와 노력들은 그를 근대 이집트의 아버지로 만들었다. 개혁적 조처들로 그의 위치는 점차 확고해지고 이집트의 내정도 안정되어가기 시작했다. 이런 상황들을 당시 이집트에 있던 오스만 제국의 술탄 마흐무드 2세의 측근들이 술탄에게 보고했다. 그러면서 그들은 유능하고 야심만만한 무함마드 알리가 이집트의 독립을 시도할 가능성도 배제할 수 없다고 언급했다.

술탄은 이집트에 새로운 총독을 임명할 것인지를 심각하게 고려했다. 그러나 총리 대신 사드르 알 아으잠이 이집트 민중이 총독으로 뽑은 무함마드 알리를 지금에 와서 해임한다는 것은 현실적으로 볼 때 불가능하며, 새로운 반란을 유발시킬 뿐이라고 말했다.

대신들과 숙고한 끝에 술탄은 교묘한 해결책을 찾아냈다. 당시 아라비아

맘루크의 몰살

반도에서 오스만 제국에 반기를 들고서 제국의 종교사회 질서를 뒤흔들고 있던 와하비 반란을, 무함마드 알리로 하여금 진압토록 한 것이다. 그것은 제국의 안녕을 해치고 있는 현재의 골칫덩어리를 없애거나 적어도 약화시키는 동시에, 미래의 골칫덩어리마저 미리 제거하겠다는 의도였다.

사신이 술탄의 명을 무함마드 알리에게 전했을 때 그는 웃으면서 이를 받아들였다. 그것은 아라비아 반도의 반란을 진압할 총사령관으로 그를 임명한 술탄의 명령에 만족해서가 아니라 술탄의 숨은 의도를 이미 알아차렸다는 의미의 웃음이었다. 무함마드 알리는 술탄의 명령에 출병날짜가 빠져 있음을 지적하는 한편, 내심으로는 이 도전을 받아들일 방도를 곰곰이 생각했다.

출병을 한창 준비하고 있는 도중, 만약 그가 수에즈에서 아라비아 반도로 출병하면 맘루크 베이들 중의 한 명인 차힌베이가 그의 자리를 차지하려 한다는 첩보가 들어왔다. 무함마드 알리는 술탄에게 맘루크들과 상존하는 문제점들을 언급하면서 이집트 내정이 확고하게 안정될 때까지 출병을 연기해 줄 것을 요청했다.

그러나 술탄은 즉각 출병할 것을 재촉했다. 술탄의 명령이 어떻든 간에 이런 정황에서는 도저히 출병할 수 없다는 것을 잘 알고 있는 무함마드 알리는, 언제나 이집트 정정의 불안요소로 작용하던 맘루크들을 한꺼번에 제거할 결심을 하게 되었다.

무함마드 알리는 와하비의 반란군을 물리치기 위한 진압군 사령관으로 임명된 것을 축하하는 연회를 연다면서 500명가량의 맘루크 지도자들과 핵심 추종자들을 그의 성곽으로 초청했다.

총독의 초대에 응한 500명의 맘루크와 수행원들은 화려한 복장을 하고서, 그들의 지도자 차힌베이를 선두로 총독의 성곽으로 줄줄이 들어왔다. 성곽에서 이들은 이집트는 물론, 수단, 시르카시아, 튀르크식 음식의 진미를 맛보며, 즐거운 음악을 들으며 소파에 기대어 커피를 마시거나 물담배를 피우며 여담을 나누었다. 연회에 참석한 또 다른 그룹은 테라스에서 카이로의 아름다운 전경을 즐겼다.

이윽고 해가 질 무렵, 차힌베이의 신호로 맘루크들은 총독에게 작별 인사를 하며 떠날 준비를 했다. 질서정연하게 행렬을 갖춘 총독의 기마대가 이들을 성 밖으로 인도하기 시작했다. 그런데 들어올 때와 달리 그들은 어느 사이 좁은 길로 인도되었으며, 앞서 가던 기마대가 성 밖으로 나가자마자 성문이 닫히면서 맘루크들이 지나왔던 문들도 갑자기 닫혀버렸다. 이와 동시에 성벽 위에는 총독의 알바니아 여단의 소총수들이 출현하여 그들을 향해 총을 발사하기 시작했다.

모든 일이 순식간에 일어났다. 맘루크와 그들의 수행원들은 좁은 골목길에 갇힌 채, 앞으로 나아가지도 뒤로 물러나지도 못했다. 이렇게 되자 조금 전까지만 해도 화려했던 행렬이 순식간에 아수라장으로 변했고, 그들은 영락없이 독 안에 든 쥐 꼴이 되어버렸다. 그리고 소총수들의 총탄세례를 받고 무참하게 쓰러졌다.

500여 명 중에 단 1명만이 학살의 틈바구니에서 기적적으로 살아남아, 팔레스타인의 아카로 도주했다고 한다. 그리고 무함마드 알리는 성곽 위에 서 물담배를 피우면서 이 학살장면을 묵묵히 내려다보고 있었다고 전해지는데, 그 순간 누구도 감히 그에게 말을 걸거나 의견을 표하지 못했다고 한다. 누가 무슨 말을 할 수 있었겠는가!

이렇게 해서 1250년부터 이집트를 장악하고 지배해왔던 맘루크 세력이 한 순간에 일소되면서, 이집트는 무함마드 알리의 천하가 되었다. 새 시대 새 역사의 장을 연 무함마드 알리는 그 후 자신의 권좌를 확고히 하기 위한 개혁 조치들을 거침없이 시행해나갔다.

그리고 이집트의 지배권은 1953년, 자유장교단의 혁명에 의해 이집트 공화국이 세워질 때까지 그의 자손들에게 세습되어졌다.

무함마드 알리의 개혁과 치적:
(1811 ~ 1840년)

무함마드 알리는 이집트에 대한 지배권을 확립하자 대대적으로 개혁을 단행했다. 사실 그의 개혁은 자신의 권좌를 튼튼히 다지고 유지하기 위한 것이었다. 그러나 그의 개혁조치들은 이집트 사회를 완전히 바꾸어 놓았으며, 그를 근대 이집트의 아버지로 만들었다.

나폴레옹 1세의 이집트 원정은 영국과 프랑스 사이에 패권경쟁을 불러와, 그 후에도 이 지역을 둘러싸고 두 세력이 계속 부딪쳤다. 그들의 싸움은 1904년의 영 · 프 협정(Entente Cordiale)이 맺어질 때까지 지속되었는데, 이와 같은 경합 속에서 무함마드 알리는 유럽 열강의 대 이집트 정책에 거스르지 않고 그들과 공조하는 길을 모색해야 했고, 다른 한편으로는 오스만 제국의 종주권을 인정하면서 나름대로의 지배권을 공고히 다지고 또 개혁 정책을 추진해가야 했다.

먼저 그는 이집트에서의 그의 지위와 독립성을 확고히 하기 위해 여러 가지 경제개혁을 추진했다. 우선 조세와 토지소유 제도의 개혁을 단행했는데, 이것은 무엇보다도 그의 권력기반을 확고히 하는 데에 결정적인 밑받침이 되었다.

맘루크 베이들의 봉토는 몰수되어 왕실 소유가 되었고, 무함마드 알리는 자연스럽게 최대 지주가 되었다. 또 종래까지 면세 혜택을 받아왔던 종교 기관의 재산과 공유토지에도 과세를 행했다. 곳곳의 관개시설을 대대적으로 보수하고, 프랑스 기술자를 채용해 새로운 댐과 운하, 둑, 도로, 항만, 창고 등을 새로 건설했다.

자급자족하던 농업에서 벗어나 환금작물인 인도쪽, 담배, 면화, 사탕수수 등을 대대적으로 경작토록 해 국가의 현금 수입이 늘어나도록 만들었다. 비 서구 국가로는 처음으로 산업혁명을 시도해 비누,

무함마드 알리 시대의 이집트 병사

제지, 면직, 제당, 조선, 무기산업 등을 국가가 직접 일으키면서 세입의 증가를 꾀했다.

맘루크 군대는 튀르크인과 시르카시아인 등 외국인으로 구성되었지만 그는 이집트 농민을 징집해 군대를 조직했고, 유럽식 군사교육을 받게 했다. 행정제도와 기구를 유럽식으로 개편했고, 서구식 국가 예산제도를 도입했다. 또 행정기구와 군대 조직을 움직일 만한 많은 인재들을 유럽으로 보내 신문물을 배워오도록 했다.

유럽의 교육제도를 본떠 서구식 학교를 많이 세웠으며, 이런 학교의 교과서로 쓰기 위해 정부 산하에 유럽책을 번역하는 전문번역 기관을 설립하기도 했다. 그 결과 이집트는 유럽의 문물이 중근동으로 들어가는 중요한 통로의 역할을 담당하게 되었다. 유럽식 교육을 받는 것만이 정부의 중요관료가 되는 빠른 길이자 출세의 수단이 됨에 따라 전통적인 종교 교육기관과 울라마의 지위는 크게 위축되었다.

그의 신속한 개혁은 유럽 열강의 지지와 지원을 받았고, 그만큼 자신의 신망을 높이고 국내외에서 인정을 받게 했다. 또한 이집트의 국력을 크게 신장

무함마드 알리 시대의 대포

시켜, 점차 국제사회에서 이집트의 독립성을 확보할 수 있는 여건을 갖추게 했다.

이집트 통치권이 확고해지자 무함마드 알리는 나라 밖으로 눈길을 돌리기 시작했다. 그는 오스만 술탄의 명령대로 1812년에 아라비아 반도로 출병했다. 이 원정의 성공으로 와하비파로부터 메카, 메디나에 대한 오스만의 지배권을 다시 회복시켜 놓았고, 1818년에는 마침내 와하비파의 수도인 다르이야를 함락시켰다. 그리고 무함마드 알리는 그가 점령한 이 넓은 지역을 1840년까지 실질적으로 지배했다.

이집트는 전통적으로 상아, 금, 노예 등을 남쪽의 수단에서 구입해왔는데, 무함마드 알리는 1820년에 군대를 동원해 수단의 누비아, 센나르, 동골라, 다르푸르 지역을 점령했다. 1821년 4월에는 모레아의 그리스인들이 자니나의 총독이 일으킨 반란을 역으로 이용해 반란을 일으켰는데, 오스만 제국 술탄 마흐무드 2세는 무함마드 알리에게 원조를 청하면서 그 대가로 시리아를 넘겨주겠노라고 약속했다.

무함마드 알리는 쾌히 술탄의 제의를 받아들이고, 그의 아들 이브라힘 지휘하에 육군과 해군을 파견해 그리스인들의 반란을 일단 진압시켰다. 그러나 다시 반란이 일어나고, 이를 진압하려고 총력을 기울였으나, 1827년에 그리스 나바리노 근해에서 영국·프랑스 함대에게 오스만·이집트 함대가 패하는 바람에 그리스는 독립을 하고 말았다.

아무것도 얻은 게 없게 된 무함마드 알리는 술탄이 약속을 이행하지 않았

현대식으로 무장된 이집트 징집병의 군사열

다며, 1831년에 시리아 정복을 단행했다. 그의 아들 이브라힘이 시리아를 점령하고, 1832년 12월에는 오스만군을 코냐에서 패퇴시켰다. 종주국이었던 오스만 제국의 군대를 실력으로 무찌른 이집트군의 사기는 충천했다.

오스만 술탄으로부터 시리아를 양도받은 무함마드 알리는 이 땅을 시리아 정복의 영웅이자 그의 아들인 이브라힘에게 주어 통치토록 했다. 이브라힘은 레바논 호족 쉬하브가의 바쉬르 2세의 도움을 받아 이집트의 개혁정책을 그대로 시리아에서도 실시해나갔다. 그러나 너무 급진적으로 추진하다 보니 1834년 이후부터는 수많은 어려움과 반란에 직면하게 되었다.

하지만 무함마드 알리는 그 동안에 오스만 제국의 지배하에 있던 대부분의 아랍 지역을 장악함으로써, 이집트에서부터 수단, 시리아, 아라비아 일부까지 그의 통치권 안으로 들어왔다. 통치 영역이 넓어지고 지배권이 확고히 구축되면서 군사 징집과 세입원을 이집트에만 의존할 필요성이 없게 되었다.

뿐만 아니라 무함마드 알리는 이라크의 유프라테스강 주변까지 점령함으로써 사실상 그의 통치권은 아라비아 반도 전역 즉, 아라비아 만과 홍해의 남부지역으로까지 확장되었다. 그렇지만 아라비아 남부 티하마 산악지대를 점령한 후에는 12년(1825~1837년) 동안 그곳 주민들의 완강한 저항을 받기도 했다. 하사, 가티프 지역을 비롯해 예멘의 아덴도 곧 점령했다. 한편 그는 페르시아의 샤와 우호관계도 추진했다.

이와 같이 무함마드 알리가 마구 세력을 확장해가자, 오스만 제국의 술탄

무함마드 알리 모스코

마흐무드 2세는 유럽 식의 신식 군대를 시리아에 보내 이브라힘을 몰아내려고 했다. 그러나 서기 1839년 6월의 네집 전투에서 오히려 참패를 당한 술탄은 그 며칠 뒤에 사망하고 말았다. 게다가 오스만 해군마저 알렉산드리아에서 무함마드 알리에게 항복함으로써 오스만 제국은 붕괴 직전에 이르게 되었다.

그러나 무함마드 알리의 군사적 성공은 영국을 당혹스럽게 했다. 영국의 이해관계를 위협할 가능성이 커졌던 것이다. 영국은 막강해진 이집트군을 견제하기 위해서도 이제는 오스만 제국을 강화하는 쪽으로 중근동 정책의 방향을 바꾸어야 했다.

무함마드 알리의 성공은 근동에서 프랑스의 영향력을 확대시켰으며, 운키야르-이스켈레시 조약에서 오스만 제국의 보증인이 된 러시아는 이스탄불에까지 영향력을 미치고 있었던 것이다. 이에 대해 영국의 팔메스튼 경은 홍해와 유프라테스강을 경유해 인도로 이어지는 무역로를 따라 영국의 입지를 더욱 강화하고, 이집트 군대는 이집트 내부에만 두기로 정책을 세웠다.

한편 프랑스도 무함마드 알리가 이제는 그리 달갑지만은 않았다. 너무나 경이적인 그의 군사적 성공이 프랑스의 이해관계에 위협이 된다고 생각했으며, 러시아의 세력이 남하하는 것도 염려가 되었다.

1840년, 영국과 오스트리아 연합 함대가 시리아에 침입하자, 그렇지 않아도 외압과 내부 반란에 시달리던 이브라힘은 시리아에서 철수할 수밖에 없었다. 그리고 이듬해인 1841년에 영국의 주도 아래 열린 런던 협정에서 프랑스를 제외한 유럽의 열강들은 무함마드 알리에게 이집트와 수단 이외의 지역에서 이집트군을 철수할 것과 과거 오스만 제국의 영토를 반환할 것을 요구했으며, 10만 명이 넘던 이집트 병력을 단지 1만 8,000명으로 제한하게 했다.

더구나 이집트는 다시 오스만 술탄의 종주권을 인정해야 했으며, 무함마드 알리에게는 이집트에 대한 세습 통치권만을 허용했고, 군에 대해서도 지휘권에 제한을 두었다. 다만 이스탄불에 바치는 조공을 제외하고는 그의 영지에서 거두어지는 모든 세입만큼은 그가 관리·운용할 수 있도록 했다.

근대 이집트의 전쟁영웅,
이브라힘 파샤:
(1789 ~ 1848년)

무함마드 알리의 큰아들 이브라힘 파샤는 오스만 제국의 영토였던 발칸 반도의 쿨라에서 태어났다. 그는 부친의 군사적 승리를 이끌었던 군지휘관들 중에서도 가장 두드러지는 인물이었다. 그는 그의 아버지가 수행한 개혁작업을 스스로 맡아 훌륭하게 실천했으며, 명장인 동시에 훌륭한 통치자요, 관리였다.

무함마드 알리는 이브라힘을 사랑했을 뿐 아니라 깊이 신뢰했다. 항상 믿음을 가지고 일을 맡겼으며, 또 그는 아버지의 믿음을 한 번도 저버리지 않았다. 그는 아버지의 일을 도우면서 그의 진정한 오른팔 역할을 했다. 그 때문에라도 무함마드 알리는 이브라힘을 항상 자랑으로 여겼다.

이브라힘은 인물이 걸출하고 남다른 능력을 가졌음에도 불구하고 늘 겸손했으며 예의바른 행동을 보였다. 잘 교육받은 튀르크계 가정의 자식들처럼 아버지의 말에 절대 복종했으며, 아버지와 마주치면 언제나 아버지의 손등에 존경의 키스를 했다.

군지휘관으로서의 이브라힘 파샤의 첫 번째 빛나는 경력은 1811년, 상이집트에 남아 있던 맘루크들의 잔존 세력을 이집트 국경 밖으로 몰아낸 것이었다. 그는 그곳의 지사가 되어 아버지가 펼쳤던 행정과 재정개혁을 1816년까지 실천에 옮겼다.

또 그는 동생이 시작했다가 성공을 거두지 못하고, 마지못해 휴전을 체결해놓은 상태의 아라비아 반도 와하비 추종자들에 대한 토벌을 1816년에 오스만 술탄으로부터 명령받았는데, 그는 끈질기게 추격하고 용감하게 작전을 펼치면서 격파해갔다. 살을 태우는 듯한 아라비아 사막의 태양 아래에서 2년 동안 적을 쳐부

카이로 시내에 있는 이브라힘 파샤의 동상

수고, 반란군을 그들의 수도 다르이야에 몰아넣었던 것이다.

최종의 승리는 그의 것이었다. 마침내 그는 반도들을 궤멸시키고 그들의 수장 압둘라를 포로로 잡아 이집트로 압송했던 것이다. 압둘라는 카이로에서 다시 이스탄불로 보내졌고, 법정에서 사형을 선고받은 후 처형되었다.

이 승리로 이브라힘은 오스만 술탄으로부터 '메카의 왕자'라는 칭호를 수여받았다. 이 지위는 아버지의 지위보다 의미상 더 높은 것이었다. 당시 오스만 제국 내에서 가장 높은 총독의 지위였던 것이다.

1821년, 그는 이집트의 수단 정벌군 사령관으로 다시 북부 수단에 파견되었다. 그는 많은 무공을 세웠으나 병마로 인해 그만 도중에 이집트로 귀환해야 했다. 그 후 다시 그리스와 크레타에 출병하는 군사령관으로 파견되었고, 1824년부터 1827년 사이에 그는 그곳에서 혁혁한 전공을 세웠다. 하지만 1827년에 나바리노에서 오스만·이집트 함대가 영국·프랑스 함대의 공격으로 궤멸당하자 곧 이집트로 귀환했다.

이후에 그는 아버지 무함마드 알리와 오스만 술탄 마흐무드 2세 사이에 벌어진 영토 쟁탈전에서 아버지에게 승리를 안겨주는 결정적인 역할을 함으로써 오스만 제국을 붕괴 직전까지 몰고 갔으며, 마흐무드 2세가 분노 속에 사망하게 만들기도 했다.

이브라힘 파샤와 그의 군대

또 1840년까지 서유럽의 열강이 개입하는 등 국내외의 산적한 어려움 속에서도 맡겨진 시리아 통치의 임무를 충실히 수행했다. 그는 프랑스 군사고 문관 세베 대령(술레이만 파샤)과 보에 장군의 조언을 많이 받았다. 그는 아버지의 개혁 아이디어를 잘 이해하고 누구보다 앞장서서 개혁을 추진하고 실천했다.

1840년에 이집트로 돌아온 후에는 아버지의 자리를 잇기 위해 이집트의 행정, 재무, 농업 및 산업개발의 잠재성에 대해 깊이 공부했고, 1848년에 이집트의 총독으로 천거되었다.

아버지가 병환으로 자리에 눕자 그는 이집트 총독의 자리에 올랐다. 그러나 기다리던 그 자리에 오른 지 불과 2개월 만인 1848년 11월에 그도 병으로 사망하고 말았다.

최초로 바다와 바다를 이은 수에즈 운하 개통:
(1869년)

고대 이집트 때부터 많은 사람들이 지중해와 홍해를 운하와 하천으로 잇는 상상을 해보았으나 기술의 부족과 정치적인 이유로 실행에 옮기지 못했다. 그리고 19세기 중엽, 프랑스 사람 페르디낭 드 르셉스가 사막을 가로지르는 운하를 건설해 홍해와 지중해를 연결하자고 했을 때, 그는 많은 사람들의 반대와 조롱에 시달려야 했다. 영국에서는 먼저 외교단들이 그의 계획은 실행이 불가능한 터무니없는 것으로 결정을 내렸고, 언론 역시 무모한 계획이라며 그를 비웃었다.

당시의 모든 사람들에게 페르디낭 드 르셉스의 생각과 계획은 한마디로 말해 황당하다는 것이었다. 그럼에도 불구하고 그의 계획이 추진되고 성공할 수 있었던 것은 르셉스의 강력한 의지와 불굴의 자세, 기술적인 면에서 나름대로 갖고 있던 확신감, 그리고 마지막으로는 인맥과 행운이 뒤따라주었기 때문이었다.

페르디낭 드 르셉스는 마드리드에서 젊은 외교관으로서 전도양양할 시절에, 훗날 나폴레옹 3세의 황후가 될, 그때는 아직 어린 나이의 유제니와 잘 아는 사이가 되었다.

페르디낭 드 르셉스

그는 또 이집트의 알렉산드리아에서도 영사로 근무했는데, 이때 그의 돋보이는 용기와 깨끗한 기사도 정신, 세련되고 품위 있는 언행들은 무함마드 알리를 매료시켰다. 연로해진 무함마드 알리는 다른 무엇보다도 키가 형편없이 작고, 몸은 지나치게 뚱뚱한 어린 왕자 사이드 때문에 걱정이 많았다. 그래서 그는 르셉스에게 아들의 신체를 단련시키는 특별훈련을 부탁했다.

총독의 부탁을 받은 르셉스는 사이드 왕자에게 그야말로 가혹할 정도의 훈련을 시켰다. 이 훈련은 예상외로 성공적이었고, 두 사람은 매우 절친한 사이가 되었다. 전해오는 말에 따르면 르셉스는 왕자에게 강한 육체적 훈련을 시키는 동시에 왕자가 좋아하는 스파게티를 마음껏 먹을 수 있도록 해 어린 왕자의 환심을 샀다고 한다.

무함마드 사이드가 이집트의 총독(1854~1863년 재위)이 되자, 20년 전의 친구였던 르셉스는 지중해와 홍해를 잇는 운하를 건설한다면 장차 이집트에 헤아릴 수 없는 이익을 가져다줄 것이라고 총독을 설득했고, 이를 총독이 받아들임으로써 운하건설은 현실이 되었다.

페르디낭 드 르셉스의 말은 충분히 설득력이 있었다. 경제적 이익뿐만 아니라 이집트의 국제적 지위를 크게 높일 수 있을 것이며, 그렇게 되면 오스만 제국과 유럽 열강의 영향에서 벗어나 자주적으로 독립할 수 있는 분위기가 자동적으로 만들어질 것이라고 주장했던 것이다.

1854년 11월 30일, 총독 사이드는 르셉스에게 수에즈 운하 건설을 허가했다. 사이드 총독과의 인연을 바탕으로 수에즈 운하 건설권을 따낸 페르디낭 드 르셉스는 그가 젊은 시절부터 잘 알던 황후 유제니에게 수에즈 운하건설에 필요한 기금과 재원을 모아달라고 도움을 청했다. 그녀는 외교적 지원을 비롯한 각종 도움을 아끼지 않았고, 특히 프랑스 궁전 안에서 언제나 확고부

동한 그의 지지자가 되어주었다. 르셉스는 황후 유제니를 가리켜 '운하의 대
모'라고 칭했다.

1856년, 총독 사이드는 운하건설을 맡은 프랑스 회사에게 개발지역에 대
한 치외법권적인 특권을 부여했다. 3만에서 6만 명에 이르는 이집트 노동자
들이 강제로 징집되어 프랑스 회사에 예속되었고, 회사는 노동자들에게 강
제노역을 시킬 수 있었다.

여기다가 사이드는 프랑스 회사가 발행한 8,900만 프랑 어치의 40만 주 중
에 상당한 주식을 부채로 사들였다. 그 뒤 재정이 어려워진 사이드가 이 부
채를 1863년부터 1875년 사이에 연분할상환 방식으로 청산키로 해, 그 주식
의 대부분이 프랑스인에게 돌아갔다. 그리고 운하건설이 무리하게 진행되면
서 사이드 정부와 그 뒤를 이은 이스마일 정부의 국가예산에 심각한 영향을
미치면서 이집트의 국가재정을 위기로 몰고 가기 시작했다.

1863년, 이스마일이 총독이 되자 오스만 제국과 영국은 수에즈 운하건설
에 반대하고 나섰다. 오스만 정부는 수에즈 운하의 정치적 중립을 강조하면
서 이것을 문서로 보장할 것을 요구했다. 그러나 총독 이스마일은 그렇게 되
면 이집트가 정치적 독립성을 잃게 될 뿐만 아니라 운하건설에 차질이 생길
것을 우려해, 프랑스 회사와 직접협정을 통해 계약조건을 수정한 후에 사업
을 추진할 것을 결정하고서, 1863년 3월에 서둘러 협정을 체결했다.

수에즈 운하가 개통. 유제니 황후를 태운 에글호가 선도하고 있다.

　수정된 협정서는 정치적 성격보다는 상업적 성격을 띤 것이었다. 이 협정서에서 이집트 정부는 카이로에서 와디 투마일라트에 이르는, 운하의 나머지 부분에 대해 착굴작업을 맡게 되었다. 이미 프랑스 회사가 투마일라트에서 팀사흐호에 이르는 운하의 착굴작업을 완료한 상태였다. 그리고 프랑스 회사는 운하주변의 미개발지역에 대한 소유권을 이집트 정부에 반환했다.

　프랑스에 대한 미지불 재정부채에 대해서는 이집트 정부와 프랑스 회사에 상호이익이 될 수 있는 방향으로 수정되었다. 프랑스 정부가 수정된 협정서에 반대했지만 누바르 이집트 수상과 페르디난드는 1864년 1월에 이미 추인된 협정서를 취소할 수가 없었다. 그렇지만 그해 6월, 이 협정서에 대해 프랑스 황제의 최종 승인이 나기 전에 이집트 정부는 프랑스 회사에 3,500만 프랑을 보상하기로 합의했다.

　1869년 11월에 수에즈 운하 개통식이 화려하게 거행되었다. 총 길이 162.5km로, 바다와 바다를 잇는 세계 최대의 운하였다. 수에즈 운하의 개통으로 영국의 경우 런던과 싱가포르 간의 항로가 2만 4,000km에서 1만 5,027km로 절반가량 줄어들었다.

　그러나 수에즈 운하의 사업계획은 사이드와 이스마일이 기대했던 결과를 낳지도, 충족시키지도 못했다. 이집트 정부는 무리한 강제노역의 결과로 수많은 이집트 노동자들을 영양실조, 과로, 전염병 등으로 죽게 만들었고, 정부는 재정이 거의 파산 상태에 빠져, 1875년에는 그들이 소유했던 주식을 결국 수에즈 운하를 탐내고 있던 영국에게 팔아넘겨야 했다.

영국은 힘 안들이고 수에즈 운하의 경영권을 장악했으며, 이집트 내정에 깊숙이 개입하기 시작했다. 이집트 정부는 원래 1900년에 회사 순이익금의 15%을 받게 되어 있었으나 그 권리도 포기해야 했다.

이집트는 수에즈 운하건설에 수백만 파운드와 수많은 인력을 투입하고서도 열강들이 이집트 내정을 간섭할 수 있는 기회만 만들어준 셈이었다.

오라비 반란과
민족주의 세력의 등장:
(1879 ~ 1882년)

미국의 남북전쟁(1861~1865년) 동안 이집트의 농업과 경제는 큰 전환기를 맞았다. 집중적으로 면화만을 재배하는 농업정책을 시행하여 상당한 이득을 챙긴 것이다. 그러나 남북전쟁이 끝나고 미국의 면화가 세계시장에 다시 등장하자 이집트의 농민과 정부는 타격을 받을 수밖에 없었다. 더구나 이집트 총독 케디브 이스마일은 무분별하게 외국의 차관을 받아들여, 1876년에 이집트는 1,000만 파운드의 부채를 져야 했다.

이러한 부채는 곧 외세의 간섭과 그들 세력의 강화를 뜻했다. 즉, 국제차관단이 조직되어 영국인 1명과 프랑스인 1명이 조정관으로 임명되어 이집트의 세입과 세출을 감시하게 된 것이다. 영·프 양국의 내정간섭은 점점 심해져서 이집트 군대를 대폭 줄이게 만들었으며, 이러한 외세의 개입은 군부 내의 민족세력과 진보세력을 자극했다.

이스마일이 유럽의 의회제도를 본떠 만들어놓았던 자문의회 내에서도 민족세력은 상당한 힘을 갖고 있었다. 이스마일은 많은 학교·재판소·철도국·전신국을 세웠고, 신문사 설립을 후원했으며, 민중이 공공의견을 발표할 수 있는 언론기관들을 만들었다.

아흐마드 오라비(왼쪽). 케디브 타우피크(오른쪽)

그의 이런 정책은 이집트 국민들의 민족의식을 고취시켰으며, 이집트 내에 민족주의 세력이 자랄 수 있게 만들었다. 권력의 버팀목이던 군부 내에는 시르카시아·튀르크계가 여전히 강력한 세력을 이루고 있었지만, 외세의 개입이 극심해짐에 따라 이집트인들의 민족주의 세력도 만만찮게 발언권을 높여갔다.

마침내 군부와 자문의회의 민족세력은 서로 연대해서 내각 총사퇴를 요구하기에 이르렀다. 이에 영·프 양국을 비롯한 유럽 열강은 이집트의 종주국인 오스만 제국의 술탄 압둘 하미드 2세에게 압력을 넣어, 이스마일의 퇴위를 종용하고 장남인 무함마드 타우피크가 그 뒤를 잇게 만들었다.

이렇게 되자 이집트 총독의 위신은 땅에 떨어지고 정정은 더욱 혼미해졌다. 이에 분노한 민족주의 세력은 아흐마드 오라비 대령을 중심으로 들고일어났다. 총독에게 헌정과 의회선거를 요구해 이를 관철시켰던 것이다. 그 결과 국민당이 이끄는 민족주의 세력이 의회를 장악하고, 내각수반은 민족주의자인 마흐무드 사미 알 바루디가 되었으며, 아흐마드 오라비는 전쟁상에 취임했다.

이 같은 사태에 놀란 영국과 프랑스는 최후통첩식으로 된 공동각서를 1882년 1월에 발표해, 민족주의 세력의 제거를 요구하고 총독인 케디브의 권위를 높이려 했다. 그러나 사태는 더욱 악화되어, 민족주의자들의 결속과 그들 세력을 더 강경하게 만들었다.

영국군의 포격으로 파괴된
알렉산드리아 포대

텔 알 카비르 전투

영국은 사태의 진전에 놀라면서도 오히려 이때를 무력으로 이집트를 장악할 수 있는 좋은 기회로 삼았다. 그해 7월, 영국 해군은 마침내 알렉산드리아항에 포격을 가하여 알렉산드리아를 무력 점령했고, 케디브는 영국의 보호 아래로 들어갔다. 가니트 울즐리 장군 휘하의 또 다른 영국군은 수에즈 운하로 들어와 이스마일리아에 상륙했다.

그들은 카이로로 진격하다가 텔 알 카비르에서 오라비가 이끄는 이집트 군과 조우했다. 그러나 이 전투에서 이집트군은 전멸하고 말았다. 손쉽게 카이로로 들어온 영국군은 알 바루디 내각을 해산시키고, 민족주의자들을 체포·구금·추방시켜 일거에 제거해버렸다.

민족주의 헌법은 폐기되었고, 민족주의 신문은 금지되었다. 이로써 이집트에서 자라나던 민족주의는 된서리를 맞고 움츠러들었다. 아직 민족주의 세력이 국가를 이끌어가기에는 내외의 환경이 허락하지 않고 있음을 확인했을 뿐이었다. 이후로 이집트는 영국의 고문관 통치를 받으며 실제적으로 영국의 보호령이 되는 상황에 이르렀다.

언제나 승자는 무력을 쥔 힘있는 자였다. 그러나 1년도 채 안되는 짧은 집권기간 동안이었지만 이집트의 민족주의 세력은 종교지도자들인 쉐이크와 울라마를 비롯한 전 국민의 지지를 받았고, 오스만 제국 내 아랍인들이 거주하는 큰 도시들인 다마스커스, 베이루트, 알레포 등에서도 대중들의 전폭적인 지지를 받아, 처음으로 아랍 세계에 민족의식이 싹트는 계기를 만들어 주었다. 이렇게 아랍 민족주의 의식은 서서히 아랍 세계에 불을 붙여갔다.

이집트와 영국의 수단 공동통치:
(1899년)

무함마드 알리가 수단을 정복한 뒤로 이집트는 수단에서 가렴주구식의 약탈에 가까운 통치를 시행하고 있었다. 한편 아프리카에서의 식민지 쟁탈전이 한창 불을 뿜기 시작한 1875년경에 영국은 자원의 보고일뿐 아니라 중앙아프리카의 길목으로서, 고대부터 주요 교역기지이자 전략적 요충지였던 수단으로의 침투공작을 개시, 불과 2년 뒤인 1877년에 영국의 고든 장군을 총독으로 앉히는 데 성공했다.

영국의 진출로 수단은 이제 이집트인과 영국인의 이중지배를 받게 되었다. 이중지배란 곧 이중의 착취를 의미했다. 수단은 이집트의 가혹한 수탈에다가 영국의 조직적인 식민통치에 시달리게 된 셈이다.

수단은 경제적 압박에 신음하면서 이집트인과 영국인에 대한 증오를 키웠고, 이러한 민중의 분노는 무함마드 아흐마드가 이끌었던 종교적 민족 대반란으로 폭발했다.

조선공의 아들로 태어난 무함마드 아흐마드는 고등교육과정을 마치고 나서, 수피 산마니아 종단宗團에서 오랫동안 수피 수업을 쌓은 독실한 무슬림이었다. 그는 영적으로 신비한 체험을 겪은 뒤 자신을 자칭 마흐디(구세주)라

마흐디, 실명은 무함마드 아흐마드(왼쪽), 마흐디의 반란(오른쪽)

고 가리키면서 모든 무슬림은 이슬람 초기의 순수한 신앙으로 돌아가야 한 다고 역설했다. 수단의 유목민들과 농민·노예들 중에 수많은 사람들이 그에게 귀의해 그를 성자로 숭배했다.

그는 수단의 외국인 통치에 반기를 들면서, 사도에 빠진 사악한 무슬림들인 튀르크인과 이집트인, 그리고 이교도의 유럽인들을 수단 땅에서 몰아내고 진정한 무슬림 국가를 세울 것을 주창하며, 1881년에 성전인 지하드를 선포했다. 이민족 대반란은 말세에 이르면 무슬림들을 올바르게 인도하기 위해 출현한다는 마흐디 사상에 근거한, 천년왕국과 같은 종교운동의 성격을 띠고 있었다.

마흐디 반란이 터진 이때는 마침 이집트에서는 오라비의 반란이 일어나 한참 소용돌이에 휘말려 있던 터라 이집트는 효과적인 진압책을 강구할 수 없었다. 이집트는 영국의 통제하에 남게 되었고 1882~1883년에 이집트 정부가 군사행동에 들어가려고 할 때 수단에 가야 할 이집트 정규군 부대는 그만 해산되고 말았다.

얼마 후에는 인도군 장교로 퇴역한 영국의 힉스 파샤에 의해 여러 집단의 혼성군이 조직되어 수 단에 파견되었으나, 쉐이칸 전투에서 마흐디 반군에 의해 오히려 몰살당하고 말았다.

수단 총독으로 임명되었던 고든 장군(왼쪽), 마흐디 반란을 진압한 키치너 장군(오른쪽)

　이렇게 되자 영국은 수단을 물을 부어도 소용없는 구멍 난 독이라고 생각하고서 더 이상의 모험을 거부했다. 이것을 그란빌 독트린이라고 하는데, 이 노선에 따라 영국은 이집트 수상 샤리프에게 이집트군과 관료들을 수단에서 철수시킬 것을 요구했다. 하지만 샤리프가 이 요구를 거부하자 그를 수상직에서 물러나도록 만들었다.

　그러나 수단 사태를 언제까지나 방치할 수는 없었다. 1884년 고립 무원 속에 있던 카르툼의 이집트 수비대를 철수시키기 위해 영국의 고든 장군이 수단으로 파견되었다. 그는 중국에서 상승군常勝軍이란 용병대를 지휘해, 태평천국의 군대를 진압했던 명장이었다. 또 케디브 이스마일이 통치할 때에 수단에 주둔한 적이 있는, 야심이 있고 활동적인 인물이었다.

마흐디의 무덤

　고든은 이집트군을 철수시키는 대신 영국이 수단을 다시 정복하기를 원했다. 그러나 그의 꿈은 산산이 부서지고 말았다. 사기가 충천해 있던 마흐디 반군에 의해 그는 피살되었고, 그의 목은 창

끝에 꿰어져 효시되어, 부도덕한 정복자로서 비참한 최후를 맞았던 것이다.

영국은 반란의 영도자 마흐디가 침상에서 편안히 죽도록 놓아둘 수밖에 없었다. 그리고 1898년이 되어서야 수단을 재정복할 준비를 완료할 수 있었다. 수단 정복군은 유능한 키치너 장군이 이끌었다.

영국군은 옴드르만 전투에서 기관총으로 무려 1만 1,000명에 달하는 수단인을 사살하는 복수전을 벌인 후 수단을 재정복했다. 그리고 나서 영국은 영국 · 이집트 공동정부를 수단에 세웠다. 그러나 그것은 허울이고 실질적인 통치는 영국 관리가 맡았다. 한마디로 말해 이제 이집트와 수단은 영국의 식민지에 지나지 않았다.

딘샤와이 마을 사건:
(1899년)

1906년 6월 11일, 카이로 근교에 있는 캄시흐 군 막사에서 출발한 150명으로 구성된 영국군 소부대가 알렉산드리아를 향해 행군하고 있었다. 그들은 이틀 후에 나일 델타 지역의 모노피아에 도착했고, 이들 중 다섯 명의 영국군 장교들이 부대를 벗어나 산보를 하는 도중에, 우거진 숲으로 둘러싸인 딘샤와이 마을에 많은 비둘기들이 살고 있는 것을 발견했다. 마을의 지붕마다 한두 개의 비둘기 집이 있었고, 엄청난 수의 비둘기들이 마을 주변을 날고 있었던 것이다.

이들은 마을 경찰의 안내를 받아 통역과 함께 마을 안으로 들어갔다. 그런

딘샤와이 사건에 연루된 농부들이 처형되는 사진

데 이들은 마을 경찰의 제지에도 불구하고 횃대에 줄지어 앉아 있는 비둘기들을 사냥하기 시작했다.

이 비둘기들은 여느 비둘기와는 달리 마을 사람들이 생계수단으로 키워서 파는, 가축과도

같은 식용 집비둘기였다. 또 비둘기의 똥은 농작물 재배에 중요한 비료로 사용되고 있었다. 그러니 마을 사람들은 영국군의 행위에 분노할 수밖에 없었다. 그런데 그때 마침 타작 마당에서 화재가 발생했는데, 농민들은 이 화재가 영국군들이 쏘아댄 총탄 때문이라고 생각했다.

화가 날 대로 난 마을 농부들이 나무막대기를 들고 영국군에게 몰려가서는 그들의 총을 빼앗으려고 했다. 이에 놀란 영국군들이 총을 마구 쏘아댔고, 농부의 한 아낙이 치명상을 입었고 또 다른 마을 사람 4명이 총에 맞았다.

농부들은 더욱 분이 치솟아 영국군들을 잡기 위해 포위하며 들어갔다. 그 중 한 명이 간신히 탈출해 캠프 근처까지 도망쳐왔다. 그러나 캠프에 들어가기 전에 일사병에 걸려 있었던 그는 탈진상태가 되어 그만 절명하고 말았다. 6월의 작렬하는 태양을 받으면서 질주해온 탓이었다.

부대장이 그를 발견했을 때는 한 이집트 농부가 그를 팔에 안고서 살리려고 애쓰던 순간이었는데 이미 그는 죽은 뒤였다. 그런데 영국군 부대장은 그 농부가 자기의 병사를 죽인 것으로 오해하고 그를 때려죽이고 말았다.

이 사건을 두고 영국의 식민지 당국은 이집트 민족주의자들에 의해 사주된 농부들이 미리 짜고서 영국군에 대해 의도적으로 적대행위를 한 것으로 간주했다. 그리고 마을 사람들을 훈계한다는 명목으로 마을 주민 52명을 체포해 군법으로 다스리는 공개재판에 회부했다. 그 결과 4명이 교수형을 언도받았고, 나머지는 종신형, 7년형, 채찍질형 등을 받았다. 교수형과 채찍질은 강제로 끌려나와서 마을 사람들이 보는 가운데에 집행되었다.

이 같은 편파적이고 비인도적인 가혹한 처사는 이집트인들뿐만 아니라 양식 있는 많은 유럽의 지식인들까지 분노하게 만들었다. 이집트 민중시인들은 딘샤와이 사건을 서사시로 만들어 전국에 유포시켰으며, 농부들의 원한은 하늘에 이르고 뼈에 사무쳐, 이

카이로 시내에 있는 무스타파 카밀의 동상

집트인들의 반영의식이나 민족주의 감정을 크게 자극했다.

민중의 분노가 고조되면서 이는 곧 민족주의 의식과 동일시되고, 무스타파 카밀을 중심으로 뭉친 민족주의자들을 향후 이집트의 정치무대에서 무시해서는 안될 정치세력으로 만들게 한다. 이런 분위기에 따라 케디브 아바스 힐미 2세는 무스타파 카밀과 손을 잡게 되었다.

그리고 1882년부터 이집트를 실질적으로 지배하던 영국의 고문관 크로머가 귀국하고, 그보다는 훨씬 자유주의적인 엘든 고르스트 경이 신임 고문관으로 임명되어 부임했다.

영국, 이집트의 독립을 선언하다:
(1922년)

1914년 제1차 세계대전이 발발하자 이집트의 보호국인 영국과 종주국인 오스만 제국은 전쟁상태에 들어가게 되었다. 그러자 영국은 재빨리 공개적으로 이집트를 영국의 보호하에 둔다고 선언함으로써 이집트에 대한 오스만 제국의 오랜 종주권을 공식 부인했다. 세계대전 중에 이집트는 영국 중동군의 가장 중요한 보급 기지가 되었고, 전쟁은 군수물자 공급과 면화가격의 앙등으로 상당수의 중산층들에게 돈을 벌 수 있도록 만들어주었다. 영국의 강력한 점령 통치가 지속되고 경제가 활성화되는 마당에, 어느 누구도 전쟁이 끝나면서 이집트인들이 독립운동을 하리라고는 생각하지 않았다.

그러나 이집트 중산층은 부의 증대와 더불어 정치의식도 날로 높아지고 있었다. 특히 영국정부가 파견한 고문관이 이집트 외상을 경질시키고, 오스만 제국에 머물러 있던 케디브 아바스 힐미 2세를 전격 폐위시킨 뒤, 온건주의자 후세인 카밀을 새 케디브로 임명하는 등, 멋대로 횡포를 일삼자 반영反英의 식이 사회 저변으로 급속히 번졌다.

이런 일련의 사태가 종전 후에 이집트인들로 하여금 격렬하게 독립운동을 하게 만들었다. 전쟁이 끝나고 이틀째 되는 날, 당시 수상 후세인 루쉬드의

케디브 압바스 힐미 2세(왼쪽), 술탄 후세인 카밀(오른쪽)

사위였던 사아드 자글룰은 윙게이트 고문관을 방문해, 이집트 국민의 대표자들(와프드)과 함께 영국에 가서 독립에 대해 협의하고 싶다고 말했다.

고문관은 이들의 의견을 귀담아듣고 영국 외상에게 이에 대한 허가여부를 문의했다. 그러나 영국 정부의 견해를 공식 대변하고 있던 외상은 이를 단번에 거부해버렸다. 이집트 민족주의자들은 영국의 태도에 크게 실망했다.

그 후 자글룰은 전국에 와프드 위원회를 조직해 반영운동에 나섰다. 영국은 극심한 탄압으로 이들에 대응했다. 자글룰은 1919년 3월에 체포되어 3명의 동지와 함께 말타 섬으로 추방되었다. 그렇지만 반영운동은 이집트 전 지역, 전 계층으로 확산되고 있었다.

학생, 선생, 의사, 변호사, 법관, 정부 공무원, 철도 운송원들이 저마다 그들의 업무를 포기한 채 시위에 들어갔으며, 시골 마을에서는 정부의 공무집행에 저항하는 운동이 줄지어 일어났고, 철도역이 기습을 당하고, 전보가 끊겨 소식이 두절되었다. 심지어는 여인들까지 시위에 나서기 시작했다. 또 무슬림 울라마들은 기독교 교회에 가서 반영운동을 부르짖었고, 기독교 사제들은 무슬림의 금요예배에 나가 모스크에서 함께 독립을 부르짖었다. 이집트 전 국민이 하나가 되어 '이집트인을 위한 이집트'를 부르짖었던 것이다. 이집트 역사는 이것을 '1919혁명'이라고 부른다. 우리가 1919년 3월, 유관순을 비롯한 우국지사들이 독립만세를 외치며 일제에 항거했던 시기에 이집트에서

1919년 독립 운동 중에 이집트 국기를 흔드는 여성 시위자(왼쪽), 이집트인의 독립운동 시위(오른쪽)

도 똑같은 독립운동이 전개되었던 것이다.

그러자 영국 수상 로이드 조지는 자신들의 정책이 잘못되었음을 인정하고, 제1차 세계대전 중에 중동군 사령관으로 명성을 날렸던 에드몬드 알렌비 장군을 새로운 고문관으로 임명했다. 그리고 특별히 밀너 조사단을 이집트에 파견해 해결책을 강구토록 했다. 이때 자글룰은 석방되어 제1차 세계대전의 전후 처리에 관한 파리 강화회의에 참석했다.

밀너 조사단의 보고를 근거로 영국·이집트 간의 교섭이 행해졌다. 영국은 이집트의 독립을 인정할 의사는 있었으나 여전히 그의 군대를 이집트에 주둔시키고, 적어도 외교·국방·재정상의 개입권만큼은 존속시키려고 했다. 그것은 결국 이집트를 신탁통치하겠다는 말이었다.

결국 1920년 8월에 양국의 협상은 결렬되고, 자글룰은 1921년 귀국해 보호권 종료와 계엄령 철폐를 부르짖고 돌아다녔다. 영국은 그를 다시 체포해 또다시 말타 섬으로 유배시켰다.

그러나 고문관 알렌비는 이집트인이 원하는 기본적 수준의 독립을 주어야 한다고 판단해, 본국을 꾸준히 설득했다. 그 결과 1922년 2월 28일, 비록 일방적이긴 하지만 영국은 이집트에 대한 보호권을 공식 철폐하고 이집트가 독립국가임을 선언했다. 동시에 교통·방위·외교 분야는 공식 조약이 체결될 때까지는 영국이 책임진다는 방침을 분명히 밝힘으로써 이미 노정된 사태를 수습하려고 했다.

이 기습적인 독립선언에 이집트인들은 당황했으나 다음해인 1923년 4월

21일에 헌법을 공포하고, 같은 해 9월에는 최초의 총선거를 실시해 국가체제의 근본과 틀을 정비했다.

그해 3월에 말타 섬에서 석방된 자글룰은 와프드 당을 결성해, 총선거에서 하원의 215석 중 188석을 차지하는 압도적 승리를 거둔다. 자글룰은 이듬해 1월에 이집트 수상에 취임했다.

엘 알라메인 전투:
(1942년)

제2차 세계대전이 터지자 전쟁의 불씨는 예외 없이 이집트까지 번져, 1940년 9월에 이탈리아군이 이집트를 침입했다. 무솔리니는 과거 나폴레옹이 프랑스군을 이끌고 이집트에 침입해왔을 때처럼 이탈리아군은 침략자가 아니라 이집트 국민을 영국의 쇠사슬에서 해방시키는 진정한 친구로 온 것이라고 선언했다.

이집트 정부는 영·이집트 동맹조약(1936년)에 따라 이탈리아와의 단교를 선언했으나, 선전포고를 하라는 영국의 요구는 거부했다. 당시 이집트 내각은 반영주의자 알리 마헤르가 수상이었고, 이집트군의 참모총장 아지즈 알리 마슬리도 반영주의자였다. 또 나세르를 중심으로 한 소장파 자유장교단 그룹도 마찬가지였다.

영국은 반영주의자인 수상과 참모총장을 내몰고, 그 자리에 친영주의자 사브리를 수상으로 앉힌 뒤에 이집트가 전력을 다해 영국에 협력하도록 만들었다. 그해 12월, 영국군은 대반격을 감행해 이탈리아군을 리비아의 키레나이카까지 몰아붙쳤다.

그러나 1942년 1월, 롬멜 장군이 이끄는 독일군의 아프리카 군단이 키레

사막의 여우라고 불린 롬멜(왼쪽), 영국군 사령관 몽고메리(오른쪽)

나이카의 영국군을 격퇴시키고 나서 이집트로 향하기 시작했다. 롬멜 앞에는 오직 승리만이 있는 듯했다. 이런 와중에 카이로에서는 롬멜의 만세를 외치는 친독 · 반영 데모가 매일같이 일어났다.

자유장 교단 그룹의 멤버였던 안와르 사다트(후일 이집트 아랍 공화국의 2대 대통령 1975~1981년 재임) 중위가 아지즈 알리 마슬리 전 참모총장을 롬멜 군영으로 탈출시키고자 독일 스파이와 비밀리에 접촉하다가 붙들린 것이 이때 일이었다.

파루크 왕은 알리 마헤르에게 다시 조각을 위임하려고 했다. 그러자 영국은 전차대로 왕궁을 포위한 채, 와프드 당의 나하스 파샤에게 조각을 맡기든지 아니면 퇴위하라며 협박했다. 손에 권총을 든 영국군 장교 앞에서 왕은 영국대사가 들이대는 나하스 파샤의 수상 임명장에 서명할 수밖에 없었다.

나하스 파샤는 강력한 친영내각을 조직해 영국에 대한 협력 태세를 정비했다. 그 사이에 롬멜 군단은 엘 알라메인까지 진출해 알렉산드리아를 바로 목전에 두었다.

이렇게 사태가 긴박해지면서 영국은 곧 패배해서 이집트를 떠날 것만 같았다. 카이로 주재 영국 대사관에서는 비밀서류를 태우는 연기가 가득했고, 알렉산드리아의 발클레이 은행은 공포에 빠진 고객들의 예금인출 요구에 따라 하루 동안에 100만 파운드를 지불해야 했으며, 이집트 동쪽으로 향한 도로는 피난하려는 차량들로 막혀서 차들이 매우 느리게 움직였다.

그러나 영국은 엘 알라메인에서 패하면 어떤 결과가 일어날 것이라는 것을 잘 알고 있었다. 우선 그들은 이집트라는 중동 최대의 정치 · 경제 · 군사 기지를 상실하며, 수에즈 운하를 독일이 마음대로 이용하게 될 것이라는 사실을 잘 알고 있었다.

엄호 사격을 하는 야간의 연합군 부대

더 나아가서 독일은 곧 전 중동을 손에 넣게 되고, 그렇지 않아도 석유 때문에 고생을 했던 독일군은 중동에서 대량으로 쏟아져나오는 석유를 확보함으로써 전투력을 대폭 강화할 것이 뻔했다. 독일이 중동으로 진출하면 중동의 독일군은 러시아의 독일군과 연결이 수월하게 이루어지고, 인도양에서는 일본과 손을 잡게 되어 동남 아시아와 인도의 연합군을 크게 위협할 것이 명백했다.

따라서 엘 알라메인 전투는 결코 물러날 수 없는 일전이었다. 영국은 그야말로 할 수 있는 최대의 역량으로 만전을 기했다. 영국 8군은 독일에 비해 거의 배가 되는 20만 명의 병력과 1,000대의 탱크를 준비했다.

특히 미국의 제너럴 셔먼 탱크는 독일의 팬저 탱크보다 우세했는데, 이것이 전력상 큰 플러스 요인이 되었다. 셔먼 탱크가 출현하기 전에는 팬저 탱크가 연합군의 어떤 탱크보다 우세했었다. 공군력도 독일군의 3배가량 우세했다.

반면에 독일은 히틀러가 대 소련전에 주력하는 통에 중동 전선에서는 장비와 군수품이 부족하게 되었고, 석유의 경우는 거의 절망적이라고 할 만큼 모자랐다. 거기다가 설상가상으로 사막의 여우라고 불리던 명장 롬멜이 병을 치료하기 위해 오스트리아로 떠났고, 그를 대신해 폰 스툼메 장군이 아프리카 군단의 총지휘를 맡게 되었다. 롬멜은 전투의 승패가 거의 난 후에야 돌아왔다.

1942년 10월 23일에 개시된 엘 알라메인 전투는 전쟁사에 남는 대규모의 격렬한 전투였다. 영국군은 정교하게 위장전략을 세워, 가짜로 군 설비를 갖

쓰러진 독일군과 진군하는 연합군

추고서 견제작전을 펼침으로써, 독일군으로 하여금 영국군의 공격이 남쪽에서 시작될 것이라는 인상을 심어주었다.

사실 영국군은 주공격을 북쪽 전선의 두 방향에서 수행할 작정이었다. 공병이 지뢰를 제거하는 대지뢰전차를 앞세워 진격로를 연 다음, 보병사단이 앞장서고, 이어 기갑사단이 뒤를 따르도록 했다. 그리고 롬멜의 기갑사단이 진지에서 영국군 기갑사단을 공격하도록 유도하고, 기갑사단간의 전투가 벌어지는 동안에 영국군 보병사단은 독일군 보병사단을 공격하도록 했다.

영국군의 작전은 적의 측면과 배후를 치는 작전이었는데, 그 작전은 주효했다. 그러나 독일군은 필사적으로 저항했고, 롬멜 기갑부대의 반격은 명성만큼이나 가공할 만한 것이었다. 독일군의 저항은 영국군이 처음 침투했던 북쪽에서 특히 강했다. 때문에 영국군은 독일군의 전선에서 약간 남쪽, 즉 이탈리아군 전선 쪽을 향해 최종 돌파공격을 감행했다.

이 영국군의 공격은 11월 2일에 시작되었고, 바로 이틀 뒤인 11월 4일에 그 유명하던 롬멜의 아프리카 군단도 무너졌다. 독일의 4개 정예사단과 이탈리아군 8개 사단이 붕괴되었고, 주축국군은 2만 명의 사상자가 발생했으며, 3만 명이 포로가 되었다. 이로써 아프리카 군단의 기갑부대의 힘은 1,000문의 대포와 함께 사실상 제거되었다.

한편 영국 8군의 손실도 컸다. 1만 3,500명의 사상자가 발생했고, 500대의 탱크와 100문에 달하는 대포를 잃어

엘 알라메인 전투에서 사망한 이탈리아 군 묘지

버렸다. 이 전투 결과 롬멜의 아프리카 군단은 롬멜의 예기치 않던 선전에도 불구하고 아프리카에서 사라질 운명에 처하고 말았다. 반면에 영국은 중동에서의 자신의 위치를 더욱 확고히 지키게 되었으며, 이집트의 친독파의 활동은 잠잠해졌다.

팔레스타인 전쟁:
제1차 아랍·이스라엘 전쟁
(1948년)

제2차 세계대전이 끝난 후인 1947년, 영국과 미국은 국제연합을 통해 팔레스타인을 아랍인과 유대인 거주 구역으로 분리할 것을 결의했다. 그러나 아랍은 이를 도저히 받아들일 수가 없었고, 결국 1948년 초에 팔레스타인 전쟁(제1차 아랍 · 이스라엘 전쟁)이 발발하게 되었다.

이집트도 아랍 국가로서 이 전쟁에 참전했다. 그러나 전쟁준비가 제대로 되어 있지 않은 상태에서의 참전은 이집트군에게 모욕적인 패배만 안겨주었을 뿐이었다. 팔레스타인 지도조차 카이로 시내의 상인으로부터 사와야 할 정도였고, 참전한 뒤에도 시나이에서 가자까지 병력을 실어 나를 수송수단이 없어서 팔레스타인인들로부터 트럭을 빌려 써야 했던 것이다.

이집트의 참전은 내각이나 군사전문가들에 의해 결정된 것이 아니라 순전히 파루크 왕의 독단적인 결정이었다. 그런데 파루크가 참전 결정을 내린 것은 이스라엘과의 전쟁보다는, 전쟁에서 승리한 후 자신의 정치적 최대 라이벌인 요르단 왕국의 압둘라가 팔레스타인을 점유하는 것을 막기 위해서였다.

거기다가 정보당국의 반복되는 주의에도 불구하고 파루크 왕의 전략적인

결정은 당시 그의 정부였
던 리리안네 코헨(영화 배우
카멜리아)에 의해 이스라엘
스파이에게 전달되고 있었
다. 또 막상 전쟁이 터졌지
만 군 고위간부들은 병사
들을 제대로 먹일 식량조
달 계획조차 세워놓지 않

국제연합의 팔레스타인 분할안에 반대하는 카이로 시민들

고 있었으며, 전쟁을 어떻게 수행할 것인지에 대한 작전계획이 전혀 세워져
있지 않았음이 그대로 드러났다.

국제연합에 의해 실시된 1차 휴전 후 양측은 유럽의 무기시장에서 경쟁적
으로 무기를 구입했다. 이스라엘은 국제시장에서 활약하고 있던 유대 상인
들 덕에 우수한 체코 무기를 구할 수 있었는데, 이것은 전투가 재발되자 모
든 전선에서 이스라엘군의 우세로 나타났다.

그러나 아랍 연합군은 협동작전을 펴기는커녕, 서로를 적으로 오인해 공
격하는 경우가 비일비재했다. 다만 파루크 왕이 못마땅해하는 요르단 하심
왕국의 아랍 군단만이 예외였다. 요르단의 아랍 군단은 비록 영국인이지만
아랍군에 헌신해왔던 존 바고트 그룹에 의해 훈련되었고 그의 지휘를 받고
있었다.

결국 전쟁은 국제연합이 유대인에게 할당했던 지역보다 더 넓은 지역을
이스라엘이 차지하는 것으로 종결되고 말았다.

아랍군의 패배는 팔레스타인에 있던 아랍인들의 대탈출이라는 기막힌 난
민행렬로 사태가 이어 졌다. 아랍인들은 이스라엘의 강제추방이나, 또 공
포를 견디지 못해 스스로 살던 집을 버리고 아직 아랍인이 차지하고 있던,
같은 팔레스타인 땅인 웨스트 뱅크나 가자 지역으로 가든지 아니면 이웃의
아랍 국가로 피난을 가야만 했다.

그러나 어느 곳도 그들을 받아들일 준비가 되어 있지 않았으며, 그들은 이

전선에서 사용되던 이집트 수송 장갑차(왼쪽), 전선을 시찰하는 이집트 파루크 왕(오른쪽)

스라엘의 탄생을 위해 완전히 버림받은 사람들이 되었다. 한편 팔레스타인으로 파견되었다가 가자 지역으로 밀려난 이집트군은 파루자 마을 근처에서 포위된 채로 4개월을 버티다가 휴전조약에 따라 1949년 2월에 귀환했다.

팔레스타인 전쟁은 이집트군이 빈 껍데기뿐이라는 것을 만천하에 드러내 보인 꼴이 되었다. 이스라엘은 이때 시나이 반도를 넘어 수에즈 운하까지 쳐들어오려고 했다. 그런데 이집트인들이 그렇게 증오했던 1936년의 앵그로·이집트 협정에 따라 영국이 나서는 통에 더 이상의 치욕만큼은 모면할 수 있었다.

이집트는 휴전조약 후에 팔레스타인 난민들로 들끓는 가자 지역을 관리하게 되었다. 하지만 수천 명의 이집트군이 전사했고, 전투에 참가했던 장교들은 무능하고 부패한 그들의 왕과 내각, 의회, 나아가서 왕정제 자체를 불신하게 되었다. 특히 왕의 측근들이 결함투성이의 무기들을 구입한 것은 군인들로 하여금 왕정을 뒤집어야 한다는 마음을 갖게 만들었다.

자유장교단의 혁명:
(1952년)

팔레스타인 전쟁에서의 치욕적인 패배를 당한 후, 이집트 왕정은 불신의 대상이 되었다. 그것은 왕뿐만이 아니라 고위 정치인과 군지휘관 등 지배체제 자체에 대한 총체적 불신이었다. 현재의 지배체제를 타도하고 새로운 체제를 세우려는 비밀단체들이 활동하기 시작하면서 일부는 서로 제휴까지 하게 되었다. 그중의 하나가 비록 대중적 기반은 없었으나 군조직을 이용할 수 있는, 젊은 장교들을 중심으로 구성된 자유장교단이었다.

자유장교단은 대체로 풍족하지 않은 서민층 출신들로 300명 정도의 소장 장교들이 여기에 참여하고 있었다. 이들은 나하스 내각 붕괴 후 수차례에 걸쳐 정치쇄신을 부르짖었고, 군장성 가운데 팔레스타인 전쟁의 영웅으로서 그들의 신망을 받고 있던

혁명 주체 세력들

혁명 위원회와 열광하는 국민들

나기브의 입각을 요구했으나 국왕에 의해 이 요구는 계속 거부되었다.

이에 이들은 기존 정치세력을 무력으로 뒤집어엎기로 비밀리에 결정했다. 1952년 7월 23일에 쿠데타를 감행한 이들은 이날 아비딘 궁전에서 왕을 체포하는 데 성공하고, 국가의 모든 주요기관을 장악하거나 접수했다. 이미 국민들 간에 기존 정치세력에 대한 실망과 증오가 팽배해 있었기 때문에 쿠데타는 아무런 저항도 받지 않고 쉽게 성공할 수 있었다.

쿠데타에 성공한 자유장교단은 곧 혁명평의회(RCC, 3년간 활동함)를 구성하고, 파루크 왕을 퇴위시켜 국외로 추방했다. 그리고 파루크 왕의 장남으로, 불과 6세에 지나지 않았던 푸아드 2세에게 왕위를 계승시켰다. 하지만 1년이 채 지나지 않아 1953년 6월에 왕정제 자체를 폐지해버린다.

혁명평의회는 처음에는 강력한 민족주의자 알리 마헤르를 수상으로 추대하고 민간내각을 만들었다. 그러나 그가 구습에 젖어 자주 망설이며 혁명과업에 결단을 못내리자, 실망한 자유장교단은 1952년 9월에 나기브를 수반으로 하고, 자신들이 중심이 되는 내각을 다시 탄생시켰다.

나기브 정권은 같은 해 12월에 구헌법을 폐지하고, 다시 이듬해인 1953년 6월에는 왕정제를 폐지한 후 공화제를 제정해 나기브가 대통령 겸 수상이 되었다. 그러나 혁명정권은 구세력의 저항과 구미歐美의 군사적 외압, 혁명 주체세력인 자유장교단 내부의 갈등과 대립 속에서 끊임없이 좌절의 위기를 겪어야 했다. 특히 혁명정권 아래서 종교적 사회운동단체로 유일하게 합법화된, 강력한 대중적 지지기반을 갖고 있던 무슬림 형제단이 혁명평의회

에 영향력을 미치게 되면서
부터, 혁명의 방향을 둘러싸
고 평의회 내부에서 대립의
골이 더욱 깊게 패이게 되었
다.

망명처로 떠나는 파루크 왕

1954년 2월, 무슬림 형제
단은 자신들의 목표관철을
위해 자유장교단의 우두머
리격인 가말 압둘 나세르를
암살하려고 했다. 그러나 암살 기도는 실패로 끝나고, 무슬림 형제단은 오히
려 군사정권에 의해 해체된다.

이 사건으로 인해 1954년 11월 14일에 무슬림 형제단과 가까웠던 나기브
가 대통령직을 사퇴하고, 혁명의 실질 주체자였던 가말 압둘 나세르가 수
상이 되어 실제적으로 권력을 장악하자 겨우 정국이 안정되기 시작했다.
1956년 6월, 나세르는 신헌법(1956년 1월 16일 공포, 강력한 대통령 중심제, 단원제
국회)에 의한 대통령 선거에서 99.9%의 지지를 받고 6년 임기의 대통령으로
당선되었다.

그의 대통령 취임은 2,000년간 계속되어온 외국인 출신의 지배자에 의한
이집트 통치가 종결되고 이집트인에 의한 이집트 통치가 시작되는 것을 의
미했다.

혁명정권은 정치개혁과 더불어 이집트 사회와 경제를 근본적으로 고쳐나
갔다. 혁명 직후인 1952년 7월 30일에는 베이, 파샤 등 튀르크식의 봉건적
지위 칭호를 폐지했다. 그리고 9월 9일에는 200페단(80헥타르)이 넘는 대토지
소유자들의 토지를 국가가 사들여, 토지를 갖고 있지 않던 소작농민들에게
5페단(1.25헥타르)씩 분배하는 토지개혁을 단행했다.

또 혁명정권은 많은 수의 구정치가들을 체포하고 1953년 1월에는 모든 정
당을 해산시켰으며, 국민계몽운동 조직으로서 '해방집회'를 결성해, 전 노동
조합을 이 산하에 흡수시킴으로써 일당 지도체제를 확립했다.

혁명 이전부터 계속되었던 수에즈 운하지역에서의 영국군 철수 협상은 1954년 10월에 협정을 체결하고, 이 협정에 따라 영국군은 1956년 6월 13일에 철수를 완료했다.

이집트가 영국과 공동 통치하던 수단은 1955년 8월, 수단 의회의 결의로 1956년부터 완전 독립국이 되었으며, 이로써 1세기 반 동안 계속되어오던 이집트의 수단 지배도 종식되었다.

수에즈 전쟁:
제2차 아랍·이스라엘 전쟁
(1956년)

나세르 정권은 혁명 전부터 시행되던 경제개발 정책을 계승해, 경제개발에 박차를 가했다. 그러나 그 성과는 미미해 인구 증가를 다소 억제하는데 그쳤고, 만성적 무역적자로 인해 국가경제는 계속 어려웠다.

이를 근본적으로 만회하기 위해 나세르는 아스완 하이댐 건설을 추진했다. 그는 아스완 댐 건설자금은 미국을 위시한 서구 제국으로부터 차관과 원조를 얻어 충당할 계획이었고, 또 그들의 재정지원 약속을 받아내는 데 성공했다.

그러나 이집트가 영·프·미 무기제한협정을 뒤로 한 채 체코슬라바키아를 통해 소련으로부터 다량의 무기를 구입하자, 그렇지 않아도 나세르의 중립외교를 못마땅하게 여기고 있던 서구는 이것을 이유로 아스완 댐 건설지원을 철회했다.

그러자 나세르는 소련과 중립주의 국가들의 지원을 등에 업고서 수에즈운하의 국유화를 전격 선언해버렸다. 1956년 7월 26일, 각료회의에서 수에즈 운하의 국유화를 결정한 뒤, 나세르는 알렉산드리아의 만쉬야 광장에서 이집트 국민들에게 그의 유명하고도 선동적인 연설을 했다.

저항 훈련을 하는 이집트 군
과 민

"1854년 11월 7일, 르셉스가 이집트에 와서 사이드 왕을 면담하고는 자신이
운하를 건설하겠다고 말했을 때, 그는 이 운하가 사이드 왕은 물론이고 이집트
전체에 많은 이익을 가져다줄 것이라고 주장했습니다. 그리고 르셉스는
1854년 11월 30일 운하의 건설권을 따냈으며, 1856년에는 운하 건설 회사가
설립되었습니다.
이집트는 44%의 주식을 보유하는 대신 이 운하 회사에 몇 가지 의무사항을
이행해야 했는데, 그중에 하나가 노동력을 제공하는 것이었습니다. 우리는 최선을
다했습니다. 이 공사기간 중 우리 이집트 노동자는 무려 12만 명이나 사망했습니다.
그런데 운하가 이집트에 이득을 준 것이 무엇입니까? 이집트에 봉사하기는커녕
오히려 이집트가 운하에 예속되었습니다.
1866년 2월 22일의 협정서 제16조는 '수에즈 국제 운하 회사는 이집트의
것이므로 이집트의 법과 관습에 따른다'라고 명시하고 있습니다. 정말 그렇습니까?
지금까지는 전혀 그렇지 못했습니다. 이 회사는 우리나라 안에 있는 또 하나의 다른
나라로 자신을 간주하고 있었던 것입니다."

나세르는 영국이 부당하게 이집트의 몫을 차지하고 있으며, 수에즈 운하
를 되찾게 되면 이집트는 미국의 원조에 의지할 필요 없이 자신들의 힘으로
아스완 하이댐을 건설할 수 있다고 주장했다. 그의 연설과 주장은 군중들을
감동시켰다.

나세르의 국유화 선언으로 허를 찔린 영국과 프랑스는 수차의 비밀 접촉

과 세 차례의 국제토론으로도 수에
즈 운하에 대한 자신들의 권익을 보
전할 수가 없게 되자, 1956년 10월
30일에 수에즈 운하 내에서의 적대
행위를 억제한다는 명목으로 수에
즈 지대에 병력주둔을 선언하고, 운
하지대를 공격해 포트 사이드 등지
를 점령했다. 그리고 한편으로는 이
스라엘이 영국, 프랑스와 함께 시나
이 반도를 차지해버렸다. 이것이 수

쓰러진 페르디낭 드 르셉스 상과, 상을 파괴하는 이
집트 민중

에즈 전쟁이라고 불리는 제2차 아랍 · 이스라엘 전쟁이다.

국제연합은 영국 · 프랑스 · 이스라엘 삼국의 무력행위를 불법으로 간주하
고, 11월 2일에 네 나라에 대해 즉각적인 정전을 요구하면서 4일에는 수에즈
지대에 유엔군을 파견한다는 안을 채택했다. 거기다가 소련을 비롯한 공산
권과 중립 국가들이 가세하여 함께 압력을 가했다.

결국 영 · 프는 11월 6일 정전에 동의하고, 7일에는 전투행위를 중지했다.
그리고 15일에 유엔군이 영국과 프랑스군을 대신해서 수에즈 지대에 진주했
다. 그러나 영 · 프군이 12월 22일자로 완전히 철수한 뒤에도 이스라엘군은
그대로 버티었다. 가자 지구와 샤름 알 쉐이크에서 '이집트의 침입 저지와
아카바 만의 자유항행을 보장할 때까지는 철군하지 않는다'며, 국제연합의
요구를 거부했던 것이다. 하지만 국제연합의 계속된 요구와 미국의 설득에
따라 티란 해협의 자유항해를 인정받는 선에서 이스라엘은 1957년 3월 초에
철수했다.

이와 같은 수에즈 전쟁을 통해 아랍 · 이스라엘 전쟁은 국제분쟁으로 확대
되었다. 미국은 서독을 통해 이스라엘에 무기를 제공했으며, 소련은 아랍 국
가에 무기를 제공했던 것이다.

한편 나세르는 비록 전투에서는 패했지만 정치 · 외교적인 승리를 거두어
수에즈 운하를 이집트의 것으로 만들었으며, 이로써 이집트는 식민지 지배

의 잔재를 완전히 지워버릴 수 있었다.

　나세르는 영웅이 되었다. 그는 아랍 주권의 회복이라는 상징적 의미와 더불어 아랍인들에게 아랍 민족주의의 실현과 통일 아랍의 꿈을 심어주는 아랍 세계의 지도자로 급부상했다.

6일 전쟁:
제3차 아랍·이스라엘 전쟁
(1967년)

시리아의 지원을 받는 팔레스타인 게릴라가 이스라엘을 괴롭히자, 이스라엘은 그에 대한 보복으로 전면전을 추진했다. 그러자 이집트는 아랍 세계의 지도국가로서 가만히 있을 수가 없었다. 이집트는 이스라엘과의 국경선에 주둔하고 있던 유엔군의 철수를 요구하면서 국경선에 이집트군을 배치하고, 티란 해협의 봉쇄를 선언하는 등 위압적인 행동을 감행했다.

그러나 1967년 6월 5일 아침 일찍, 이스라엘이 전격적으로 공습을 시작해서, 아침 8시부터 두 차례, 또 저녁에 한 차례의 공격을 퍼부었는데, 이집트 공군은 싸워보지도 못한 채 궤멸당하고 말았다. 그뿐이 아니었다. 이스라엘 지상군은 삼면으로 시나이 반도로 진격해, 이집트군을 포위 섬멸하고 불과 사흘 만에 수에즈 운하를 포함한 전 시나이 반도를 점령해버렸다.

이와 동시에 이스라엘은 동부 전선에서 요르단군을 제압하고 예루살렘을 포함한 요르단강 서안을 점령했으며, 시리아로부터는 전략적 요충지인 골란 고원까지 빼앗았다.

전쟁 개시일로부터 6일째 되던 날, 국제연합 안전보장이사회의 정전요구가 받아들여지고, 아랍 측과 이스라엘 간에는 전쟁 10일 만에 정전협정이 성

전진하는 이스라엘군(왼쪽), 전쟁의 승리를 외쳤던 가말 압둘 나세르(오른쪽)

립되었다. 이 전쟁의 결과 압도적으로 승리를 거둔 이스라엘은 그 지배 지역을 2만 700㎢에서 10만 2,400㎢로 확대시키면서도 적국과의 국경선이 오히려 줄어들어 국가방위가 훨씬 쉬워졌다.

이제 이스라엘은 새로운 점령지역을 돌려주는 조건으로 아랍 연합과 직접 평화교섭을 하면서 이스라엘의 국가승인, 국경의 확립, 수에즈 운하 및 아카바 만 같은 국제 수로의 자유통행, 예루살렘의 병합 등 자국의 이득을 챙기고자 했다. 그러나 아랍측은 이스라엘이 선제공격을 했다는 것을 내세워 이스라엘의 무조건 철군을 요구하면서, 나머지 문제는 국제연합을 통해서 해결되어야 한다는 입장을 취했다.

이 전쟁에서 이스라엘을 지지했던 미국은 아랍 국가에서 지지기반을 상실했으며, 반면에 아랍 국가를 지원했던 소련은 그 영향력이 아랍에서 더욱 거세어졌다.

6일 전쟁에서 포로가 되었다가 귀환하는 군인들을 만나고 와 만중에게 그 사실을 전하는 무함마드 파우지 장군. 군중들은 환호하고 있다.

한편 이 전쟁 이후로 팔레스타인 해방전선(PLO)의 게릴라전과 국제테러 활동이 더욱 격렬해졌으며, 치욕적 패배를 당한 아랍인들은 이때의 모멸감과 좌절감을 언젠가는 꼭 풀어야 한다는 한을 품게 되었다.

불에 타버린
카이로의 오페라 하우스
(1971년)

1971년 가을, 카이로 오페라 하우스는 검은 연기와 거대한 불길 속에 삼켜 져갔다. 세계문화의 등대이자 케디브 이스마일(1863~1879년 재위)의 문화적 자존심과 영광의 상징이었던 카이로 오페라 하우스는 수시간 만에 잿더미로 변해버렸다. 그날 밤 잿더미가 된 것은 100년 된 이 건물뿐만이 아니었다. 그 가치를 헤아릴 수도, 잴 수도 없는 보석과 의상, 자수품, 각종 도구와 비품들 이 한꺼번에 화마에 의해 사라지고 말았던 것이다.

이 화재는 갑작스러운 것이었다. 아타바 중앙소방서가 길 건너편에 위치 하고 있었으면서도 진화에 아무 소용이 없었고, 화재의 원인도 규명하지 못 했다. 떠도는 소문으로는 방화가 아니면 오페라 하우스 내의 재정적 부정이 그 원인이라는 설이 유력했지만, 그것은 끝내 확인되지 않았다. 아무튼 수에 즈 운하의 개통식에 즈음하여 이탈리아의 베르디가 특별히 작곡한 오페라 〈아이다〉를 초연했던 이 유명한 장소는 영영 사라졌다.

〈아이다〉는 카이로 오페라 하우스의 개관을 기념하기 위해 주문·작곡된 작품이었다. 그런데 이 작품은 〈아이다〉의 여주인공처럼 불행한 역사의 운 명 사이에 끼어 잠시 고초를 겪었다. 이 작품 공연을 위해 파리에서 세트와 의상이 정성스럽게 만들어졌으나, 프랑스-프로이센 전쟁(1870~1871년)이 발발하면서 파리가 프로이센군에 포위되는 바람에 무대 소품들도 같이 한동안 갇히고 말았다. 그러나 오페라 하우스 개관식 날은 수에즈 운하가 개통되고, 또 프랑스의 황후 유제니가 공식적으로 이집트를 방문하는 등 이중 삼중으로 축연이 겹친 날이었다.

그런데 이 오페라 하우스의 건축은 시간과 다투는 작업이었다고 한다. 개관 날짜를 맞추기 위해서 밤낮으로 강제 노동을 시켰고, 종려나무와 레바논에서 수입된 목재로 단 6개월 만에 극장을 세웠던 것이다. 건축 감독관은 이탈리아 건축가 피에로 아보스세니였다. 그는 무함마드 알리의 건축고문으로서 오랜 기간 동안 그의 후원을 받았다.

무함마드 알리가 현대 이집트의 정치적 · 경제적인 초석을 놓았다면, 케디브 이스마일은 이집트에 문화적 융성기를 가져왔다고 말할 수 있다. 그의 파리에서의 유학생활은 유럽의 정신과 문물, 사회제도에 그가 일생 동안 흠뻑 빠지게 만들었다. 그는 예술과 문학을 사랑하고 장려했으며, 따라서 그의 통치기 동안에 많은 수의 건축가, 예술가, 기술자, 식물학자, 번역가들이 우편제도의 근대화, 도시의 유명한 공원과 정원의 설계 및 조경공사, 교통망 건설, 철도부설 등 다방면의 일을 수행하기 위하여 프랑스와 이탈리아에서 이집트로 왔다.

케디브 이스마일의 적극적인 정책입안과 실행으로 인해 이집트는 변화했다. 그러나 이집트의 재정 상태를 고려하지 않은 그의 무모한 개혁정책은 이집트를 파산 상태로 내몰았고, 결국은 영국 고문관의 통치를 받게 되는 바람직하지 않은 결과를 만들었다.

케디브 이스마일 통치시대에 카이로에서 일어난 온갖 유행의 창출지는 이즈바 왕자에서 이름을 따온 에즈바키야였다. 에즈바키야는 카이로 시내의 오페라 광장 가까이에 위치해 있었다. 그곳은 고급 건물들이 줄지어 들어서 있는 곳으로, 카이로에서 유럽의 느낌이 가장 강하게 풍기는 지역이었다. 세퍼드 호텔, 콘티넨탈 호텔과 같은 고급 호텔들이 줄지어 서 있었다. 또 에즈

바키야 공원은 여러 차례 이탈리아 오페라단이 초청되어 공연하기도 했던
장소였다.

그렇지만 오늘날 에즈바키야는 잡풀이 뒤섞인 채, 언덕에 조성된 작은 공
원과 아무렇게나 늘어놓고 파는 그만그만한 헌책 가게들, 자동차의 소음과
사람들이 떠드는 소리들로 범벅이 된, 약간 지저분하고 혼란스러운 곳으로
변해 있다.

카이로 오페라 하우스는 드라네 베이에 의해 운영되었다. 그는 키프로스
출신의 그리스인으로 그의 가문은 튀르크인의 박해를 피해 이집트로 이주해
왔다고 한다. 그의 원래 이름은 파브로스 파브리디스였는데, 프랑스어 스승
의 이름을 따라서 드라네라고 자신의 이름을 바꾸었다. 그는 한때 관료 생활
을 했었는데, 대체로 무슨 일에서든지 강한 개성을 보였고, 어느 곳에서든 자
신의 주장을 받아들이게 만드는 재주가 있었다. 드라네는 강한 성격, 세련된
재정운영과 예술 분야에서의 남다른 협상술로 19세기 후반에 손꼽히는 흥행
가가 되었다.

〈아이다〉는 1871년 크리스마스 이브에 공연되었다. 세계의 여론은 이 역
사적인 공연에 높은 관심을 보였다. 공연에 대한 높은 기대감으로 표는 이미
몇 주 만에 매진되었다. 오리지널 공연도구는 모두 파리의 유명한 에라드 회
사에 의해 제작되었다. 그리고 세트와 의상은 고대 이집트 고고학과 예술 전
문가의 고증을 받고 제작되었다.

〈아이다〉의 첫 번째 공연 감독은 젊은 지휘자 지오바니 보테시니였다. 그는 당시 더블 베이스의 으뜸가는 거장이었는데, 그 뒤 오페라 하우스의 예술 지도를 맡았다. 그는 유럽에서 첫 무대에 선 지 얼마 지나지 않은 신선하고 실력 있는 연주자들을 카이로로 데려왔다. 보테시니는 그 후 세계적인 작곡가가 되었다. 카이로에서의 그의 생활은 그의 작품 속에 중동적인 분위기를 심어주었는데, 그것은 그의 작품 〈보스포루스의 새벽〉과 〈알리바바〉에 잘 나타나 있다.

〈아이다〉는 수많은 사람들의 격찬과 사랑 속에서 베르디의 가장 유명한 대작으로 자리잡았다. 특히 〈아이다〉는 옥외에서도 곧잘 공연되었는데, 1911년에 최초로 기자 피라미드 앞에서 역사적인 공연을 했고, 1913년에는 이탈리아 베로나에서도 옥외 공연이 있었다. 1987년에는 세계 언론의 스포트라이트를 받으며, 파라오 나일 문명의 관광도시 룩소르의 카르나크 신전에서 세계 최고의 테너 프라시도 도밍고가 주연으로 출연하는 가운데에 옥외 공연으로 올려졌다. 그리고 곧이어 기자의 피라미드 앞에서도 재공연되었다. 1999년에는 20세기를 마감하고 새 천년을 맞는 세기적 음악회로 역시 피라미드 앞에서 〈아이다〉가 무대에 올려졌다.

〈아이다〉가 오페라 하우스에서 처음으로 공연된 이래, 이집트에서는 1960년대만 빼고 세계적인 오페라 슈퍼스타들에 의해 끊임없이 공연되어 왔다. 1988년 이집트는 일본의 원조로 현대의 첨단 기능을 갖춘 새로운 오페라 하우스를 카이로 시내에 있는, 나일강 가운데의 게지라 섬 끝자락에 세웠다.

오페라 하우스의 개관을 축하하는 듯, 그해에 이집트는 시나이의 타바를 이스라엘로부터 되찾았고, 이집트가 낳은 소설가 나기브 마흐푸즈가 노벨 문학상을 받기도 했다. 이 새로운 오페라 하우스는 1971년에 소실된 오페라 하우스의 역사를 이어나가며, 이집트의 음악·예술의 발전에 기여할 것이다.

이 전쟁은 무슬림의 금식기간인 라마단 기간과 유대인의 금식일인 욤 키프르에 일어났다고 해서 아랍인들은 라마단 전쟁이라고 부르고, 유대인들은 욤 키프르 전쟁이라고 말한다.

6일 전쟁이 이스라엘의 선제공격으로 시작되었다면 10월 전쟁은 이집트와 시리아의 선제 공격으로 시작되었다. 이렇게 금식기간에 전쟁이 일어난 것은 이스라엘이 예측하지 못하도록 아랍 측에서 기습 날짜를 택했기 때문이었다.

세 차례에 걸친 패전은 아랍의 정치지도자들로 하여금 최소한 아랍 민족의 긍지를 되찾아야 하는 정치적 의무감을 지워주었다. 더욱이 수에즈 운하의 폐쇄와 운하 건너편 바레브 요새에서 나부끼고 있는 이스라엘 깃발은 이집트에게 그야

수에즈 운하를 건너는 이집트 병사

말로 치욕의 상징이었다.

전쟁은 1973년 10월 6일, 이집트 공군과 포대가 수에즈 동안을 맹렬하게 공격함과 동시에, 시리아가 골란 고원을 똑같은 방식과 규모로 공격하는 것으로 시작되었다.

그 동안 여러 차례에 걸쳐 아랍 측의 거짓 총공격설이 있었던데다, 양측이 종교적 금식근행 기간이라는 것을 믿고서 이스라엘은 평상시처럼 느슨하게 방어태세를 갖추고 있었다. 그런데 생각지도 않았던 아랍의 기습에 이스라엘로서는 당황하지 않을 수 없었다. 무패를 기록했던 그들의 신화가 마침내 부서지기 시작한 것이다.

공격을 개시한 지 수시간 만에 수천 명의 이집트군이 운하를 건넜다. 이스라엘이 늘 압도하던 제공권도 이집트군의 지대공 미사일이 이스라엘 공군기를 효과적으로 격추하기 시작하면서 허물어졌으며, 이스라엘이 자랑하던 지상군의 기동력은 이집트군의 휴대용 대전차 사거 미사일에 2개 기갑 여단이 전멸되면서 둔화되고 말았다.

바레브 방어선이 돌파되고 이집트의 국기가 수에즈 동안에 휘날렸으며, 이스라엘군 포로가 이집트 텔레비전에 초라한 모습으로 나타났다. 그들의 군대가 이기고 있는 것을 확인한 이집트 국민들은 열광했다. 피를 흘리면서도 용감히 돌진하는 병사를 위해 그들은 노인과 어린아이 할 것 없이 헌혈의 대열에 참여했다.

손을 들고 항복하는 이스라엘군(왼쪽), 항복하는 바레브 요새의 이스라엘군 장교(오른쪽).

이집트군은 시나이 반도 깊숙이, 수에즈 운하로부터 동쪽으로 10km나 떨어진 지점까지 파고 들어가 방어선을 확고하게 구축했다. 그러나 이것이 이집트 공격선의 한계였다. 시간이 경과하면서 이집트군의 승리는 흔들리기 시작했다. 이스라엘에 대한 미국의 원조가 시작되어, 미국의 첩보위성이 이집트군의 중앙부와 취약지구를 구별해서 이스라엘군에 낱낱이 통보해 주었던 것이다.

전쟁이 2주째로 접어들면서 제2차 세계대전 때와 같은 대규모의 탱크전이 벌어지는 가운데, 이스라엘군은 수에즈 동안에 진주해 있던 이집트군 중앙부를 돌파했고, 수에즈 운하를 건너 수에즈 서안에다 교두보를 만들었다. 수백 명이 건널 수 있는 이 교두보를 만들기까지 이스라엘군은 선두부대가 거의 전멸할 정도로 치열한 전투를 치렀다.

얼마 지나지 않아 이집트 3군은 이스라엘군의 추격 속에서 보급이 두절되어 매우 어려운 상황에 처하게 되었다. 거기다가 시리아는 1967년의 6일 전쟁에서 빼앗겼던 지역보다 더 많은 지역을 이스라엘에게 빼앗기고 밀려나 있는 상태였다. 이집트 대통령 사다트는 사태가 심각함을 깨닫고 미·소 양국에 중재를 요청했다.

한편 세계는 아랍 진영의 석유 무기화 선언에 의한 감산 정책에 따라 엄청나게 치솟는 유가와 오일 부족 사태로 고통을 치르기 시작했다. 이스라엘에 우호적이었던 서방국가 또는 친서방 국가들조차 아랍의 입장을 지지하기 시작했으며, 미국이 이스라엘을 원조하기 위해 띄우는 비행기의 착륙을 거부하기까지 했다.

이때 미국의 국무장관 헨리 키신저의 정력적인 외교활동이 시작되었다. 전세를 역전시킨 이스라엘은 적을 완전히 제압할 수 있는 순간에 미국의 압력에 따라 휴전에 동의할 수밖에 없었다.

캠프 데이비드 협정:
(1978년)

1973년 11월 초에 이집트군 사령관과 이스라엘군 사령관은 카이로 · 수에즈 도로에 설치한 천막 안에서 휴전협정에 서명했다. 이후 계속된 협상을 통해 이집트는 10월 전쟁에서 획득한 땅을 그대로 유지한 채, 이스라엘에게 빼앗겼던 수에즈 서안의 땅을 회수했다. 또 시리아도 10월 전쟁에서 빼앗겼던 땅뿐만 아니라 6월 전쟁에서 빼앗겼던 쿠나이트라를 이스라엘로부터 회수받았다.

10월 전쟁은 네 번의 아랍 · 이스라엘 전쟁 중 가장 긴 전쟁이었다. 이 전쟁이 아랍 측의 주장대로 완전한 아랍의 승리라고 말할 수는 없으나 아랍군은 여지없이 이스라엘군을 괴멸시켰고, 아랍 측이 처음으로 이스라엘과 대등한 수준에서 싸웠던 전쟁이었다.

이 전쟁 이후 이스라엘은 자국의 안보에 대한 자신감을 잃게 되었고, 이스라엘의 생존 문제는 먼저 아랍의 인정이 절대 필요하다는 점을 새삼 유념하게 되었다. 한편 미국은 헨리 키신저의 외교활동에 힘입어, 6일 전쟁으로 잃어버렸던 중동 국가들에 대한 영향력을 대부분 회복하고, 소련을 제치고 중동의 향후 정치상황을 주도적으로 이끌 수 있는 나라가 되었다.

역사적 캠프 데이비드 협정을 체결하기 전 베긴과 카터. 사다트와 그의 부인들이 카메라 앞에서 포즈를 취했다
(왼쪽), 이스라엘을 전격적으로 방문한 안와르 사다트 대통령(오른쪽)

이집트 대통령 안와르 사다트는 1977년 11월 9일 이집트 국회에서 행한 연설에서, 이스라엘과의 평화를 이루기 위해서는 땅끝뿐만 아니라 이스라엘의 국회인 크네세트에도 갈 용의가 있다고 말했다.

그 얼마 후, 한 미국 기자가 정말로 평화를 위해 이스라엘에 갈 의사가 있는지 진지하게 묻자, 그는 다시 한번 이스라엘 수상 메나헴 베긴과 직접 협상할 용의가 있음을 밝혔다. 이러한 사다트의 말에 베긴은 평화를 위해서라면 그의 이스라엘 방문을 기쁜 마음으로 초청하겠다고 화답했다.

그로부터 2주 후, 사다트는 많은 아랍 국가들의 반대에도 불구하고 카이로에서 비행기로 출발한 지 1시간 만에 텔아비브의 벤구리온 공항에 내렸다. 공항에서는 이스라엘 수상을 비롯한 전 각료와 정부의 주요 인사들이 그를 영접했다.

그는 하루 동안의 역사적인 이스라엘 방문에서 이스라엘 무명용사의 묘에 헌화를 했고, 알 아끄사 사원에서 예배를 드렸으며, 크네세트에서 길이 남을 연설을 했다. 그는 종전과 같이 이스라엘이 1967년 전쟁에서 점령한 땅에서 전면 철수해야 한다는 것과 팔레스타인의 자결권을 주장했다.

그러나 그의 이스라엘 방문만으로도 아랍 국가들이 그렇게 피하려 했던 이스라엘의 존재를 인정하는 것이었고, 아랍 국가 중에서도 가장 중요한 국가인 이집트가 어떠한 사전 협상이나 조건도 없이 이스라엘과 평화를 이루기 위해 이스라엘을 한 국가로 승인하고 있음을 뜻했다.

사다트의 이스라엘 방문은 극적이었으며, 그는 서방 세계에서 스타가 되었다. 그러면서도 외부관측자들은 그가 반아랍적 행동으로 말미암아 피살당할 가능성을 걱정했다. 대부분의 아랍 국가들은 분노했으며, 그들은 사다트가 아랍에 등을 돌린 배신자라고 생각했다. 특히 팔레스타인인들은 그가 이스라엘을 방문한 것에 대해 극도로 분개하면서 저주를 퍼부었던 것이다.

그러나 이집트 국민의 분위기는 사뭇 달랐다. 그들은 다소 불안해하면서도 그들의 대통령이 더 이상의 전쟁을 피하고 평화를 이루기 위해 이스라엘을 방문했다는 사실에 긍정적이었다. 이집트 국민들은 사실 전쟁에 심신이 지쳐 있었다. 대부분의 이집트의 가정은 끝없는 전쟁으로 자식을 전선에서 희생시켜야 했으며, 막대한 군비 지출 때문에 생활고에 시달려야 했다.

이집트인들은 팔레스타인인들이 고마워할 줄을 모르고, 또 이집트가 아랍의 맏형 노릇을 하면서 온갖 희생을 치르는 동안 다른 아랍 국가들은 자신들의 이익만을 챙겼다고 생각했다. 그래서 그들의 대통령이 이스라엘과 대화를 통해 팔레스타인 문제를 종결함으로써 자신들의 잃어버린 것을 되찾고, 자신들도 다른 아랍 형제국과 같이 경제적으로 번영할 수 있기를 바랐다.

그들은 사다트가 이스라엘에서 돌아왔을 때에 거리로 나와 환영의 박수를 치며 열광했다. 그러나 그것은 소박하고 너무 많은 바람이었으며, 이집트인의 눈으로 볼 때에 이스라엘은 그 후에도 냉정하고 너무나도 당연한 것만 양보하려고 했다.

이스라엘의 보호자 미국은 중동의 평화를 이루기 위해 사다트의 이니셔티브를 최대한 활용하고 싶어했다. 미국은 평화협정을 위해 적극 개입했다. 사다트와 베긴, 그리고 미국의 카터는 서로가 중동평화의 메신저이길 원했고, 서로가 상호 이해할 수 있는 안을 내보려고 노력했다.

그러나 협상과정에서 극단의 유대 민족주의자였던 베긴의 견해는 쉽게 바뀌지 않았으며, 이에 대해 사다트는 물론 카터까지도 분노하는 경우가 많았다. 우여곡절 끝에 1978년 9월, 이집트와 이스라엘은 미국 대통령의 여름 별장인 캠프 데이비드에서 역사적인 평화협정을 맺었다. 그리고 이 평화 협정으로 사다트와 베긴은 노벨 평화상을 수상했다.

아랍 국가들은 사다트가 그들을 기만했다고 비난했다. 또 이집트 국민들도 사다트가 왜 그렇게 서두르는지를 이해할 수 없었다. 그들은 사다트가 시나이를 찾기 위해 이스라엘에게 너무 많은 것을 주었다고 생각했다.

하지만 그것은 사다트가 이스라엘을 방문하면서 말했던 것처럼 캠프 데이비드 협정이 중동 전체를 위한 평화협정이 아니라 이집트 · 이스라엘만의 평화협정으로 체결되었기 때문이었다. 그 평화협정은 팔레스타인인들의 권리를 실제로 확인해주지를 못했으며, 중동 전체의 평화를 위한 협정과는 너무나 거리가 먼 것이었다.

그 결과, 이집트는 아랍 국가들에 의해 아랍 연맹에서 추방당했고, 카이로에 있던 아랍 연맹 본부는 튀니지로 옮겨졌다. 이후 이집트는 오랜 기간 아랍 국가들로부터 따돌림을 당해야 했다. 그리고 사다트는 마침내 자신의 목숨을 내놓아야 했다.

사다트의 암살과
무바라크 대통령의 취임:
(1981년)

캠프 데이비드 협정 체결 후, 사다트는 그에게 퍼붓는 외부의 비난에 대해 격렬하게 반론을 펴는 한편, 내부에서의 반발은 강제로 억눌렀다. 그는 집권 초기에 언론의 자유를 허락하고 불법적인 사찰을 금지하는 등 상당히 자유롭고 민주적인 자세를 보였었다. 하지만 이제 그는 국내외에서 쏟아지는 비난에 대처하면서 점점 독선적이 되어갔다.

그는 측근의 충고를 듣지 않고 독단적으로 국사를 결정하려 했다. 1979년 6월, 2년이나 남은 의회를 해산하고 새 선거를 실시하여 그의 민족민주당이 대다수 의석을 차지하게 했고, 1980년에는 조작된 국민 투표에 의해 대통령 선거제도를 바꾸어 영구집권을 시도했다.

한편 사회에는 기득권층의 부패와 부유층의 사치가 만연하고, 반면 인플레이션으로 중·하층민들의 고통은 가중되어갔다. 정권 초기에 사다트의 열렬한 지지자들이었던 이슬람 세력들이 그에게 등을 돌렸고, 그는 파업과 시위를 금지시킴으로써 점점 더 독재화되어갔다. 그 자신과 가족들, 그리고 친인척에 대한 비난이 날로 심해지자, 그는 특별법을 만들어 그와 그의 주변에 대해 비난하는 사람들을 마구 잡아들였다. 1,500명의 저명인사와 반정부

사망한 사다트(오른쪽)과 그 뒤를 이어 대통령이 된
호스니 무바라크(왼쪽).

인물들이 잡혀 들어갔고, 그는 1만 5,000명이 더 잡혀들어갈 수 있다고 발표했다.

이처럼 정도와 순리에서 벗어난 사다트의 탄압행위는 격렬한 반발에 부딪힐 수밖에 없었다. 극단의 반정부주의자들이 국민들의 지지를 받으면서 영향력과 힘을 급격히 키워가기 시작했다. 특히 이스라엘과 단독협상을 한 것은 바로 아랍무슬림들의 형제애를 배신한 것으로 보았기 때문에 이슬람원리주의자들은 가장 핵심적이고 강력한 반정부 세력이 되었다.

그들은 조직적이고 매우 활발하게 반정부 활동을 전개했다. 그들은 본래 사다트 집권 초기에 사다트가 친 나세르 주의자들을 견제하기 위해 이슬람 원리주의자들에 대한 호의적인 정책을 펴면서 무슬림 형제단을 모체로 급성장했는데, 이제 와서 가장 강력한 반정부 세력으로 등장한 것이다. 그리고 그들은 1979년 호메이니가 일으킨 이란의 이슬람 혁명의 성공으로 크게 고무되어 있었다.

사다트는 결코 이것을 묵인할 수 없었다. 무슬림 형제단에 대한 탄압이 계속되어, 지도부를 비롯한 수많은 종교지도자들이 체포 · 구금 · 추방당했으며, 끝내는 무슬림 형제단이 해체되었다. 그러나 그들 중 일부는 점조직화해 지하로 숨어들면서 과격행동주의 무장세력으로 바뀌었다. 그리고 이들 무장세력들은 조직적이면서도 집요하게 사다트의 생명을 노리기 시작했다.

사다트도 그들이 자신을 노린다는 것을 알고 주의를 게을리하지 않았다. 수시로 여행 계획을 바꾸고, 개인 헬리콥터로 움직이며 방탄복을 입고 다녔다. 그러나 본질적으로 그는 자신의 운명을 지나치게 확신하고 사는 인물이었다. 이 확신은 그를 부주의하게 만들었고 결국은 죽음을 맞이해야 했다.

사다트 암살에 가담한 것으로 추정되는 용의자들이 재판을 받기 위해 기다리고 있다.

10월 6일은 이집트군이 수에즈 운하를 건넌 것을 기념하는 승전기념일이었다. 이 여덟 번째 승전기념일에 사다트는 나세르 시티의 무명 용사묘 앞에 특별히 설치된 사열대 위에서 군대행진을 사열하고 있었다. 수많은 군 장비와 부대가 그의 앞을 지나갔다. 단상 위 그의 주위에는 고위 관리와 외교 사절, 종교지도자, 언론인 등 수많은 사람들이 앉아 있었다.

오후 1시 직전 프랑스 미라즈기가 상공을 날고 있을 때, 행진 대열에서 움직이던 트럭 한 대가 별안간 멈추었다. 그리고는 칼라니쉬코프 소총을 든 한 장교가 트럭 밖으로 뛰어내렸다. 사다트의 좌우에 있던 부통령 무바라크와 국방장관 아부 가잘라가 무엇인가 잘못되었음을 느끼고서 사다트를 가볍게 제지했다. 그럼에도 불구하고 사다트는 이를 무시한 채, 그 장교가 경례를 하려는 줄로 생각하고 답하기 위해 일어섰다.

그 순간에 그 장교는 사열대를 향해 소총을 발사하기 시작했다. 이어 장교 복장을 하고 소총과 수류탄으로 무장한 다른 3명이 트럭에서 뛰어내리더니 그와 함께 사열대를 향해 뛰어오면서 역시 소총을 발사했다. 그리고 순식간에 사열대에 도착한 그들은 수류탄을 투척하고 소총을 난사했다.

방송은 끊기고 군대의 사열은 중지되었다. 사다트는 육군 병원으로 급히 이송되었으나 이미 그는 죽어 있었다. 첫 번째로 총을 발사한 범인은 군대의 사격 교관이었으며, 그가 발사한 첫 번째 탄환이 사다트의 심장을 정확하게 맞추었던 것이다.

이집트 정부는 사다트의 암살이 정권을 탈취하기 위한 계획의 일환으로 시도되었는지를 알 수 없기 때문에 그의 죽음과 함께 비상사태를 선포했다. 국회는 헌법에 따라서 부통령 무바라크를 대통령으로 추대했고, 그는 사다트의 장례식을 치른 후에 국민투표에 의해 대통령으로 인준되었다.

사다트의 장례식에는 서방의 많은 지도자들이 참석했으나 아랍 국가의 지도자들은 참석하지 않았다. 대부분의 이집트 국민들은 반정부 활동혐의로 체포되거나, 반정부 활동에 휩쓸릴 것을 염려해 장례식 기간 동안 집안에 있었다. 몇 군데에서 소요사태가 있었으나 군에 의해 즉각 진압되었다.

나세르는 전쟁에서 지고 이스라엘에게 땅을 빼앗겼으나, 국민들은 1970년에 그의 서거를 진정으로 슬퍼하고 안타까워하며 눈물을 흘렸었다. 사다트는 국민에게 평화를 가져다주었고, 이스라엘로부터 잃어버렸던 땅을 다시 되찾아왔었다. 그러나 대부분의 국민들은 그의 죽음 앞에서 눈물을 흘리지도, 슬퍼하지도 않았다. 암살범이었던 군 소령 이슬람볼리는 법정에서 이렇게 외쳤다.

"나는 독재자 파라오를 죽였을 뿐이다!"

대통령이 된 무바라크에게는, 이스라엘과의 평화는 이루었지만 대신 단절되어버린 아랍 국가들과의 관계를 재개할 일과, 엉망이 된 이집트 경제를 일으켜야 할 숙제가 남았다.

:: 이집트역사 연표

BC 5000 이집트 나일 문명의 태동

~

BC 3300

BC 3200 고대 이집트 문자 히에로글리프의 출현

BC 3150 메네스,
　　　　최초로 통일 이집트 왕국을 건설하다

BC 2650 조세르,
　　　　사카라에 계단식 피라미드를 세우다

BC 2550 기자 대형 피라미드 시대의 개막,
　　　　신비의 스핑크스가 세워지다,

~　　　　헬리오 폴리스의 신전과

BC 2450 태양신 라의 숭배가 절정을 이루다

BC 2300 기울어지는 파라오의 권세

BC 2150 고왕국 시대의 종말

BC 2150 제1중간기의 혼란기

~

BC 2080

BC 1917 힉소스 지배에 대한 테베의 저항

~

BC 1817

BC 1539 신왕국 시대의 시작,
　　　　힉소스족을 물리친 아흐 모세1세,
　　　　이집트 통일의 위업을 달성하다

BC 1493 투트모세 1세, 왕가의 계곡을 건설하다

~

BC 1481

BC 1473 남장여왕 하트셉수트의 이집트 지배

~

BC 1458

BC 1479 17차례 원정을 한
　　　　위대한 정복자 투트모세 3세,
~　　　　누비아와 시리아를 정복하고,
　　　　이집트군이

BC 1425 유프라테스강까지 진격하다

BC 1344 고대 이집트 외교문서의 표본,
　　　　아마르나문서 탄생,
　　　　아멘호텝 4세,
~　　　　아몬 라 신앙과 결별을 선언하고
　　　　중부 이집트의 텔엘아마르나로 천도,
　　　　아톤 신을 숭배하고

BC 1328 자신의 이름을 이크나톤이라고 선언

BC 1318 황금 가면의 주인 소년왕 투탕카멘 사망

BC 1279 위대한 이집트 문명의 건설자
~　　　　람세스 2세 집권

BC 1213

BC 1275 람세스 2세와 히타이트의 대결전,
　　　　카데시 전투

BC 1200 모세가 이끈 유대인의 출애굽

BC 1207, 해양 민족들의 이집트를 침입

BC 1177

~

BC 1171

BC 1069 리비아인 군주, 소센크 1세 집권

~

BC 1043

BC 800 파피루스 종이의 생산

BC 747 흑인 파라오 피예와 샤바코가 재위

~

BC 702

BC 656 아시리아의 침입과 이집트 지배.

BC 672 상인 왕조, 사이스 조가 이집트를
~　　　　지배하다

BC 525

BC 525 페르시아의 캄비세스 2세,
　　　　이집트를 정복하다

BC 332 알렉산더대왕, 이집트를 정복하고
　　　　알렉산드리아를 건설하다

BC 305 프톨레마이오스조의 시작

2
이집트역사
다이제스트100